乡村共富人才培育系列丛书

# 农业新质生产力与"头雁"实践

苏小菱◎著

中国社会科学出版社

图书在版编目（CIP）数据

农业新质生产力与"头雁"实践 / 苏小菱著.
北京：中国社会科学出版社，2025.7. --（乡村共富人
才培育系列丛书）. -- ISBN 978-7-5227-4919-8

Ⅰ. F323

中国国家版本馆 CIP 数据核字第 2025AL4153 号

| | | |
|---|---|---|
| 出 版 人 | 赵剑英 |
| 责任编辑 | 杨晓芳 |
| 责任校对 | 李 硕 |
| 责任印制 | 张雪娇 |

| | | |
|---|---|---|
| 出 版 | 中国社会科学出版社 |
| 社 址 | 北京鼓楼西大街甲 158 号 |
| 邮 编 | 100720 |
| 网 址 | http://www.csspw.cn |
| 发 行 部 | 010-84083685 |
| 门 市 部 | 010-84029450 |
| 经 销 | 新华书店及其他书店 |

| | | |
|---|---|---|
| 印 刷 | 北京君升印刷有限公司 |
| 装 订 | 廊坊市广阳区广增装订厂 |
| 版 次 | 2025 年 7 月第 1 版 |
| 印 次 | 2025 年 7 月第 1 次印刷 |

| | | |
|---|---|---|
| 开 本 | 710×1000 1/16 |
| 印 张 | 19.75 |
| 插 页 | 2 |
| 字 数 | 294 千字 |
| 定 价 | 128.00 元 |

# 前　　言

　　农业是国民经济的第一产业，与工业、服务业并驾齐驱，共同构成了国民经济的多元结构。在农耕文明时期，农业是社会生产力的核心标志，其兴衰直接关乎国家的命运与走向。进入工业化阶段后，农业成为工业发展的坚实后盾，不仅为工业提供粮食与原材料，还成为劳动力与外汇的重要来源，为国家经济高质量发展奠定坚实的基础。在全面推进中国式现代化的进程中，我们坚持发展以高质量为目标、以创新为导向、以科技为内核的农业新质生产力，拓展农业农村新业态，挖掘乡村多元化价值，进一步满足人们对美好生活的需要。

　　加快农业强国建设，实现乡村振兴，关键在人才，核心是产业。为贯彻落实党的二十大和二十届二中、三中全会精神，落实中央一号文件、中央有关人才工作部署和《"十四五"农业农村人才队伍建设发展规划》要求，农业农村部和财政部于2022年联合印发《乡村产业振兴带头人培育"头雁"项目实施方案》：自2022年起每年为每个县培育10名左右"头雁"，用5年时间培育一支乡村产业振兴带头人"头雁"队伍，带动全国新型农业经营主体形成"雁阵"，夯实乡村产业振兴人才基础；同时鼓励各省因地制宜、创造性地开展培育工作，多措并举地培养一批具有现代农业发展新理念、掌握团队管理新方法、熟悉农业产业化经营新模式，与现代乡村产业需求相适应、与乡村建设发展相协调，能够引领一方、带动一片的乡村产业振兴带头人、"领头雁"。

　　近年来，在"头雁"的共同带动下，订单农业、低碳农业、创意农业等业态蓬勃发展，精准播种、变量施肥、精准饲喂、生物质热解等技术应用广泛，农业产业结构不断升级，农产品迭代效应日益彰显。在各项政策的支持和科学技术的推动下，乡村发展呈现新景象：一是推进农产品全链条加工，建设加工专用原料基地，推进农产品多元化开发、多层次利用、多环节增值；二是打造农文旅融合的休闲农业，推广"村BA""村晚""村咖""村宿"等乡村文化产业，发展美丽乡村多元业态；三是深入实施城乡融合产业精品培育计划，实现现代农业与先进制造业、现代服务业深度融合，一批产业优势领先、市场空间潜力大、文化底蕴深厚的农产品争相亮相；四是精准开拓数字农业，持续完善农民数字技能培训与全国农业科教云平台建设，不断提升农民教育培训精准度和智能化水平，催生了智慧农业、共享农业、定制农业等农业新形态。

本书紧贴乡村全面振兴的国家战略，从农业的历史沿革、时代背景介绍到农业新质生产力的概念界定、应用现状、发展趋势，再到"头雁"产业实践与技术应用介绍，各章节之间衔接有序，写作层次分明、逻辑严密，知识体系较为完整。同时，将经济学、生态学、社会学等多学科的知识和理论融合应用于农业领域，结合数字乡村和智慧农业发展新趋势，勾画了乡村产业振兴的美丽图景，为广大读者理解、应用和推动农业新质生产力发展提供了全面而深入的视角。

本书根据农业新质生产力发展的核心要素特点，将农业农村改革要素与"头雁"实践的示范效应有机衔接，阐明发展中的技术要领与主体价值，可以为政府部门制定更加完善的农业农村发展改革政策、优化乡村资源配置、推动农业产业升级提供有效参考。同样，可以激励带动更多青年人才回归乡村，推动产业技术创新，保障农产品的稳定供应，增强农业产业的竞争力，促进农业产业链的延伸和拓展，带动相关产业的发展，为推动国民经济增长作出积极贡献。

本书围绕现代农业农村发展新业态，通过案例呈现，实现农业新质生产力理论和实践知识的有机融通。向广大读者分享"头雁"经验和新技术应用情况，共享了农业产业经营中的风险规避方法，使抽象的理论更加生动具象，应用性和操作性强。将新质生产力理论与农业生产实际相结合，避免了复杂晦涩的学术术语，既便于广大农业农村工作领域的读者朋友们理解和接受，也可以帮助更多正在乡村产业振兴路上的"新农人"们坚定返乡创业信念、实现个人职业梦想。

# 目　　录

# 第一章　农业新质生产力概述

## 第一节　农业新质生产力生成的现实逻辑

### 一　高质量发展的时代主题催生农业新质生产力形成

（一）高质量发展理念的提出与内涵

党的二十届三中全会指出，高质量发展是全面建设社会主义现代化国家的首要任务。习近平总书记指出："高质量发展需要新的生产力理论来指导，而新质生产力已经在实践中形成并展示出对高质量发展的强劲推动力、支撑力，需要我们从理论上进行总结、概括，用以指导新的发展实践。"① 进一步全面深化改革，必须科技创新，大力研发人才。高质量发展要求经济增长稳定，区域城乡发展均衡，以创新为动力，实现绿色发展，确保经济发展成果更多更公平地惠及全体人民。这包括保持经济增速的稳定性，实现国民经济重大比例关系的合理性，推动实体经济、科技创新、现代金融、人力资源的协同发展，以及提供更多优质生态产品，满足人民对优美生态环境的需求。②

（二）农业新质生产力与高质量发展的关联

农业作为社会经济高质量发展的重要载体，契合高质量发展内涵，催生出农业新质生产力。其形成是一个涉及科技创新、绿色发展、智能化和

---

① 习近平：《发展新质生产力是推动高质量发展的内在要求和重要着力点》，《求是》2024年第11期。

② 顾严等：《高质量发展的体系化阐释》，《北京行政学院学报》2024年第1期。

数字化等多维度的复杂过程，以劳动者、劳动资料、劳动对象的优化组合为基本内涵，全要素生产率大幅提升为核心标志，创新是核心驱动力。

（三）科技创新对农业新质生产力的推动

科技创新是推动农业新质生产力形成的关键因素。① 在农业科技方面加大研发投入，推广智能农业、精准农业等先进技术，可以实现农业生产的智能化、精准化，提升农业生产的效率和质量。例如，利用大数据技术进行复垦规划，促进水土保持技术升级，以及加强绿色、高效、低残留农药和肥料研发等，都是科技创新在农业领域的重要体现。这些创新技术的应用有助于推动农业现代化进程，进而催生农业新质生产力的形成。

（四）绿色发展对农业新质生产力的促进

绿色发展理念也是催生农业新质生产力形成的重要因素。② 首先，绿色发展促使农业生产采用环保、可持续的技术，如精准农业技术、绿色防控技术等，提高资源利用效率，减少环境污染，这是新质生产力在技术层面的体现。其次，绿色发展引导农业产业结构调整，催生有机农业、生态农业等新产业模式，推动农业产业链的延伸和拓展，实现农业的规模化、集约化、专业化生产，这符合新质生产力在产业和生产方式上的要求。这种绿色发展的模式不仅符合现代消费者的需求，也有助于提升农业生产的可持续性，从而催生新的农业生产力。

（五）智能化和数字化对农业新质生产力的支持

智能化和数字化的应用也为农业新质生产力的形成提供了有力支持。③ 智能化技术，如 AI 和机器学习，提高了生产效率，降低了成本，同时促进了个性化和灵活化的生产。数字化转型通过数据的收集和分析，优化了业务流程，提高了决策的精准度。这些技术还推动了新业态的发展，比如基于互联网的平台经济和共享经济，为经济增长提供了新动能。同时，智能

---

① 周文、许凌云：《论新质生产力：内涵特征与重要着力点》，《改革》2023 年第 10 期。
② 余欣荣等：《农业绿色生产力与种业创新使命》，《中国农业资源与区划》2024 年第 9 期。
③ 纪玉山等：《发展新质生产力推动我国经济高质量发展》，《工业技术经济》2024 年第 2 期。

化和数字化也支持了绿色发展，通过提高资源利用效率，可以降低对环境的影响。此外，它们对教育和培训领域的影响，为新质生产力的发展培养了大量技术人才。

在中国经济转向高质量发展阶段的背景下，农业作为关键领域积极响应，催生了农业新质生产力的形成。这一过程强调科技创新、绿色发展、智能化和数字化的多维度融合，旨在通过优化劳动者、劳动资料和劳动对象的组合，实现全要素生产效率的大幅提升。科技创新成为核心驱动力，推动智能农业、精准农业等先进技术的应用，提升农业生产效率和质量。同时，绿色发展理念引领农业向生态、可持续方向转型，改善土壤质量，提升农产品品质。智能化和数字化的广泛应用，如无人机、北斗卫星定位导航等技术的引入，进一步提高了农业生产的精准性和效率，推动了农业的现代化进程。这一系列变革共同构成了农业新质生产力的核心内容，为中国农业的高质量发展奠定了坚实基础。

**二　新发展理念为农业新质生产力发展提供思想指引**

（一）新发展理念的提出与内涵

党的十八届五中全会通过的《中共中央关于制定国民经济和社会发展第十三个五年规划的建议》首次提出创新、协调、绿色、开放、共享的新发展理念。新发展理念以可持续发展为导向，追求经济、社会和环境的协调发展。创新发展为可持续发展提供动力支持，协调发展确保发展的均衡性和稳定性，绿色发展保障生态环境的可持续性，开放发展促进资源的全球优化配置，共享发展体现了发展的公平性和包容性。

面对高质量发展的时代要求，农业作为国民经济的基础产业，其转型升级和高质量发展显得尤为重要。新发展理念作为新时代推动经济社会发展的指导思想，为农业新质生产力的形成提供了重要的思想指引和行动指南。

（二）创新发展理念推动农业新质生产力发展

创新发展理念是推动经济社会高质量发展的核心动力，对于农业而言，这种理念体现为通过科技创新来激发农业新质生产力的活力。在农业生物技术方面，不断涌现的先进技术为培育优良农作物品种和畜禽品种提供了有力支撑。例如，基因编辑、分子标记辅助选择等前沿技术能够定向改良农作物的品质、抗逆性及产量性状，使农产品更好地满足市场需求与消费者期望。① 在畜禽养殖领域，生物技术的应用有助于提升畜禽的生长速度、抗病能力以及产品质量。② 农业信息技术的发展同样为农业新质生产力带来巨大活力。通过物联网技术，可以实现对农业生产环境的实时监测与精准调控，提高农业生产效率与稳定性。大数据分析技术则可以为农业生产决策提供科学依据，优化种植、养殖方案，降低生产成本，提高农产品质量和产量。

（三）协调发展理念促进农业新质生产力平衡发展

协调发展理念促进农业新质生产力的平衡发展。协调发展理念促使农业与其他产业紧密结合，实现资源的优化配置和高效利用。工业为农业提供先进的生产设备和技术支持，推动农业生产迈向智能化、精准化，极大地提高了农业生产效率。服务业则为农产品的流通和销售搭建了广阔平台，拓展了农产品的市场空间，提升了农业的经济效益，如农贸市场的超市化改造，使得农产品流通更加便捷和高效。这种产业间的协调发展，为农业新质生产力的提升注入了强大动力。同时，协调发展理念推动了城乡协调发展，缩小了城乡差距。加强农村基础设施建设，改善了农村生产生活条件，为农业新质生产力的发展创造了良好的外部环境。提高农村公共服务水平，培养更多高素质的新型农民，可以为农业新质生产力的发展提供人才保障。促进城乡要素的合理流动，使城市的资金、技术、人才等优势资源流向农村，可以激发农村产业发展的活力，推动农业新质生产力的快速提升。

---

① 侯文婷等：《基因编辑技术在棉花种质创新和遗传改良中的应用》，《生物技术通报》2024年第7期。

② 邢生炎等：《生物育种技术及其在畜禽育种中的应用研究进展》，《中国畜牧杂志》2024年第3期。

**（四）绿色发展理念引领农业新质生产力可持续发展**

绿色发展理念引领农业新质生产力的可持续发展，引领农业新质生产力向生态、高效、可持续转变。传统农业生产方式往往因过度依赖化肥、农药等化学投入品而对生态环境造成严重破坏，而在绿色发展理念的引领下，农业新质生产力积极推广有机种植、生态养殖等可持续农业模式。[①]这不仅减少了化肥、农药的使用量，降低了农业面源污染的风险，还有效保护了土壤的肥力、水源的纯净以及空气的质量。通过构建生态农业系统，实现物质的循环利用和能量的高效转化，为农业的可持续发展筑牢了坚实的生态根基。

**（五）开放发展理念拓展农业新质生产力发展空间**

开放发展理念极大地拓展了农业新质生产力的发展空间。[②]开放发展要求农业积极投身于国际合作与竞争之中，进而拓展自身的发展空间。一方面，积极参与国际合作能够为农业新质生产力注入先进的技术和管理经验。通过与国际农业科研机构、企业开展合作，引进国外先进的农业种植技术、养殖技术、农产品加工技术等，可有效提升我国农业生产的科技水平。同时，借鉴国外先进的农业企业管理经验，优化我国农业企业的组织架构和运营模式，进而提高农业企业的竞争力。另一方面，参与国际竞争有助于激发农业新质生产力的内在活力。在国际市场的竞争压力下，我国农业企业和农民将会更加注重提高产品质量、创新经营模式以及降低生产成本。此外，开放发展还能够促进农业资源的优化配置。通过国际农产品贸易，我国可以依据国内市场需求和资源状况，合理进口比较短缺的农产品，出口具有比较优势的农产品，从而实现农业资源在全球范围内的优化配置。

**（六）共享发展理念保障农业新质生产力成果共享**

共享发展理念可以保障农业新质生产力的成果共享。共享发展理念要

---

① 杜仕菊、叶晓宣：《新质生产力赋能绿色发展的逻辑理路、价值意蕴与实践路径》，《北京理工大学学报》（社会科学版）2024年第6期。

② 戴翔等：《制度型开放赋能新质生产力发展：理论与实证》，《财贸研究》2024年第5期。

求农业新质生产力的发展成果要惠及广大农民群众，通过发展农业新质生产力，提高农民的收入，改善农民的生活质量，实现共同富裕。当农业新质生产力在科技创新、模式创新等方面不断取得突破时，共享发展理念可以确保这些成果能够真正为农民所用。一方面，先进的农业技术成果，应当通过培训、示范等方式推广到广大农村地区，让农民能够掌握并运用这些技术，提高农业生产效率和农产品质量，从而增加农民的收入。另一方面，农业新质生产力发展带来的产业融合成果也应惠及农民。随着农业与第二、第三产业的深度融合，休闲农业、乡村旅游、农村电商等新兴产业蓬勃发展。共享发展理念要求这些新兴产业为农民提供更多的就业机会和创业平台，让农民能够分享产业融合带来的红利。

新发展理念为农业新质生产力的塑造提供了坚实的理论支撑与行动导向。创新发展以科技创新为农业注入强劲动力，协调发展实现产业间及城乡间的资源优化配置与平衡共进，绿色发展引领农业迈向生态、高效、可持续的发展轨道，开放发展拓宽农业的国际视野与发展空间，共享发展确保农业新质生产力的成果广泛惠及农民群众。新时代，必须坚定不移贯彻新发展理念，持续推动农业的转型升级与高质量发展，充分激发农业新质生产力的潜能，为乡村振兴战略的深入实施和共同富裕目标的达成提供有力保障。

### 三 新一轮产业革命为农业新质生产力提供创新支撑

在人类发展历程中，科技革命如同一座座里程碑，每次科技革命都会引入前所未有的生产要素，催生蓬勃发展的新兴产业，其背后是技术创新驱动，新要素凭借高效能等优势替代旧要素，新兴产业以创新模式升级传统产业，进而使人类社会体系发生颠覆性变革。

以第一次工业革命为例，煤炭、蒸汽动力成为新的关键生产要素，改变了以往以人力、畜力及简单水力为主的生产动力格局。第二次工业革命中，电力和石油成为重要的生产要素，为大规模生产和城市化提供了基础支撑。新技术是新生产要素得以产生和应用的基石，例如电磁感应技术的发现和应用促使电力成为生产要素。同时，新生产要素又为新兴产业的诞生创造了条件。

（一）新兴科技成果对传统产业的变革

从产业革命角度看，新兴科技成果广泛应用，促使传统产业的生产方式发生根本性变革。以智能制造为例，机器人技术、人工智能算法等深度融入制造业，生产流程高度自动化、智能化，产品的精度、质量和生产效率有了大幅提升，同时也推动了定制化生产模式的发展，满足了消费者日益多样化的需求。在能源领域，新能源技术如太阳能、风能技术的突破，不仅改变了能源供应结构，还带动了相关产业链的蓬勃发展，从能源设备制造到能源存储、传输等环节，催生出一系列新兴企业和产业模式，加速了传统能源产业的转型与升级。生物技术在医药、农业等领域的应用，开辟了新的市场空间，研发出创新药物和生物育种技术，提升了相关产业的核心竞争力，重塑了产业格局。

（二）新一轮产业革命与农业新质生产力提升

新一轮产业革命以科技创新为核心，推动了数字化、智能化、绿色化等技术的广泛应用，这些技术对于农业新质生产力的提升具有重要的创新支撑作用。在这一背景下，农业领域的生产力不仅在数量上有所增加，而且在质量上也实现了显著提升，表现为生产效率的提高、资源利用的优化和环境影响的减少。

一方面，工业领域的技术进步为农业提供了先进的生产设备和技术手段。例如，智能化的农业机械装备，如无人驾驶拖拉机、精准播种机、自动收获机等，大大提高了农业生产的效率和质量。工业材料和制造技术的发展，也为农业设施建设提供了更好选择，如高强度的温室材料、高效的灌溉设备等，改善了农业生产的条件。

另一方面，信息技术产业的发展为农业带来了数字化、智能化的管理模式。通过物联网技术，农业生产可以实现对土壤、气候、作物生长等信息的实时监测和分析，为精准农业提供数据支持。大数据和人工智能技术可以帮助农民进行市场预测、生产决策和风险管理，提高农业生产的科学性和效益。同时,电子商务和物流产业的发展,拓宽了农产品的销售渠道,让农产品能够更快速、更便捷地走向市场。

此外,生物技术产业的创新可以为农业提供优良的种子、生物农药和肥料等产品。基因编辑技术、分子育种技术等的应用,可以培育出抗病虫害、高产优质的农作物品种。生物农药和生物肥料的研发,可以减少化学农药和化肥的使用量,降低农业对环境的污染,实现农业的可持续发展。

## 四 现代农业保障体系有效保障农业新质生产力发展

现代农业保障体系是支撑农业新质生产力发展的重要基础,它涵盖了政策支持、金融服务、科技人才和基础设施等多个方面。这些要素共同构成了一个全面的支持网络,为农业的现代化和生产力的提升提供了坚实的保障。

### (一) 政策保障:现代农业保障体系的重要基石

政策保障是现代农业保障体系的重要基础。政府通过制定和实施一系列有利于农业发展的政策,为农业新质生产力的发展提供了有力支持。例如,出台农业补贴政策,对农民购买先进的农业生产设备、采用新技术进行补贴,鼓励农民积极投入农业现代化建设中。同时,制定土地流转政策,促进土地资源的合理配置和规模化经营,为农业新质生产力的发展提供广阔空间。此外,政府还通过制定农业产业政策,引导农业产业结构调整,推动农业向高效、优质、绿色的方向发展。

### (二) 科技保障:农业新质生产力发展的核心动力

科技保障是推动农业新质生产力发展的核心动力。随着科技的不断进步,现代农业科技在农业生产中的应用越来越广泛。农业科技创新可以培育出优良的农作物品种,提高农产品的质量和产量;可以研发出先进的农业生产设备和技术,提高农业生产效率;可以开发出绿色环保的农业生产模式,实现农业的可持续发展。《国家中长期科学和技术发展规划纲要(2006—2020 年)》相关农业部分强调要加大对农业科技创新的投入,支持农业生物技术、信息技术、精准农业技术等领域的研发。鼓励建立农业科技推广体系，促进科技成果转化为实际生产力，提高农业生产效率和农产品质量。

（三）金融保障：农业新质生产力发展的重要支撑

金融保障是农业新质生产力发展的重要支撑。农业生产需要大量的资金投入，而农民和农业企业往往面临着融资难、融资贵的问题。因此，建立健全农业金融保障体系对于促进农业新质生产力的发展至关重要。《关于金融支持农业规模化生产和集约化经营的指导意见》提出，要引导金融机构加大对农业的信贷支持，为农业生产经营主体提供贷款，满足其购买农资、农业机械以及扩大生产规模等资金需求。鼓励发展农业保险，包括种植业保险、养殖业保险等，降低农业生产的自然风险和市场风险。

（四）基础设施保障：农业新质生产力发展的必要条件

基础设施保障是农业新质生产力发展的必要条件。良好的基础设施可以为农业生产提供便利条件，提高农业生产效率。农业基础设施包括农田水利设施、农村交通设施、农村电力设施等。《全国高标准农田建设规划（2021—2030年）》提出，要加强农田水利设施建设，包括灌溉与排水工程，确保农田能够有效灌溉和及时排水，提高水资源利用效率。推进土地平整和田间道路建设，改善农业生产的基础条件，便于农业机械作业和农产品运输。

（五）人才保障：农业新质生产力发展的关键因素

人才保障是农业新质生产力发展的关键因素。农业新质生产力的发展需要一批有文化、懂技术、会经营的新型农民和农业专业人才。《乡村振兴战略规划（2018—2022年）》相关教育和人才政策部分指出应重视农业农村人才培养，加强农业职业教育和技能培训，培养新型职业农民、农业技术人才和农村经营管理人才。鼓励高校和科研机构开展农业相关学科建设和科研活动，为农业发展提供智力支持。

# 第二节  农业新质生产力的科学内涵

## 一  农业新质生产力的"新"与"质"

**（一）农业新质生产力之"新"：新技术的广泛应用**

农业新质生产力的"新"首先体现在新技术的广泛应用上。[①] 随着科技的飞速发展，信息技术、生物技术、智能技术等不断融入农业生产领域。农业物联网技术通过传感器、无线通信等手段，实现了对农业生产环境的实时监测和智能化管理。农民可以通过手机、电脑等终端设备随时随地了解农田的土壤湿度、温度、光照等信息，并根据这些信息进行精准灌溉、施肥、病虫害防治等操作，大大提高了农业生产的科学性和精准性。生物技术的应用，如转基因技术、分子育种技术等，为培育高产、优质、抗病虫害的农作物新品种提供了有力支持。智能农业机械的发展，如无人驾驶拖拉机、智能收割机等，不仅提高了农业生产的效率，还降低了劳动强度。

**（二）农业新质生产力之"新"：新产业的不断兴起**

农业新质生产力的"新"还表现为新产业的不断兴起。随着人们对农产品品质和安全的要求越来越高，有机农业、生态农业、休闲农业等新型农业产业模式应运而生。有机农业强调在生产过程中不使用化学合成的农药、化肥、生长调节剂等，遵循自然生态的原则进行生产，生产出的有机农产品深受消费者的青睐。生态农业注重农业生态系统的平衡和可持续发展，通过合理的间作、套种、轮作等方式，实现资源的循环利用和生态环境的保护。休闲农业则将农业与旅游、休闲、文化等产业相结合，为人们提供了亲近自然、体验农耕文化的场所，拓展了农业的功能和价值。

---

[①] 李东民、郭文：《新质生产力的丰富内涵、生成逻辑与当代意蕴》，《技术经济与管理研究》2024年第4期。

（三）农业新质生产力之"新"：新经营主体的不断涌现

农业新质生产力的"新"也体现在新经营主体的不断涌现上。随着农业现代化进程的加快，传统的小农户经营模式逐渐难以适应市场的需求。新型农业经营主体，如农业企业、农民合作社、家庭农场等，凭借规模优势、技术优势和市场优势，成为推动农业发展的重要力量。农业企业具有较强的资金实力和技术创新能力，能够进行大规模的农业生产和农产品加工，提高农业的产业化水平。农民合作社通过联合农户，统一生产资料采购与农产品销售，降低了生产成本，提高了农民的收入。家庭农场则以家庭为单位，进行适度规模的农业生产，注重农产品的品质和特色，满足了市场对个性化农产品的需求。

（四）农业新质生产力之"新"：新发展理念的引领

农业新质生产力的"新"还体现在新发展理念的引领上。创新、协调、绿色、开放、共享的新发展理念为农业新质生产力的发展提供了根本遵循。创新是农业新质生产力发展的动力源泉，通过技术创新、管理创新、制度创新等，不断推动农业生产方式的变革和农业产业结构的优化。协调是农业新质生产力发展的内在要求，注重农业与农村、农民的协调发展，实现农业现代化与农村现代化的同步推进。绿色是农业新质生产力发展的底色，强调农业生产要遵循生态环保的原则，实现农业的可持续发展。开放是发展农业新质生产力的必由之路，通过加强农业对外合作与交流，引进国外先进的农业技术和管理经验，拓展农产品的国际市场。共享是农业新质生产力发展的根本目的，让农民共享农业发展的成果，实现共同富裕。

（五）农业新质生产力之"质"：高质量的农产品

农业新质生产力的"质"也体现在生产出高质量的农产品上。① 随着生活水平的提高，人们对农产品品质和安全的要求越来越高。高质量的农产品不仅要具有丰富的营养成分、良好的口感和外观，还要符合绿色、有

---

① 尤亮、田祥宇：《农业新质生产力：现实逻辑、内涵解析与生成机理》，《经济问题》2024年第6期。

机、无污染的标准。为了生产出高质量的农产品，要加强农业科技创新，推广先进的农业生产技术和管理经验，提高农产品的质量和安全水平。同时，要加强对于农产品质量监管，建立健全农产品质量安全追溯体系，确保消费者能够买到放心的农产品。

（六）农业新质生产力之"质"：高效益的农业生产

农业新质生产力的"质"还体现在实现高效益的农业生产上。高效益的农业生产不仅要提高农业的产出水平，还要降低生产成本，提高农业的经济效益。为了实现高效益的农业生产，需要加强农业产业化经营，推进农业产业链的延伸和拓展，提高农产品的附加值。同时，要加强农业资源的节约和高效利用，推广节水、节肥、节药等技术，降低农业生产对资源环境的压力。此外，要加强农业风险管理，提高农业应对自然灾害、市场风险等的能力，保障农业生产的稳定和可持续发展。

（七）农业新质生产力之"质"：可持续的农业发展

农业新质生产力的"质"更体现在实现可持续的农业发展上。可持续的农业发展是指在满足当代人对农产品需求的同时，不损害后代人满足其需求的能力。为了实现可持续的农业发展，需要加强农业生态环境保护，推广生态农业技术和模式，减少农业面源污染，维护农业生态系统的平衡和稳定。同时，要加强对于农业资源的保护和管理，合理开发利用土地、水资源、森林资源等，实现农业资源的可持续利用。此外，要加强农业科技创新，研发和推广适应气候变化、资源短缺等挑战的农业新技术和新品种，提高农业的适应能力和抗风险能力。

（八）农业新质生产力"新"与"质"的关系

农业新质生产力的"新"与"质"是相互关联、相互促进的。"新"是"质"的基础和前提，只有不断引入新技术、新产业、新经营主体和新发展理念，才能实现农业生产的高质量、高效益和可持续发展。"质"是"新"的目标和最终归宿，应用发展新技术、新产业、新经营主体和新发展理念的最终目的是生产出高质量的农产品、实现高效益的农业生产和可持续的农业发展。

## 二　农业新质生产力与传统生产力的异同

### （一）农业新质生产力与传统生产力的相同点

首先，无论是农业新质生产力还是传统生产力，其核心都是为满足人类对农产品的需求。农业作为基础产业，始终承担着为人们提供粮食、蔬菜、水果等农产品的重任，确保人类的生存与发展。其次，都依赖自然资源。土地、水、气候等自然资源是农业生产不可或缺的要素。无论是传统农业还是现代农业，土地提供生长空间和养分，水是生命之源，气候影响种植品种和生长周期。最后，劳动投入不可或缺。传统农业中，农民依靠体力劳动进行播种、施肥、收割等活动；农业新质生产力下，虽然科技应用降低了部分体力劳动强度，但仍需要人类的智慧和创造力进行科技创新、管理和决策。

### （二）农业新质生产力与传统生产力的差异

农业新质生产力与传统生产力在技术基础、生产方式、资源利用效率、市场适应能力和发展理念等方面存在显著差异。传统生产力依赖传统技术经验，小规模分散经营，资源利用低效，市场适应力弱且以追求产量为目标；而新质生产力以现代科技为支撑，趋向规模化、集约化、专业化生产，高效利用资源，市场适应能力强，秉持创新、协调、绿色、开放、共享的新发展理念。[①]

传统农业生产力主要依赖传统技术和经验，如手工劳作、畜力耕作、简单灌溉施肥等，生产效率低且对自然资源利用粗放。而农业新质生产力以现代科技为支撑，包括信息技术、生物技术、智能技术等。例如，农业物联网可实时监测生产环境并实现智能化管理；生物技术能培育优良农作物品种；智能农业机械可以提高生产效率和精度。

传统农业以小规模、分散经营为主，农民以家庭为单位进行生产，规

---

① 刘震、周云帆：《新质生产力与高质量发展：内在逻辑和重要着力点》，《上海经济研究》2024 年第 9 期。

模小、技术水平低、市场竞争力弱。① 农业新质生产力趋向规模化、集约化、专业化生产。新型农业经营主体利用先进技术设备进行大规模生产经营，实现资源优化配置。同时注重产业链延伸拓展，提高农产品附加值和市场竞争力。

传统农业生产方式对自然资源利用效率低，存在资源浪费和环境污染问题。如传统灌溉方式浪费水，过度使用化肥农药污染土壤。农业新质生产力强调高效利用和可持续发展，推广节水灌溉、精准施肥、绿色防控等技术，提高资源利用效率，减少环境污染，注重农业废弃物资源化利用。

传统农业因生产规模小、技术低、信息闭塞，市场适应能力弱。农民常凭经验和当地需求规划生产，缺乏对市场动态的了解把握，易出现农产品滞销和价格波动。农业新质生产力则具有较强市场适应能力，借助信息技术，农民可及时了解市场需求和价格走势进行生产决策，注重品牌建设和市场营销，提高农产品质量和附加值，拓展销售渠道和市场份额。

传统农业以追求产量为目标，忽视生态环境保护和资源可持续利用。农业新质生产力秉持创新、协调、绿色、开放、共享的新发展理念。创新推动农业生产方式变革和产业结构优化；协调促进农业与农村、农民协调发展；绿色强调生态环保和可持续发展；开放加强对外合作交流拓展国际市场；共享让农民共享发展成果实现共同富裕。

农业新质生产力在多方面实现了对传统生产力的超越。推动农业科技创新，以现代科技为支撑，培育新品种，实现智能化管理，促进科技成果转化应用。促进农业产业升级，通过规模化、集约化、专业化生产及产业链延伸拓展，提高产品附加值和市场竞争力，推动农业可持续发展。提高农民收入水平，降低成本，提高质量和产量，创造更多就业机会，改善农村基础设施的同时提高公共服务水平。实现农业可持续发展，高效利用资源，减少污染，注重废弃物资源化利用。

---

① 崔剑等：《我国农业生产经营组织形式的演进和启示》，《江西社会科学》2010 年第 8 期。

## 第三节 农业新质生产力的核心要素

### 一 新劳动者

劳动者，在人类社会的发展过程中始终占据着关键位置。从广义上讲，劳动者是从事体力或脑力劳动，以创造物质财富和精神财富为目的的人。在马克思的理论体系中，劳动被视为人类社会存在和发展的基础，劳动者则是社会物质财富和精神财富的主要创造者，是推动历史前进的根本力量。在传统农业社会，劳动者主要指那些从事农业生产活动的农民，他们凭借简单的工具和传统经验，辛勤劳作以满足人类基本的生存需求。

随着时代的不断发展和科技的持续进步，农业领域也发生了巨大变革。新的农业生产方式和经营模式如雨后春笋般涌现，农业新质生产力逐渐崛起。在这个过程中，新劳动者成为核心要素之一。

（一）农业新质生产力下新劳动者的特质与能力

与传统农民相比，新劳动者具备更高的教育水平和更广阔的视野，他们往往接受过专业的农业教育或相关技术培训，对现代农业的理念、技术和管理方法有着深入的理解和掌握，能够更好地适应农业现代化的发展需求，将先进的科学知识和技术应用于农业生产中。

新劳动者拥有创新精神和创业意识。他们不满足于传统的农业生产方式，敢于尝试新的农业经营模式和技术手段。例如，一些新劳动者积极探索智慧农业、生态农业、休闲农业等新型农业业态，通过创新发展为农业带来新的增长点。他们还善于利用互联网、电子商务等新兴平台，拓展农产品销售渠道，提升农产品附加值。

新劳动者具备较强的科技应用能力。在当今数字化、智能化的时代，科技在农业中的应用越来越广泛。新劳动者能够熟练运用各种农业科技设备和软件，如无人机、传感器、农业大数据分析平台等。他们通过科技手段实现对农业生产的精准监测、科学管理和高效作业。这些科技应用不仅提高了农业生产效率，还降低了生产成本，提升了农产品的质量和安

农业新质生产力与"头雁"实践

全性。

同时，新劳动者注重生态环境保护和可持续发展。他们认识到农业与生态环境的紧密关系，在农业生产中积极践行绿色发展理念。新劳动者采用生态农业技术，减少化肥、农药的使用，推广有机肥料和生物防治方法，保护土壤、水源和生态系统的平衡。他们还注重农业资源的循环利用，如将农作物秸秆、畜禽粪便等转化为有机肥料或能源，实现农业生产的可持续发展。

（二）新劳动者对农业现代化发展的重要意义

新劳动者在推动农业新质生产力发展的过程中，还发挥着示范引领作用。他们的成功经验和创新做法为其他农民提供了借鉴和榜样，激发了更多农民的创新热情和创业动力。新劳动者通过成立合作社、农业企业等形式，带动周边农民共同发展现代农业，实现共同富裕。他们还积极参与农业技术培训和推广活动，将自己掌握的知识和技能传授给其他农民，提高整个农村地区的农业生产水平。

新劳动者作为农业新质生产力的核心要素之一，以其高教育水平、创新精神、科技应用能力、生态环保意识和示范引领作用，为农业现代化的发展注入了强大的动力。在未来的农业发展中，应重视培养和引进新劳动者，为他们创造良好的发展环境，充分发挥他们的优势和作用，推动农业新质生产力的不断提升，实现农业的可持续发展和乡村振兴的宏伟目标。


**二 新劳动资料**

在马克思的理论体系中，劳动资料是人们在劳动过程中用以改变或影响劳动对象的一切物质资料和物质条件，它是劳动者与劳动对象之间的媒介，是人类劳动得以进行的必要条件。劳动资料包括生产工具、土地、厂房、道路等，其中生产工具是最为重要的劳动资料，它的发展水平直接反映着人类社会生产力的发展程度。

（一）新劳动资料的特点与表现形式

新劳动资料具有智能化与自动化、高效精准等特征，首先体现在先进的农业机械设备上。传统的农业生产主要依赖人力和简单的工具，生产效率低下。而如今，各种智能化、自动化的农业机械如播种机、收割机、喷灌设备等广泛应用于农业生产中。这些机械设备具有高效、精准、可靠等特点，能够大大提高农业生产的效率和质量。例如，大型联合收割机可以在短时间内完成大面积的农作物收割作业，不仅节省了人力成本，还减少了收获过程中的损失。同时，精准播种机可以根据土壤条件和作物需求进行精确播种，提高种子的发芽率和成活率。

农业物联网技术也是新劳动资料的重要组成部分。通过传感器、无线通信技术等手段，农业物联网可以实现对农业生产环境的实时监测和控制。农民可以通过手机、计算机等终端设备随时随地了解农田的土壤湿度、温度、光照强度等信息，并根据这些信息进行精准灌溉、施肥、病虫害防治等操作。这不仅提高了农业生产的科学性和精准性，还减少了资源的浪费和环境污染。

此外，生物技术在农业新劳动资料中也占据着重要地位。转基因技术、分子育种技术等现代生物技术的应用，为农业生产带来了革命性的变化。通过转基因技术，可以将优良的基因导入农作物中，使其具有抗病虫害、抗逆性强、高产优质等特点。分子育种技术则可以快速、准确地筛选出具有优良性状的农作物品种，缩短育种周期，提高育种效率。

新劳动资料还包括农业大数据和人工智能技术。农业大数据可以收集、整理和分析大量的农业生产数据，为农民提供决策支持。例如，通过分析历年的农作物产量、市场价格等数据，可以预测未来的市场需求和价格走势，帮助农民合理安排种植计划。人工智能技术则可以实现农业生产的智能化管理，提高农作物的生长质量和产量。

（二）新劳动资料推动下农业生产模式的变化

在农业新劳动资料的推动下，农业生产模式也发生了深刻变化。传统的小规模、分散经营的农业生产模式逐渐向规模化、集约化、专业化的方向发展。大型农业企业和农民合作社等新型农业经营主体不断涌现，他们利用先进的农业机械设备和技术，实现了农业生产的规模化和集约化经营，提高了农业生产的效率和竞争力。同时，农业产业链也得到了不断延伸和拓展，农产品加工、物流、销售等环节的专业化程度不断提高，形成了完整的农业产业链体系。

### 三 新劳动对象

在马克思的理论中，劳动资料是在劳动过程中用以改变或影响劳动对象的物质资料或物质条件。传统农业的劳动对象主要是土地以及依附于土地生长的农作物和饲养的畜禽等，而在新质生产力背景下，新劳动对象的范畴得到了极大的拓展。

新劳动对象具有诸多鲜明且独有的特征。其技术密集性尤为突出，无论是对基因资源的深入研究与开发利用，还是对数据资源的收集、处理和分析，都离不开先进科学技术的有力支撑。在基因领域，分子生物学技术如同精密的仪器，帮助我们解析基因的奥秘；基因测序技术则像是一把神奇的钥匙，能够准确读取基因的密码。在数据处理方面，大数据分析技术能够从海量的数据海洋中筛选出关键信息，人工智能算法则可以对未来趋势进行精准预测。这就要求农业从业者不断提升自身的科技素养，同时也促使农业与生物科技、信息技术等领域深度交融，形成多学科协同发展的新局面。

价值增值性也是新劳动对象的显著特征之一。以基因资源为例，经过基因改造的农产品往往在市场上具有更强的竞争力和更高的附加值。它们能够在降低生产成本的同时，提高产量和品质，为农业生产者带来丰厚的经济效益。而精准的数据应用则能够优化整个农业生产流程，降低市场风险，使得农业产业从生产到销售的各个环节都能够实现价值的最大化提升。

此外，生态友好是新劳动对象在当今时代背景下的必然要求。新型生物肥料和生物防治手段的出现，减少了传统化学肥料和农药对环境的污染，保护了土壤的肥力和生态平衡。同时，对可再生资源的开发利用，可以将农业废弃物转化为生物能源和生物材料，实现资源的循环利用，契合了绿色农业可持续发展的理念。

# 第四节 农业新质生产力的基本特征

## 一 数字性

随着信息技术的飞速发展,数字技术正深刻地改变着各个行业,农业也不例外。农业新质生产力的数字性成为推动农业现代化的重要力量。数字为农业带来了前所未有的机遇,从精准农业到智能农业,从农产品电商到农业大数据分析,数字技术正在重塑农业的生产方式、经营模式和管理理念。

### (一)数字技术在农业生产中的应用

数字技术在农业生产中的应用,集中体现在精准农业、智能灌溉系统以及农业物联网上。[①] 精准农业是数字技术在农业生产中的典型应用之一。通过全球定位系统(GPS)、地理信息系统(GIS)和遥感技术(RS)的集成,实现对农田的精准定位和监测。传感器可以实时采集土壤湿度、养分含量、气象条件等数据,为农民提供精准的施肥、灌溉和病虫害防治建议。例如,根据土壤养分的实际情况进行变量施肥,既可以提高肥料的利用率,又可以减少对环境的污染。智能灌溉系统利用传感器监测土壤湿度和气象条件,自动调节灌溉水量和时间。这种系统可以根据作物的需水情况进行精准灌溉,避免水资源的浪费。同时,智能灌溉系统还可以通过远程控制实现自动化管理,提高灌溉效率和管理水平。农业物联网可以将各种传感器、设备和系统连接起来,实现对农业生产过程的全面监测和控制。通过物联网,农民可以实时了解农田的环境状况、作物生长情况和设备运行状态,及时采取相应措施。例如,在温室大棚中安装传感器,可以实时监测温度、湿度、光照等参数,自动调节通风、遮阳和灌溉设备,为作物创造最佳的生长环境。

---

① 于俊丽:《信息化技术在数字农业中的应用》,《中国农业资源与区划》2024 年第 7 期。

（二）数字技术在农业管理方面的体现

在农业管理方面，数字技术主要指农业大数据分析、农业信息化管理平台和农产品质量追溯系统。农业大数据涵盖从土壤、气象、作物生长到市场需求等多方面数据，收集、整理和分析这些数据能为农业生产提供科学决策依据，如利用其预测农产品市场需求和价格走势，帮助农民合理安排生产、降低市场风险，也可用于农业灾害预警、病虫害监测，提高生产安全性和稳定性。农业信息化管理平台能够整合农业生产、经营和管理各环节，实现信息共享与协同，农民可获取农业技术、市场信息、政策法规等服务，提高生产经营效率和水平，政府部门也能借此监管和指导农业生产，促进可持续发展。农产品质量追溯系统通过利用数字技术对农产品生产、加工、运输和销售进行全程追溯，消费者可通过扫描二维码等方式了解农产品来源、生产过程和质量检测情况，增强对农产品的信任，同时企业能借此提高产品质量和品牌形象，增强市场竞争力。

（三）数字技术在农业销售中的应用形式

数字技术在农业销售中的应用体现在农产品电商平台、农产品直播带货以及农产品供应链数字化上。农产品电商平台为农产品的销售提供了新的渠道。农民可以通过电商平台将农产品直接销售给消费者，减少中间环节，提高销售收入，同时为消费者提供更多选择和便捷购物体验，促进消费升级。农产品直播带货是一种新兴销售模式，农民通过直播平台向消费者展示农产品生长环境、采摘过程和品质特点，增强其购买欲望，还能互动交流、解答疑问，提高消费者满意度。农产品供应链数字化可全程跟踪和管理农产品从生产到销售的过程，数字技术能优化供应链流程、提高物流效率、降低库存成本，同时提升农产品质量安全水平，保障消费者权益。

（四）农业新质生产力数字性的意义与展望

农业新质生产力的数字性为农业的现代化发展带来了新的机遇和挑战。数字技术在农业生产、管理和销售中的广泛应用，提高了农业生产效率、优化了资源配置、增强了市场竞争力，促进了农业的可持续发展。未来，随着数字技术的不断进步和创新，农业新质生产力的数字性将发挥更加重要的作用，推动农业向智能化、精准化、高效化和可持续化方向发展。我们应积极拥抱数字技术，加强数字技术与农业的融合，为实现农业现代化和乡村振兴作出更大贡献。

### 二 创新性

#### （一）技术创新

农业新质生产力的创新性首先体现在技术创新方面。新品种培育是技术创新的重要一环，通过先进的生物技术，如基因编辑等手段，科学家们能够培育出抗病虫害、高产优质的农作物新品种。这些新品种不仅能提高农作物的产量，还能增强其对恶劣环境的适应能力，为农业生产提供了坚实基础。新型栽培技术的出现也为农业带来了新的变革。例如精准农业技术，它利用传感器、卫星定位等先进技术，实时采集农田的土壤、气象、作物生长等信息，为农民提供精准的施肥、灌溉和病虫害防治决策依据，极大地提高了农业生产效率和资源利用率。此外，农业生物技术的发展也为农业创新注入了强大动力。利用生物技术可以改良农作物品质、提高抗逆性，同时也可以开发新型生物农药和生物肥料，减少化学农药和化学肥料的使用，降低对环境的污染。农业信息技术的飞速发展更是让农业生产实现了智能化管理。通过农业物联网技术，农民可以实时监测农田环境和作物生长状态，实现远程控制和自动化管理，提高生产效率和管理水平。

#### （二）经营模式创新

经营模式创新也是农业新质生产力创新性的重要体现。农业产业化经营以市场为导向，以龙头企业为核心，将农业生产、加工、销售等环节有机结合起来，实现了农产品的增值和农民收入的增加。龙头企业通过技术创新和品牌建设，提高了农产品的附加值和市场竞争力，同时也带动了农民参与产业化经营，实现了规模化生产和专业化经营。农民专业合作社则是由农民自愿组成的经济合作组织，通过联合农民，实现了规模化生产和专业化经营，提高了农民的市场谈判能力和组织化程度。农民专业合作社可以为农民提供农业生产资料采购、农产品销售、技术培训等服务，促进农业生产的发展。家庭农场以家庭为单位，实现适度规模经营，既保留了家庭经营的灵活性，又提高了农业生产效率。农业电商利用互联网平台，拓宽了农产品销售渠道，提高了农产品的流通效率，让农民能够直接对接消费者，减少中间环节，增加销售收入。

（三）管理创新

管理创新在农业新质生产力的创新性中同样起着至关重要的作用。政府通过制定和完善农业政策，为农业创新提供了良好的政策环境。例如出台支持农业科技创新、农业产业化经营、农民专业合作社发展等方面的政策，激励农业企业和农民积极参与创新。金融机构通过创新农业金融产品和服务，为农业创新提供了资金支持。如推出农业小额贷款、农业保险等金融产品，降低农业生产风险，支持农业生产的发展。农业科研机构通过创新农业科技创新管理机制，提高了农业科技创新效率和成果转化水平。加强产学研合作，促进科技与农业生产的紧密结合，加快农业科技成果的转化和应用。

（四）创新性的意义

1. 推动农业现代化进程：技术、经营模式和管理创新可以提高农业生产的机械化、自动化和智能化水平，优化产业结构，提升农产品质量与安全水平，实现可持续发展。

2. 提高农业生产效率：技术创新可以提高机械化、自动化和智能化水平，减少劳动力投入，提高劳动生产率；经营模式创新可以实现规模化和专业化经营，提高资源利用效率，降低成本；管理创新可以优化组织和管理，提高生产决策科学性。

3. 促进农村经济发展：技术创新可以提高农产品产量和质量及附加值，提高农民收入；经营模式创新可以拓宽销售渠道，提高流通效率，增加销售收入；管理创新可以优化农村资源配置，提高经济发展质量和效益。

4. 实现可持续农业：技术创新可以减少环境污染和破坏，提高资源利用效率；经营模式创新可以促进农业规模化、专业化和集约化发展，提升效益和竞争力；管理创新可以加强农业资源保护和管理，增强可持续性。

在实际中，农业新质生产力创新性的具体表现也十分丰富。在技术创新方面，中国科学家利用基因编辑技术成功培育出抗稻瘟病的水稻新品种，为解决水稻稻瘟病问题提供了新途径。美国的精准农业技术已经广泛应用于玉米、大豆等农作物的生产中，提高了农业生产效率和资源利用效率。在经营模式创新方面，中国的伊利集团通过农业产业化经营，带动了内蒙古地区的奶牛养殖业发展，提高了农民的收入水平。山东省的寿光蔬菜农民专业合作社通过联合农民，实现了蔬菜的规模化生产和专业化经营，提高了蔬菜的质量和市场竞争力。在管理创新方面，政府出台了一系列支持农业科技创新、农业产业化经营、农民专业合作社发展等方面的政策，为发展农业新质生产力提供了有力的政策支持。中国农业银行推出了"金穗惠农通"等农业金融产品，为农民提供小额贷款、支付结算等金融服务，支持农业生产的发展。

展望未来，农业新质生产力的创新性将呈现出更加多元化的发展趋势。技术创新将更加注重生态环保和可持续发展。生物农药、生物肥料、生态农业等技术将得到更广泛的应用，减少农业对环境的污染和破坏。农业废弃物的资源化利用技术将得到进一步发展，提高资源利用效率。经营模式创新将更加注重多元化和融合发展。农业与旅游、文化、教育等产业的融合将更加紧密，发展休闲农业、创意农业、乡村旅游等新型业态。农业电商、农产品定制等新型经营模式将不断涌现，满足消费者个性化、多样化的需求。管理创新将更加注重信息化和智能化。农业大数据、云计算、人工智能等技术将在农业管理中得到广泛应用，提高农业管理的效率和决策的科学性。农业信息化服务平台将不断完善，为农民提供更加便捷、高效的农业信息服务。

### 三　智能性

（一）智能农业设备在农业新质生产力中的应用与优势

农业新质生产力智能性的体现于智能农业设备的广泛应用。智能灌溉系统利用传感器实时监测土壤湿度、气象条件等因素，能够自动调节灌溉的水量和时间，实现精准灌溉。这种智能化的灌溉方式不仅可以节约水资源，还能确保农作物在最佳的水分条件下生长，提高农作物的产量和品质。例如，在一些干旱地区，智能灌溉系统可以根据土壤的实际需水量进行精确供水，避免了传统灌溉方式中水资源的浪费。智能温室则是另一个典型的智能农业设备。它通过各种传感器和自动控制系统，可以精确调节温室内的温度、湿度、光照等环境参数，为农作物创造出最适宜的生长环境。无论是在寒冷的冬季还是炎热的夏季，智能温室都能保证农作物的正常生长，不受外界自然环境的影响。此外，智能农机的出现也极大地提高了农业生产的效率。智能农机可以实现自动驾驶、精准作业等功能，减少了人工操作的误差，提高了作业的精度和质量。例如，无人驾驶的拖拉机可以在农田中自动进行耕种、播种、施肥等作业，不仅提高了作业效率，还降低了劳动强度。

（二）人工智能技术对农业新质生产力的推动作用

人工智能技术在农业中的应用也为农业新质生产力的智能性增添了新活力。图像识别技术在农作物病虫害检测和诊断方面发挥了重要作用。通过对农作物叶片、果实等部位的图像进行分析，可以快速准确地识别出病虫害的类型和程度，为及时采取防治措施提供依据。例如，利用无人机搭载图像识别设备对大面积农田进行巡检，可以快速发现病虫害的发生区域，提高病虫害防治效率。人工智能算法还可以对农业生产数据进行分析和预测。通过对土壤、气候、农作物生长等数据的分析，人工智能可以预测农作物的产量、市场需求等，帮助农民合理安排生产，降低市场风险。此外，人工智能还可以用于农业机器人的开发。农业机器人可以完成一些复杂的农业作业任务，如采摘水果、除草等，提高农业生产的自动化水平。

智能农业的发展前景十分广阔。随着技术的不断进步，智能农业将实现农业生产的全程自动化、智能化管理。从农田的土壤监测、播种、施肥、灌溉到农作物的收获、加工、销售等环节，都将实现智能化控制。这将大大提高农业生产的效率和质量，降低农业生产成本和资源消耗。同时，智能农业还将促进农业与其他产业的融合发展。例如，通过与互联网、物联网等技术的结合，智能农业可以实现农产品的全程追溯，提高农产品的质量安全水平，增强消费者对农产品的信任度。此外，智能农业还可以与旅游、教育等产业相结合，发展休闲农业、科普农业等新型业态，拓展农业的功能和价值。

（三）农业新质生产力智能性的多方面优势

农业新质生产力的智能性具有诸多优势。首先，提高了农业生产的效率。通过智能农业设备和人工智能技术的应用，可以实现农业生产的自动化、精准化作业，减少人工操作的时间和成本，提高作业效率。其次，优化了资源配置。智能灌溉系统、精准施肥等技术可以根据农作物的实际需求进行资源的合理分配，避免资源浪费，提高资源利用率。最后，增强了农业生产的稳定性和可靠性。智能农业可以实时监测农田环境和农作物生长状态，及时发现和解决问题，降低自然灾害和病虫害等因素对农业生产的影响。最后，推动了农业的可持续发展。智能农业通过节约资源、减少污染等方式，实现了农业的绿色发展，符合可持续发展的要求。

（四）智能农业在实践中的成果

在实际应用中，智能农业已经取得了显著成效。一些先进的农业企业和农场已经开始采用智能农业设备和技术，实现了农业生产的智能化管理。例如，某大型农业企业通过建设智能温室和智能灌溉系统，实现了蔬菜的全年生产，提高了蔬菜的产量和品质，同时也降低了生产成本。某水果种植基地利用无人机搭载图像识别设备进行病虫害巡检，能够及时发现病虫害，保证水果的丰收。此外，一些地方政府也积极推动智能农业的发展,出台了相关政策和措施,鼓励农民和农业企业采用智能农业技术,提高农业生产的智能化水平。

(五)智能农业发展面临的挑战与应对措施

然而,农业新质生产力的智能性发展也面临一些挑战。首先,技术成本较高。智能农业设备和技术的研发和应用需要大量的资金投入,这对于一些中小规模的农民和农业企业来说是一个较大负担。其次,技术人才短缺。智能农业需要具备信息技术、农业技术等多方面知识的复合型人才,目前这类人才相对短缺,制约了智能农业的发展。最后,数据安全和隐私问题。智能农业涉及大量的农业生产数据,这些数据的安全和隐私保护至关重要。如果数据泄露或被滥用,可能会给农民和农业企业造成严重损失。

为了推动农业新质生产力的智能性发展,我们需要采取一系列措施。首先,加大对智能农业技术的研发投入。政府、企业和科研机构应共同合作,加大对智能农业技术的研发力度,降低技术成本,提高技术的可靠性和稳定性。其次,加强智能农业人才的培养。高校和职业院校应开设相关专业和课程,培养具备信息技术和农业技术知识的复合型人才。同时,企业也应加强对员工的培训,提高员工的智能农业技术应用能力。再次,加强数据安全和隐私保护。制定相关法律法规,加强对农业生产数据的安全管理,保护农民和农业企业的合法权益。最后,加强政策支持。政府应出台相关政策,鼓励农民和农业企业采用智能农业技术,对智能农业项目给予资金支持和税收优惠。

总之,农业新质生产力的智能性是农业现代化发展的必然趋势。智能农业设备和人工智能技术的应用,将为农业带来更高的生产效率、更优的资源配置、更强的稳定性和可持续性。虽然目前智能农业的发展还面临一些挑战,但通过加大研发投入、培养人才、加强数据安全保护和政策支持等措施,我们有信心推动农业新质生产力的智能性不断发展,为实现农业现代化和乡村振兴作出更大贡献。

#### 四 可持续性

(一) 农业新质生产力可持续性的内涵

农业新质生产力的可持续性首先体现在对生态环境的保护上。传统农业生产方式往往过度依赖化肥、农药等化学投入品，这不仅会对土壤、水源等造成污染，还会破坏生态平衡。而农业新质生产力强调生态友好型的生产方式，注重减少化学投入品的使用，推广有机农业、生态农业等可持续农业模式。例如，采用生物防治技术代替化学农药来控制病虫害，利用有机肥料代替化肥来提高土壤肥力，既可以减少对环境的污染，又可以保护生态系统的多样性，为农业生产创造良好的生态环境。

资源的合理利用是农业新质生产力可持续性的另一个重要方面。水资源是农业生产中不可或缺的资源，但在很多地区，水资源短缺已经成为制约农业发展的重要因素。农业新质生产力通过推广节水灌溉技术，如滴灌、喷灌等，提高水资源的利用效率，减少水资源的浪费。同时，对于土地资源的合理利用也至关重要。通过科学的土地规划和轮作休耕制度，保护土壤肥力，防止土地退化。此外，农业新质生产力还注重对农业废弃物的资源化利用，如将农作物秸秆用于生物质能源生产、制作有机肥料等，实现资源的循环利用。

(二) 农业新质生产力可持续性对农业发展的促进作用

农业新质生产力的可持续性还体现在经济发展的可持续性上。可持续的农业生产方式不仅能够提高农产品的质量和产量，还能够增加农民的收入，促进农村经济的发展。例如，发展有机农业可以提高农产品的附加值，满足消费者对绿色、健康食品的需求，从而提高农民的经济效益。同时，农业新质生产力还鼓励发展农业产业化经营，通过龙头企业带动，实现农产品的加工、销售一体化，延长农业产业链，提高农业附加值。此外，农业新质生产力还注重发展农村电商等新型销售渠道，拓宽农产品的销售市场，提高农民的收入水平。

社会公平也是农业新质生产力可持续性的重要体现。农业新质生产力的发展应该惠及所有农民，确保农民在农业生产中获得公平的收益和发展机会。这就需要政府出台相关政策，加强对农业的支持和保护，提高农民的组织化程度，保障农民的合法权益。同时，农业新质生产力的发展还应该注重农村教育、医疗等公共服务的提供，提高农民的生活质量，促进农村社会的和谐发展。

（三）推动农业新质生产力可持续发展的途径与意义

农业新质生产力的可持续性是农业发展的必然趋势。通过加强农业科技创新、政策支持、农民培训和教育以及国际合作等措施，可以有效推动农业新质生产力的可持续发展。只有实现农业的可持续发展，才能确保人类的粮食安全，保护生态环境，促进农村经济的繁荣和社会的和谐发展。在未来的发展中，我们应积极探索适合本地区的农业新质生产力可持续发展模式，为实现农业现代化和乡村振兴作出更大贡献。

# 第二章　农业新质生产力发展路径

## 第一节　培养"新农人"

### 一　"新农人"类别与定义

在马克思的理论视野中，"人"被定义为社会性存在，通过生产活动与社会深度交织，如《1844 年经济学哲学手稿》中所阐述的种种关系变化及理想发展方向。在社会的宏大画卷中，从事农业生产的群体不可或缺。传统意义上的"农人"，主要由直接参与农业生产的人员构成，在中国特定语境下，与土地权益紧密相连，是农村生活方式和文化习俗的承载者。

随着时代车轮滚滚向前，社会发展和技术进步促使农业领域发生深刻变革，在传统农人的基础上，逐渐衍生出了新一代农民群体——"新农人"。他们凭借较高的教育背景、对现代科技知识的熟练掌握以及创新的经营模式，积极投身于现代农业发展浪潮，不仅追求生产效率的提升，更将环境保护和可持续发展理念融入其中，成为推动中国农业现代化进程的关键力量，实现了从传统到现代的跨越与革新。

鉴于新农人在现代农业格局中日益凸显的重要性和复杂性，为了更加全面、深入且准确地剖析这一群体在农业现代化进程中的具体表现与多元价值，接下来将梳理并阐释不同类别的"新农人"。

（一）实用技术人才

实用技术人才是指具有一定的知识或技能，为农村经济和科技、教育、卫生、文化等各项社会事业发展提供服务、作出贡献，起到示范或带动作用的农村劳动者,是农业生产的主力军,是推动乡村经济、社会、文化全面振兴的重要力量,是我国人才队伍的重要组成部分。他们是农业科技创新和推广的重要力量,能够将科学技术转化为实际生产力,提高农业生产效率和质量。

他们拥有扎实的农业专业知识,包括作物栽培、畜牧养殖、园艺种植、农机操作等方面的知识;了解不同农作物的生长规律、病虫害防治方法以及农业生产的各个环节;熟练掌握各种农业生产技术和技能,如精准播种、施肥、灌溉、病虫害防治等;能够操作和维护现代化的农业机械设备,提高农业生产的机械化水平;通过长期的实践积累,具备丰富的农业生产经验;能够根据实际情况灵活运用技术,解决生产中遇到的各种问题,并能关注农业科技的最新发展动态,不断学习和更新自己的知识和技能,适应现代农业发展的需求。

实用技术人才在农业生产中发挥着重要作用。他们可以为农民提供技术指导和培训,帮助农民掌握先进的农业技术,提高农产品的产量和质量。同时,他们还可以参与农业科研项目,为农业科技创新提供实践经验和数据支持。此外,实用技术人才还能够推动农业产业的升级和转型,促进农业的可持续发展。例如,种植专家可以根据当地的气候、土壤条件,选择适合的农作物品种,并提供科学的种植管理方案,提高农作物的产量和品质。畜牧养殖专家可以指导养殖户合理饲养畜禽,预防疾病,提高养殖效益。农机操作手能够熟练操作各种农业机械,提高农业生产的效率。

(二)生产经营人才

生产经营人才是指在农业生产和经营管理方面具有出色能力的人才。他们具备敏锐的市场洞察力、卓越的经营管理能力和创新精神,能够有效地组织和管理农业生产活动,实现农业资源的优化配置和经济效益的最大化。

他们能够准确把握市场需求和趋势,根据市场变化及时调整生产和经营策略,确保农产品的市场竞争力;具备全面的经营管理知识和技能,包括生产计划制定、成本控制、质量管理、人力资源管理等;能够有效地组织和协调生产经营活动，提高企业的运营效率；敢于尝试新的生产方式和经营模式，积极推动农业科技创新和产业升级，提高农业生产的附加值；善于整合各种农业资源，包括土地、资金、技术、人才等，实现资源的优化配置和协同发展；具备较强的风险意识和应对能力，能够及时识别和防范生产经营过程中的各种风险，保障企业的稳定发展。

生产经营人才在农业发展中起着至关重要的作用。他们可以带领农业企业和农民合作社等经营主体实现规模化、集约化生产，提高农业生产效率和经济效益。同时，他们还可以促进农业产业链的延伸和拓展，推动农业与第二、第三产业的融合发展，增加农民的收入。例如，农业企业的经理可以制定科学的生产计划，合理安排生产资源，确保农产品的按时供应。农民合作社的负责人可以组织社员进行统一生产和销售，提高农产品的质量和市场竞争力。农产品营销专家可以通过市场调研和分析，制定有效的营销策略，拓展农产品的销售渠道。

（三）电商促富人才

《"十四五"电子商务发展规划》中提到了电子商务人才的培养，包括完善电子商务人才培养体系，强化"政、产、学、研、用、培"六位一体人才培养模式，以及鼓励平台、企业与院校联动，开展线上线下融合、多层次、多梯度的电子商务培训，加强复合型人才供给。这表明电商促富人才在规划中被定义为能够通过电子商务平台促进农产品销售、提升农村经济发展水平的人才，他们需要具备网络营销、电商平台运营、数据分析、供应链管理等能力，熟悉电子商务平台和运营模式，能够利用互联网技术促进农产品销售和农村经济发展。

具体而言，电商促富人才熟练掌握各大电商平台的操作流程，能够开设网店、上传产品信息、处理订单等；具备网络营销的知识和技能，能够运用各种营销手段，如搜索引擎优化、社交媒体营销、直播带货等，提高农产品的曝光度和销售量；能够对电商数据进行分析和挖掘，了解消费者需求和市场趋势，为农产品的销售和推广提供决策依据；熟悉物流配送流程，能够与物流公司合作，确保农产品及时并准确地送达消费者手中；敢于尝试新的电商模式和营销方法,不断创新和优化农产品的销售策略。

电商促富人才在农村电商发展中发挥着重要作用。他们可以帮助农民将农产品推向更广阔的市场,打破传统销售渠道的限制,提高农产品的附加值。同时,他们还可以带动农村电商产业链的发展,促进物流、包装、加工等相关产业的发展,创造更多的就业机会。例如,电商运营专员可以负责网店的日常运营管理,包括产品上架、客服服务、订单处理等。网络营销策划师可以制定网络营销方案,组织直播带货等活动,提高农产品的知名度和销售量。物流配送协调员可以与物流公司沟通协调,确保农产品的顺利配送。

(四)文化艺术人才

文化艺术人才是指在乡村文化艺术领域具有专业素养和创作能力的人才。他们致力于挖掘和传承乡村传统文化,创作具有乡村特色的文化艺术作品,丰富乡村文化生活,提升乡村文化品位。

他们对乡村传统文化有着深厚的感情和认知,致力于保护和传承乡村的历史文化、民俗风情等;具备音乐、舞蹈、绘画、书法、文学等方面的艺术创作能力,能够创作出具有乡村特色和时代气息的文化艺术作品;能够组织开展各种文化艺术活动,如文艺演出、展览、讲座等,丰富乡村居民的精神文化生活。敢于创新和尝试,将传统文化与现代艺术元素相结合,创作出新颖独特的文化艺术作品和活动形式;能够通过各种渠道宣传和推广乡村文化艺术,提高乡村文化的知名度和影响力。

文化艺术人才在乡村文化建设中起着重要的推动作用。他们可以通过创作和表演文化艺术作品,传承和弘扬乡村传统文化,增强乡村居民的文化认同感和自豪感。同时,他们还可以吸引更多的人关注乡村文化,促进乡村旅游的发展,为乡村经济注入新的活力。例如,民间艺人可以传承和表演传统的民间艺术,如戏曲、杂技、民间舞蹈等。艺术家可以创作以乡村为主题的绘画、书法、文学作品,展现乡村的美丽风光和人文情怀。文化活动组织者可以策划和组织各种文化活动,丰富乡村居民的业余生活。

（五）农旅规划人才

农旅规划人才是指具备农业和旅游专业知识，能够进行乡村农业旅游规划和设计的人才。他们能够将农业资源与旅游元素有机结合，打造具有特色和吸引力的乡村旅游目的地。

他们熟悉农业生产和农村发展情况，了解旅游市场需求和趋势，具备农业和旅游相结合的专业知识；能够运用专业知识和技能，进行乡村旅游规划和设计，包括景区规划、项目策划、线路设计等；具备创新思维和创意能力，能够设计出具有独特性和吸引力的乡村旅游产品和活动；善于整合乡村的自然、人文、农业等资源，实现资源的优化配置和综合利用；能够进行市场调研和分析，了解游客需求和竞争对手情况，为规划设计提供理论依据。

农旅规划人才在乡村旅游发展中起着关键作用。他们可以通过合理规划和设计，打造出具有特色和吸引力的乡村旅游景区和项目，促进乡村旅游发展，带动农村经济增长和农民增收。例如，农旅规划师可以根据乡村的自然景观、农业资源和文化特色，设计出适合乡村旅游的景区规划和项目策划。旅游线路设计师可以设计出合理的旅游线路，将乡村的各个景点和活动串联起来，提高游客的体验感。

（六）乡村治理人才

乡村治理人才是指在乡村治理领域具有专业知识和能力，能够参与乡村治理和推动乡村发展的人才。他们致力于构建和谐、稳定、有序的乡村社会环境，促进乡村经济、社会和文化的全面发展。

他们熟悉国家关于乡村治理的政策法规，能够准确把握政策方向，依法依规开展乡村治理工作；具备良好的组织协调能力，能够协调各方力量，共同参与乡村治理，解决乡村发展中的问题；善于与村民沟通交流，了解村民的需求和意见，及时解决村民的实际问题，赢得村民的信任和支持；能够敏锐地发现乡村发展中存在的问题，并提出有效的解决方案，推动乡村各项工作的顺利开展；具备创新意识和发展眼光，能够积极探索乡村治理新模式、新方法，推动乡村治理体系和治理能力现代化。

乡村治理人才在乡村发展中起着重要的保障作用。他们可以通过加强乡村基层组织建设、完善乡村治理机制、促进乡村社会和谐稳定，为乡村经济发展和社会进步创造良好环境。例如，村支书可以带领村"两委"班子，加强基层党组织建设，推动乡村各项事业的发展。乡村调解员可以及时化解村民之间的矛盾纠纷，维护乡村社会的和谐稳定。乡村发展顾问可以为乡村发展提供政策咨询和建议，推动乡村经济的可持续发展。

（七）乡村运营人才

乡村运营人才是指具备乡村运营管理能力，能够整合乡村资源，推动乡村产业发展和经济增长的人才。他们致力于提高乡村的运营效率和效益，实现乡村的可持续发展。

他们具备资源整合能力，能够全面梳理乡村的自然资源、人文资源、产业资源等，进行有效整合和优化配置；具备敏锐的市场洞察力，能够根据乡村的资源优势和市场需求，选择适合的产业发展方向，并推动产业的培育和发展；能够制定乡村运营策略和计划，组织实施各项运营活动，确保乡村的正常运转和发展；注重乡村品牌的建设和推广，能够提升乡村的知名度和美誉度，增强乡村的吸引力和竞争力；善于与各方合作，组建和管理运营团队，充分发挥团队成员的优势，共同推动乡村的发展。

乡村运营人才在乡村振兴中发挥着重要作用。他们可以通过有效的运营管理，激活乡村资源，促进乡村产业发展，增加农民收入，推动乡村实现可持续发展。例如，乡村运营经理可以负责乡村的整体运营管理，包括资源整合、产业发展、项目策划、品牌推广等。产业发展专员可以专注于某一产业的发展，如农产品加工、乡村旅游、农村电商等，推动产业的升级和壮大。品牌推广专员可以通过各种渠道宣传乡村品牌，提高乡村品牌的知名度和影响力。

## 二　"新农人"培育路径

国家对"新农人"培育路径的战略部署涉及多个层面，旨在通过政策引导、教育培训、产业扶持、金融支持、人才引进与激励、平台建设、评价与激励机制、服务保障等多方面措施，全面推进乡村振兴和农业农村现代化。

（一）人才培育政策鼓励

《中共中央 国务院关于实施乡村振兴战略的意见》《"十四五"推进农业农村现代化规划》以及《全国农业现代化规划（2016—2020年）》等文件，提出要汇聚全社会力量，强化乡村振兴人才支撑，鼓励社会各界投身乡村建设，发展多领域乡村人才。

（二）人才培育体系重塑

完善现代农业职业教育体系，健全现代"新农人"创业孵化体系。《国家职业教育改革实施方案》提出要深化复合型技术技能人才培养培训模式改革，鼓励职业院校与行业企业合作开展职业教育和培训。这为"新农人"提供了通过职业教育提升技能的政策依据和途径，职业院校可以根据农业产业需求，为"新农人"量身定制培训课程。

2022年，教育部面向粮食安全、生态文明、智慧农业、营养与健康、乡村发展等五大领域，设置了生物育种科学、生物育种技术、土地科学与技术、生物质科学与工程、生态修复学、国家公园建设与管理、智慧农业、农业智能装备工程、食品营养与健康、兽医公共卫生、乡村治理、全球农业发展治理等12个新农科人才培养引导性专业，引导涉农高校加快布局建设具有适应性、引领性的新农科专业，加快培养急需紧缺农林人才。[①]

（三）人才工作机制健全

完善乡村人才服务保障机制，健全乡村人才评价激励机制。《农业农村部关于加强新时代农业农村高技能人才工作更好支撑加快建设农业强国的意见》提出到2025年，党委领导、政府主导、政策支持、企业主体、社会参与的农业农村高技能人才工作体系更加健全，培育体系更加完善，使用制度更加合理，评价机制更加科学，激励保障更加有力，明确了加强重点领域高技能人才队伍建设的方向，如粮油等重要农产品产业、种业、

---

① 教育部办公厅：《教育部办公厅关于印发〈新农科人才培养引导性专业指南〉的通知》，《中华人民共和国教育部公报》2022年第11期。

耕地建设、农机作业服务等 12 个领域，并对各领域人才培养的具体措施和目标进行了规划。①

# 第二节　发展农业新技术

## 一　农业新技术的类别与特点

农业新技术是一个内涵十分广泛的概念，涉及多个领域和层面的创新成果。从宏观角度来看，农业新技术包括了农业生物技术、农业信息技术、农业工程技术、农业生态技术等。这些技术相互融合、相互促进，共同推动着农业的现代化进程。

（一）生物技术

农业生物技术是运用现代生物学理论与方法，涉及多领域的技术体系。基因工程技术是核心，能修饰改造农作物和畜禽基因，培育优良性状新品种。如导入抗虫基因到棉花、玉米，可抗虫，减少农药用量，降成本、护环境，还能提升农作物抗逆性，保障粮食安全。

细胞工程技术作用重大。植物组织培养可快速繁殖优良品种，离体培养植物细胞能获大量无性繁殖系，对做好珍稀濒危植物保护工作意义非凡。动物细胞培养可用于生产动物疫苗等，像口蹄疫、禽流感疫苗，助力疫病防治。

发酵工程技术应用广泛，可生产高效环保的生物肥料和生物农药。生物肥料有益微生物多，能改土增肥、促生长，比化学肥料更环保。生物农药环境友好、人畜安全、不易产生抗药性，是理想替代品，且可用于农产品加工，提升附加值、丰富饮食。

酶工程技术借助酶催化作用用于农业生产与加工。在饲料加工中，酶制剂可提消化率与营养价值，降成本。在农产品加工中，可用于果汁澄清等，提高效率和质量。它还能处理农业废弃物，将其转化为生物燃料、有

---

① 农业农村部：《农业农村部关于加强新时代农业农村高技能人才工作更好支撑加快建设农业强国的意见》，《中华人民共和国农业农村部公报》2024 年第 3 期。

机肥料，实现资源循环利用，减少浪费与污染。

农业生物技术优势显著，通过基因和细胞工程，能培育高产、优质、抗逆性强的作物和畜禽新品种，满足高品质需求并创造新性状；同时，减少病虫害发生，降低农药用量，推动可持续发展。发酵和酶工程可以促进资源循环利用，基因工程可以提高养分吸收效率，减少化肥使用。这些技术可以提高生产效率，增加产量，改善农产品质量，减少农药残留，保护生态环境，并保障粮食安全。

（二）信息技术

信息技术在农业领域的应用广泛且意义重大。首先，农业物联网技术带来变革，利用传感器、射频识别、全球定位系统等连接农业要素与互联网，能实时监测和智能化管理生产环境、作物生长和设备运行。如温室大棚中的传感器可测参数，在环境异常时可以自动调控设备，还能远程监控调度农业机械，提升生产效率和精度。

农业大数据技术是重要应用，在农业生产会产生大量数据，收集、分析这些数据能为生产决策提供依据。比如预测农产品市场需求，指导种植计划，避免滞销，还能监测预警病虫害，减少损失，也可优化资源配置，提高利用效率。

农业遥感技术作用关键，通过卫星、飞机等遥感平台可以获取大面积农业信息，包括土壤墒情、作物长势和病虫害分布。人们通过分析遥感图像能了解农田整体情况，为生产提供宏观决策支持，如农作物估产和灾害监测。

农业地理信息系统技术将地理信息系统和农业结合，实现农业资源空间管理与分析。绘制农田地图并标注信息，用于生产规划，也可用于土地利用规划、生态环境监测和物流管理，提升农业生产科学性和管理水平。

信息技术在农业领域的应用提高了农业生产的效率和质量。通过精准监测和智能化管理，可以实现对农业生产过程的优化控制，减少资源浪费和环境污染，提高农产品的产量和品质。其次，信息技术为农产品的质量安全提供了保障。通过全程监控和质量追溯，可以确保农产品的来源可追溯、质量可控制，增强消费者对农产品的信任度。最后，信息技术促进了农业产业的转型升级。通过农业电子商务、农业智能化管理等手段，可以拓展农产品的销售渠道，提高农业生产的附加值，推动农业产业向高端化、智能化、绿色化方向发展。

（三）数字技术

数字技术涵盖了一系列先进的信息技术手段，包括大数据、人工智能、物联网、云计算等。这些技术相互融合、相互促进，为农业生产、管理、销售等各个环节提供了有力的支持。[①]

农业大数据是重要应用，在农业生产会产生海量数据，收集分析这些数据能为生产决策助力。比如可依此制定个性化施肥、灌溉方案，提高生产效率和质量，也能预测市场需求，指导种植计划，避免滞销，还能监测预警病虫害。

人工智能在农业领域作用显著。它可以分析大量数据，实现农作物生长智能监测和管理；利用图像识别技术快速准确识别病虫害，给出防治建议，也能根据生长和环境情况自动调整生产环节，还能在采摘、分拣环节提效提质。

物联网是另一个重要应用，通过传感器、射频识别技术连接农业生产设备设施与互联网，实现对生产环境、作物生长状态实时监测和智能化管理。如温室大棚中传感器可监测环境因素，物联网可系统自动调节相关设备，也能远程监控管理农业机械。

云计算为农业数字技术应用提供计算和存储支持，满足大数据分析、人工智能应用需求，还能实现资源共享和协同，提高效率效益。

数字技术在农业领域的应用具有重要意义。首先，数字技术可以提高农业生产效率和质量，还可以通过精准监测和智能化管理，实现对农业生产过程的优化控制，减少资源浪费和环境污染，提高农产品的产量和品

---

质。其次，数字技术可以促进农业产业的转型升级。通过数字技术的应用，可以拓展农产品的销售渠道，提高农业生产的附加值，推动农业产业向高端化、智能化、绿色化方向发展。最后，数字技术可以提升农业的可持续发展能力。通过对农业资源的精准管理和利用，可以减少对环境的破坏，实现农业的可持续发展。

（四）绿色低碳技术

绿色低碳技术在农业领域有着丰富内涵和重大意义。它涵盖了一系列旨在降低农业对环境负面影响、提高资源利用效率以及减少温室气体排放的先进技术手段。首先，从生态保护看，传统农业大量使用化肥、农药和过度消耗水资源，污染环境、破坏生态。绿色低碳技术推广有机、生态农业模式，减少化学投入，运用生物和物理防治手段，降低农业面源污染，保障生态平衡。

其次，在资源利用上，农业依赖多种资源，绿色低碳技术中的节水灌溉（如滴灌、喷灌）、精准施肥等技术可避免资源浪费。节水灌溉按作物需水精确供水，精准施肥依据土壤肥力和作物需求用肥，提高利用率，减少污染。

最后，面对气候变化，农业既是温室气体排放源，也有减排潜力。绿色低碳技术中的土壤固碳、生物质能源利用技术能减少排放、增强碳汇功能。

农业领域的绿色低碳技术多样。有机农业技术遵循自然规律，通过制作施用有机肥、生物防治、轮作休耕等产出优质农产品，减少化学合成物质使用。生态农业技术按生态学和经济规律设计农业生产和农村经济体系，包括生态种植、养殖、循环农业技术，减少病虫害、环境污染，实现资源循环利用。节水灌溉技术的滴灌、喷灌、微灌能提高水资源利用效率。精准施肥技术借助土壤测试等手段精确计算用肥，减少污染。农业废弃物资源化利用技术包括秸秆还田、饲料化、能源化和畜禽粪便无害化处理及资源化利用等，可以实现变废为宝。土壤固碳技术中的有机农业、免耕少耕、覆盖种植等能增加土壤有机碳含量。这些技术共同推动着农业绿色低碳发展。

（五）自动化技术

自动化技术在农业领域有着丰富而广泛的内涵。它涵盖了从农田的耕整、播种、灌溉、施肥，到作物的生长监测、病虫害防治，再到农产品的收获、加工和储存等各个环节，通过先进的传感器、控制器、执行器等设备，以及智能化的软件系统，实现对农业生产过程的精确控制和高效管理。[①]

在农田耕整环节，智能拖拉机、耕整机等自动化农业机械，依预设程序和地理信息系统引导，精准完成翻耕、平整土地工作。它们既能提升作业效率，又可确保耕地质量均匀，为播种与作物生长奠定良好基础。

播种时，自动化播种机可以依据不同作物需求，精确掌控播种深度、间距与播种量，部分还具备种子质量检测筛选功能，保障播种种子健康饱满，有效提高出苗率与作物生长质量。

灌溉至关重要，自动化灌溉系统借助传感器实时监测土壤湿度、气象条件等参数，依作物需水情况自动灌溉。这种精准灌溉既能节约大量水资源，又可避免过度或不足灌溉对作物生长的不良影响。

施肥方面，自动化施肥设备依据土壤肥力检测结果与作物生长阶段需求，精确控制施肥量与施肥时间。这既能提高肥料利用率、减少浪费与环境污染，又能为作物提供充足养分，促进生长。

作物生长监测环节，自动化技术作用突出。田间安装的各类传感器可实时监测环境变化，再结合图像识别技术与无人机等设备，能快速准确监测作物生长状态与病虫害情况。相关数据经无线网络传至中央控制系统进行分析处理，为农民提供科学决策依据，便于及时采取管理措施。

在病虫害防治难题上，自动化监测系统可提前察觉并预警通知农民。自动化喷药设备能依病虫害分布精准喷药，提高防治效果，减少农药使用量。

---

① 刘志学、徐营：《自动化技术在农村农业中的应用前景分析》，《中国农业资源与区划》2024年第3期。

在农产品收获环节，自动化收割机、采摘机等设备可以高效完成任务，既能提升收获效率，又可减少人工收获损失与损伤，保证农产品质量。总之，自动化技术为农业生产带来诸多便利与优势。

自动化技术在农业领域的应用意义重大。一方面，它极大地提高了农业生产效率。使用自动化设备可以减少人工劳动量，缩短生产周期，提高单位面积的产量。这对于满足不断增长的人口对粮食和农产品的需求具有重要意义。另一方面，自动化技术有助于提高农产品的质量和安全性。通过精准的控制和管理，可以减少农药、化肥的使用量，降低农产品中的残留物质，同时保证农产品的新鲜度和品质。此外，自动化技术还可以促进农业的可持续发展。它可以节约水资源、能源和土地资源，减少对环境的污染和破坏，实现农业生产与生态环境的和谐共生。

## 二　农业新技术的产生逻辑

### （一）要素稀缺诱导技术进步

#### 1. 农业发展中的要素稀缺问题

在农业发展的漫长历程中，新技术始终是推动其不断前行的关键力量。而要素稀缺在这一过程中扮演着极为重要的角色，成为诱导农业新技术产生的关键因素之一。

要素稀缺，意味着农业生产中所必需的各种资源出现了相对不足的情况。这种稀缺可以体现在多个方面。土地资源，作为农业生产的根本依托，随着人口的持续增长和城市化进程的不断加速，可用于农业耕种的土地面积日益减少。城市的扩张不断吞噬着周边的农田，同时，土地的退化、污染等问题也使得优质耕地资源愈发稀缺。土壤侵蚀使得土地肥力下降，盐渍化让土地难以种植常规作物，荒漠化更是直接威胁着农业生产的根基。

水资源在农业中的重要性不言而喻。然而，由于气候变化的影响，降水分布不均的情况愈发严重，许多地区面临着干旱缺水的困境。同时，不合理的水资源开发利用以及水污染问题，进一步加剧了农业用水的紧张局面。灌溉用水的不足直接影响着农作物的生长和产量,而水质问题也给农业生产带来诸多隐患。

劳动力是农业生产中不可或缺的要素。近年来,农村劳动力大量向城市转移,年轻一代更倾向于选择城市中的就业机会,这使得农村劳动力数量急剧减少。同时,人口老龄化的加剧也使得农业劳动力的素质和体力面临挑战。劳动力的短缺使得农业生产的规模和效率受到严重影响。

资本在农业发展中起着至关重要的作用。农业生产需要投入大量资金用于购买种子、化肥、农药以及先进的农业机械等。此外,农田水利建设、农业基础设施的完善也离不开充足的资本支持。然而,农业的投资回报率相对较低,金融机构对农业的信贷支持往往不足,农民自身的资金积累也十分有限,这导致农业资本投入相对匮乏,严重制约了农业新技术的应用和农业现代化的进程。

技术作为关键的生产要素,在农业中的作用日益凸显。但目前我国农业技术水平整体相对落后,农业科技创新能力不足。缺乏先进的农业技术,使得农业生产效率低下,农产品质量难以满足市场的高端需求。

2. 要素稀缺诱导农业新技术产生的过程

要素稀缺诱导农业新技术产生的过程是一个复杂而又充满活力的过程。首先,要素稀缺会引发农民和农业企业对现有生产方式的深刻反思。他们会认识到传统生产方式在要素稀缺的情况下难以继续维持高效的生产,从而迫切需要寻找新的出路。这种对现状的不满和对未来的担忧成为推动技术进步的内在动力。

另外,这种动力会促使农业科研机构和企业加大对相关技术的研发投入。科研人员会针对要素稀缺的具体问题,展开深入的研究和探索。他们会借鉴其他领域的先进技术和经验,进行跨学科的合作与创新。例如,将信息技术与农业相结合,开发出智能化的农业生产管理系统,通过传感器实时监测土壤、气候等环境因素,实现精准施肥、灌溉和病虫害防治。将生物技术应用于农业,培育出抗逆性强、产量高的农作物新品种。

一旦新技术研发成功,就会通过示范推广等方式逐渐应用于农业生产实践中。政府、农业企业、农民合作社等积极组织开展新技术的示范项目，让农民亲眼看到新技术带来的优势和效益，可以通过培训、宣传等手段，提高农民对新技术的认识和掌握，促进新技术在广大农村地区的广泛应用。

要素稀缺诱导技术进步对农业发展具有重大而深远的意义。它推动了农业生产方式的深刻转变，促进了农业产业结构的调整，提高了农业的竞争力，有助于实现农业的可持续发展。

（二）市场需求诱导技术进步

在农业发展的漫长进程中，市场需求犹如一只无形的巨手，悄然推动着农业新技术的不断涌现。市场需求作为农业发展的重要驱动力，深刻地影响着农业生产的各个环节，诱导着农业新技术的产生与发展。

1. 市场需求的多维度内涵

市场需求在农业领域具有丰富的内涵，主要体现在农产品数量、质量、品种多样性和安全性等方面。全球人口增长使农产品数量需求居高不下，发展中国家尤甚。生活水平的提高让消费者更重农产品质量，关注口感、营养、新鲜度等品质指标。对有机、绿色农产品需求渐长，要求农业生产更环保健康。消费者追求农产品品种多样性，期待品尝不同地区、不同季节的特色农产品，促使生产者开发新品种。人们对食品安全关注度提升，对农产品安全性要求更严格，希望买到无农药残留、重金属污染和转基因成分的产品，这对农业生产中的病虫害防治、施肥、选种等环节技术要求更高。

2. 经济学视角下市场需求与农业新技术的关系

从经济学的角度来看，需求决定供给。当市场对某种商品或服务存在需求时，生产者为了满足这种需求，就会积极寻求新的技术和生产方式，以提高生产效率、降低生产成本、改善产品质量。在农业领域，当市场对农产品的数量、质量、品种多样性和安全性等方面提出更高的需求时，农业生产者和相关企业为了在市场竞争中占据优势，就会加大对农业新技术的研发和应用力度。例如，当市场对有机农产品的需求增加时，农业生产者就会积极探索有机农业生产技术,如生物防治病虫害技术、有机肥料施用技术等,以满足市场需求。同时,市场需求的变化也会引导农业科研机构和企业调整研发方向,将更多的资源投入符合市场需求的技术研发中。例如,随着消费者对农产品新鲜度要求的提高,冷链物流技术、保鲜技术等就成为农业科研的重点领域。

3. 市场需求诱导农业新技术产生的过程

市场需求诱导农业新技术产生的过程是一个复杂而又充满活力的过程。首先,市场需求的变化会引起农业生产者和相关企业的关注。他们会通过市场调研、消费者反馈等渠道,了解市场需求的动态变化。当发现市场对某种农产品或农业生产技术存在需求时,他们就会产生研发和应用新技术的动力。接着,这种动力会促使农业生产者和相关企业加大对农业新技术的投入。他们会投入资金、人力、物力等资源,开展技术研发、引进先进技术设备、培训员工等活动。例如,一些大型农业企业会与科研机构合作,共同开展农业新技术的研发和应用。在研发过程中,农业生产者和相关企业会不断探索创新,结合实际生产情况,对新技术进行改进和完善。一旦新技术研发成功并应用于生产实践,就会带来显著的经济效益和社会效益。例如,采用新的种植技术可以提高农产品的产量和质量,采用新的物流技术可以保证农产品的新鲜度和安全性,从而满足市场需求,提高企业的竞争力。

4. 市场需求诱导技术进步对农业发展的意义

市场需求诱导技术进步对农业发展具有重大而深远的意义。一是推动生产方式转变。为满足农产品数量、质量、品种多样性和安全性需求,生产者需采用更先进、高效、环保方式,如精准农业技术可精确控制生产过程,提升资源利用效率,减少污染。二是促进产业结构调整。市场需求变化促使农业向高附加值、特色化、多元化发展,像休闲农业、观光农业等新业态能满足消费者旅游、体验式消费需求,增加产业附加值。三是提高农业竞争力。新技术能提升农产品质量和产量、降低成本,增强市场竞争力,还能开拓新市场,为农产品电子商务、深加工等领域发展带来新机遇。四是助力可持续发展。为满足安全性和环保性要求，生产者采用生态农业、循环农业等可持续生产方式，减少环境破坏，实现农业经济、社会和生态效益统一。

# 第三节　发展农业新服务

## 一　农业新服务的类别与定义

农业新服务作为一种新兴的农业发展模式，正逐渐成为推动农业现代化的重要力量。农业新服务是指在传统农业服务的基础上，运用现代信息技术、管理理念和创新模式，为农业生产、经营和管理提供全方位、多元化、高效便捷的服务，包括农机服务、公共服务、政务服务、金融服务与法律服务。

（一）农机服务

农机服务是指围绕农业机械的使用、维护、管理等方面所提供的一系列专业服务。随着农业现代化的不断推进，农业机械在农业生产中的作用日益凸显。从耕地、播种到收获，各类农业机械的广泛应用极大地提高了农业生产效率，减轻了农民的劳动强度。而农机服务则为农业机械的高效运行提供了有力保障。

首先，在农业生产的前期，农机服务包括农机选型与配置。专业机构会依据不同地区农业生产特点、地形地貌及农作物种植需求，为农民推荐适配农机类型与型号。比如，在平原地区，大型联合收割机和拖拉机适合大规模作业，在山区或小块农田，则小型灵活农机更实用，合理选型能让农机效能最大化。

其次，农机操作培训是农机服务的重要环节。因农机操作有技术要求，农民缺乏正确方法会影响性能且有安全隐患。农机服务机构会组织专业人员进行培训，内容涵盖启动、行驶、作业及安全注意事项等，经培训农民可熟练掌握相关技巧，提高生产效率与安全性。

在农业生产过程中，农机维护与保养至关重要。农机服务机构定期提供清洁、润滑、调试、检修等服务，及时保养可延长农机寿命、降低维修成本，确保其良好运行，像定期换机油、清洗空气滤清器等能减少故障。

此外，农机租赁服务也为农民提供了更多选择。对于一些资金有限或季节性使用农机的农民来说，租赁农业机械是一种经济实惠的方式。农机服务机构提供各种类型的农业机械租赁服务，农民可以根据自己的实际需求选择合适的农机进行租赁，既可以满足生产需要，又可以降低生产成本。

随着信息技术的发展，部分农机服务机构提供智能化农机管理服务，通过传感器和卫星定位系统，可实时监测农机状态、作业进度和位置信息，农民能远程管理调度，提升农业生产信息化水平。农机服务作为农业新服务的重要组成部分，为农业现代化的发展提供了强大支撑。它不仅提高了农业机械的使用效率和寿命，降低了农业生产成本，还提升了农业生产的安全性和信息化水平。在未来的农业发展中，随着科技的不断进步和农业现代化的深入推进，农机服务将不断创新和完善，为实现农业的可持续发展和乡村振兴战略目标作出更大贡献。

（二）公共服务

农业新服务的公共服务涵盖了多个重要领域，首先是农业技术推广服务。公共部门积极组织农业专家、技术人员深入田间地头，将先进的种植、养殖技术传授给农民。比如，通过举办培训班、示范田展示等方式，推广节水灌溉技术，帮助农民改变传统的大水漫灌方式，采用滴灌、喷灌等高效节水手段，既可以节约水资源，又可以提高农作物的产量和质量。同时，在新品种培育技术推广方面也不遗余力，将新研发的高产、抗病虫害的农作物品种介绍给农户，并指导他们正确种植，有效提升农业生产效率。

农业信息服务也是公共服务的重要组成部分。建立大数据平台收集分析农产品市场供求、价格趋势、气象灾害预警等信息，农民借此合理安排生产，降低市场风险。公共服务机构还通过多种渠道传播信息，保证其及时性和准确性。

农产品质量监管服务保障了从农田到餐桌的安全。公共部门制定严格质量标准体系，对农产品生产全程监督，从农资使用规范到各环节都有质量检测和监管措施，防止问题农产品出现，保障消费者权益，增强农产品竞争力，有利于可持续发展。

农业基础设施建设服务为农业生产筑牢根基。政府加大对水利、道路、电力等基础设施投入，充足的水源、便捷的交通、稳定的电力，有利于农产品灌溉、运输和加工。如山区通村公路可以让特色农产品走出大山，促进农民增收。

农业新服务中的公共服务在农业现代化进程中扮演着不可或缺的角色，通过多种服务形式全方位助力农业发展、农民增收、农村繁荣，为实现乡村振兴战略目标奠定坚实基础。随着科技的不断进步和社会的持续发展，农业公共服务将不断优化完善，持续为农业发展保驾护航。

（三）政务服务

农业政务服务首先体现在政策制定与引导层面。政府深入调研农业现状、农民需求和市场动态后制定政策法规。如扶持农业科研项目，从资金、人才、成果转化等环节加以支持，激发科研积极性，营造良好创新环境。补贴政策鼓励农民购买农机，推动机械化发展、提高生产效率，还可以引导产业结构调整，依据市场变化指导生产，避免供需失衡。

在行政审批与监管领域，政务服务积极优化流程、提高效率并加大监管力度。简化农业企业设立、项目审批手续，推行一站式和网上审批，节省时间和成本。同时加强监管，严控农资市场准入，打击制假售假，保障生产资料质量安全。强化农产品质量安全监管，建立全程追溯体系，让消费者放心，维护市场秩序，促进农产品市场健康发展。

农业政务服务在信息公开与共享方面也发挥着关键作用。通过建立农业政务信息平台，及时发布农业政策、市场供求、气象灾害预警等信息，农民和企业可据此科学决策。如在收获季前，发布价格预测和销售信息，助力农民安排销售。同时促进农业科技信息共享，搭建科研机构与生产主体间的桥梁，加速科技成果转化应用。

（四）金融服务

金融服务为农业生产经营活动提供了必要的资金保障。在农业生产的初始阶段，农民和农业企业往往需要大量资金用于购置种子、化肥、农药以及农业机械设备等。金融机构通过发放农业贷款，满足了这一资金需求。例如，一些银行推出专门针对种植户的春耕贷款，帮助农民及时购买农资，顺利开展农业生产。对于农业企业而言，金融服务助力其扩大生产规模、升级生产技术。企业可以利用贷款资金建设现代化的农业生产基地、引进先进的农产品加工设备，提高农产品附加值。

农业金融服务在促进农业科技创新方面也发挥着积极作用。农业科研投入大、周期长、风险高，金融机构通过专项基金、风险投资等支持，让科研人员专心研发。如投资智慧农业技术企业，开发的前沿技术应用后能精准监测和调控农作物生长环境，提高生产效率和质量。

农产品流通环节同样离不开金融服务的支持。在农产品从田间到市场的过程中，仓储、物流等环节都需要资金。金融机构提供的供应链金融服务，为农产品经销商、物流企业等提供了短期融资，确保农产品能够及时运输、储存和销售。例如，通过仓单质押贷款等方式，帮助企业解决库存货物占用资金问题，加速资金周转，保障农产品流通的顺畅。

农业保险是农业金融服务的重要组成部分。它为农业生产经营活动抵御自然灾害和市场风险提供了保障。面对干旱、洪涝、台风等自然灾害以及农产品价格波动等市场风险，农业保险能够在受灾后给予农民和农业企业一定的经济补偿，帮助其恢复生产经营。

此外，金融服务推动农业产业融合发展。对休闲农业、农产品电商等新业态提供资金和创新服务，如为电商企业提供小额信贷、为休闲农业主体提供贷款用于建设基础设施，促进产业结构优化升级。

（五）法律服务

法律服务为农业提供多方面支持，对农业发展意义重大。在规范农业生产经营秩序方面，土地流转环节，律师和法律工作者为农户与经营主体提供法律咨询和合同拟定服务。土地流转法律问题多、手续复杂，规范的合同条款能明确双方权利义务，如规定流转期限、用途、租金支付方式和违约责任等，有效防止土地纠纷，保障流转依法依规进行。在农产品生产与销售中，法律服务可确保质量安全标准、包装标识规范、市场交易规则等都符合法律法规。这促使生产者严格遵守规定，避免违规使用农药、兽药，保障农产品安全进入市场流通。

农业经营主体面临多种法律风险，法律服务可有效加以防范。对于农业企业，在设立阶段，法律服务协助选择合适组织形式和遵循注册登记程序，保障合法运营。在内部管理方面，可以完善劳动用工和知识产权保护等制度，维护企业与员工权益，保护创新成果和商业秘密。在对外合作时，专业法律人士对采购和销售合同等审核把关，减少合同漏洞和潜在风险。对于农民专业合作社等新型经营主体，法律服务有助于明晰成员权利义务，规范组织架构和决策程序，促进其稳定发展。

当产生纠纷时，法律服务及时介入，提供多种解决途径。在土地承包经营权、农产品买卖合同等纠纷中，调解、仲裁和诉讼等手段为当事人提供救济。法律工作者引导协商调解，节省成本且维护关系，调解不成则通过仲裁或诉讼公正裁决，明确责任，维护合法权益，规范市场行为。

在农业知识产权保护领域，随着农业科技发展，法律服务为科研人员和企业知识产权全面护航，包括专利申请、商标注册和版权维护，激发科技创新积极性，增强企业核心竞争力。

### 二 农业新服务的重要作用

提高农业生产效率。提供农业新服务可以为农业生产提供全方位的支持，包括农机服务、农业科技推广服务、金融服务等。这些服务的发展可以提高农业机械化水平、推广先进的农业技术、解决农业生产中面临的资金问题，从而提高农业生产效率，提高农产品的产量和质量。

促进农村经济发展。提供农业新服务可以促进农村产业的融合发展，推动农村经济的多元化发展。例如，金融服务可以为农村企业提供资金支持，促进农村企业的发展壮大；法律服务可以为农村企业提供法律咨询和纠纷调解服务，保障农村企业的合法权益，促进农村企业的健康发展。

提升农民生活质量。提供农业新服务可以改善农村的生产生活条件，提高农民的生活质量。例如，公共服务可以为农村居民提供教育、医疗、文化等方面的服务，提高农村居民的素质和生活质量；政务服务可以为农民提供便捷的行政审批服务，提高农民的办事效率。

推动农业现代化进程。农业新服务的发展是农业现代化的重要组成部分。提供农业新服务可以促进农业生产方式转变，推动农业产业升级和发展，提高农业的竞争力和可持续发展能力，从而推动农业现代化进程。

保障农民合法权益。提供法律服务可以为农民提供法律咨询和法律援助服务，保障农民的合法权益。提供纠纷调解服务可以及时化解矛盾，维护农村社会的和谐稳定，保障农民的生产生活秩序。

# 第四节　发展农业新业态

## 一　农业新业态的类别与定义

农业新业态并非一个单一的、孤立的概念，而是在传统农业基础之上，通过融合多种新的元素、引入先进的技术与理念、拓展多元化的经营模式以及吸引不同类型的经营主体参与，从而形成的具有创新性、融合性与可持续性的新型农业发展形态。

（一）循环农业

循环农业是一种基于生态系统原理和循环经济理念的农业发展模式，它将农业生产与生态环境保护紧密结合，通过优化农业生产系统的结构和功能，实现资源的高效利用、废弃物的减量化和资源化利用，以及生态环境的保护。

循环农业强调农业生产过程中的物质循环和能量流动。在传统农业中，资源的利用往往是单向的，例如，在农作物种植过程中大量使用化肥和农药，然而这些化学物质不仅会对土壤和水体造成污染，而且在使用后往往无法得到有效的回收和利用。而在循环农业中，资源的利用是循环的。例如，农作物的秸秆可以作为饲料喂养家畜，家畜的粪便可以作为有机肥料施用于农田，农田中的作物又可以为家畜提供食物来源，形成一个良性循环。

循环农业的实现需要一系列技术手段和管理措施。精准农业技术助力农民精确管理农田、提升资源利用效率，如利用传感器和卫星定位系统实时监测土壤肥力、水分和作物生长状况，精确控制施肥和灌溉量，避免资源浪费。生态农业技术能让农业生产与生态环境保护有机结合，像生态种植、养殖可减少农药、化肥使用，降低污染量，林下经济、稻田养鱼等模式可提高生态系统稳定性和生物多样性。此外，废弃物处理技术是循环农业的重要部分，对农作物秸秆、畜禽粪便等废弃物资源化利用，可减少排放、降低污染。

循环农业的发展具有重要意义。一是提高农业生产效率和质量，通过高效利用资源，将废弃物资源化，降低成本，增加农产品产量和提升质量。二是保护生态环境，减少农业生产对环境负面影响以实现可持续发展，比如生态种植、养殖能减少农药和化肥使用，降低污染，林下经济、稻田养鱼等模式可增强生态稳定性和生物多样性。三是促进农村经济发展，带动废弃物处理、生态农业旅游等相关产业发展，为农民增加就业机会和收入渠道。

（二）垂直农业

垂直农业是一种在垂直空间内进行农作物种植的创新模式。它通常采用多层种植架或立体种植系统，利用人工照明和自动化控制技术，为农作物创造适宜的生长环境。这种模式突破了传统农业对土地面积的依赖，极大地提高了土地利用率。在城市地区，土地资源紧张，垂直农业可以在有限的空间内实现大规模的农作物生产，为城市居民提供新鲜的本地农产品。

垂直农业的一个显著特点是不受自然气候条件的限制。传统农业很大程度上依赖于自然气候，如阳光、雨水、温度等。而垂直农业通常在室内，通过人工控制光照、温度、湿度、水分和养分等因素，可以实现全年无休生产。无论是严寒的冬季还是炎热的夏季，都能为市场提供稳定的农产品供应。这不仅有助于保障粮食安全，还能减少因气候灾害导致的农业损失。

垂直农业高度依赖先进的技术和设备。为了确保农作物在垂直空间内健康生长，需要运用先进的照明技术，如 LED 灯，提供适宜的光照强度和光谱。同时，自动化灌溉系统、营养液循环系统以及环境监测系统等也是垂直农业不可或缺的组成部分。这些技术和设备的运用，使得垂直农业能够实现精准的环境控制和高效的生产管理。例如，通过传感器实时监测土壤湿度、养分含量等参数，并根据这些数据自动调整灌溉和施肥方案，确保农作物获得最佳的生长条件。

垂直农业还具有节约资源的优势。一方面，它可以大大减少水资源的浪费。采用滴灌、喷灌等节水灌溉技术，将水直接输送到农作物根部，避免了传统灌溉方式中大量水分的蒸发和流失。另一方面，垂直农业可以实现养分的循环利用。营养液在种植系统中循环流动，被农作物吸收后，经过处理可以再次使用，减少化肥的使用量，降低对环境的污染。此外，垂直农业通常建在城市周边或城市内部，减少了农产品的运输距离，从而降低了运输过程中的能源消耗和碳排放。

垂直农业作为一种创新的农业发展模式，具有高度的土地利用率、不受自然气候条件限制、节约资源等优势，为解决未来粮食供应问题提供了新途径。虽然目前垂直农业还面临着一些挑战，但随着科技的不断进步和各方的共同努力，垂直农业有望在未来发挥更加重要的作用，为人类的可持续发展作出贡献。

（三）海洋农业

海洋农业涵盖了多个方面的内容。首先，海洋养殖是其中的重要组成部分。通过在海洋中设置各种养殖设施，如网箱、浮筏等，人们可以进行鱼类、贝类、虾蟹类等水产品的大规模养殖。海洋拥有广阔的空间和丰富的天然饵料资源，为养殖活动提供了得天独厚的条件。与传统的陆地养殖相比，海洋养殖具有明显优势。一方面，海洋的巨大空间使得养殖规模可以得到极大扩展，能够满足不断增长的市场需求。另一方面，海洋的水质相对较好，有利于水产品的健康生长，并且生长速度往往比在陆地养殖环境中更快。此外，海洋养殖还能减少对陆地资源的依赖，降低养殖过程中可能产生的环境污染问题。

其次，海洋捕捞是人类获取海洋水产品的传统方式，对海洋农业十分重要，虽曾因过度捕捞给海洋生态造成一定破坏，但如今随着可持续捕捞理念的推广和技术进步，正朝科学合理方向发展。现代捕捞技术创新，如声呐探测、卫星定位系统，能精准定位鱼群，提高效率且减少误捕非目标物种。同时，各国加强了对于海洋渔业资源的管理和保护，通过制定捕捞配额、设立保护区等措施实现可持续性。

最后，海洋植物种植是海洋农业的重要组成，海藻等海洋植物经济与生态价值极高，可作为食品、饲料、化工原料等。它既能为人类提供丰富资源，又对改善海洋生态环境意义重大，如海藻可吸收二氧化碳、释放氧气以缓解气候变化，还能吸收海水里的营养物质，减轻海洋富营养化。而且海洋植物种植能和海洋养殖结合形成生态养殖模式，比如在贝类养殖区种海藻，海藻不仅可以为贝类提供栖息环境和食物，还能净化水质。

海洋农业发展也包括海洋生物资源的综合开发利用。海洋富含多糖、多肽、生物碱等生物活性物质，具有广泛的药用和保健功能。借助现代生物技术可深度开发海洋生物资源，提取和纯化这些物质用于制药、保健品、化妆品等领域，还可开发新型生物材料、生物能源，为人类生产生活提供更多选择。

全球人口增加使粮食安全问题日益严峻，海洋农业生产的水产品和海洋植物产品可丰富食物来源。其发展能带动养殖设备、水产品加工、海洋生物技术等产业发展，创造就业和经济效益。同时，海洋植物种植可改善海洋生态，可持续海洋养殖还能减少对生态系统的破坏，促进海洋资源合理开发利用，实现经济与环境良性互动。

（四）智慧农业

智慧农业的核心是利用物联网、大数据、人工智能等先进技术，实现对农业生产的精准监测、智能决策和科学管理。通过在农田、果园、养殖场等农业生产场所安装各种传感器和监测设备,可以实时采集土壤、气候、水分、养分、病虫害等农业生产环境信息,以及农作物生长、动物健康等生产状态信息。这些信息通过物联网传输到云端服务器,经过大数据分析和人工智能处理,为农民提供精准的农业生产决策支持,如精准施肥、精准灌溉、精准施药、疾病预警等,从而提高农业生产效率,降低生产成本,减少资源浪费和环境污染。

智慧农业在农业生产的各个环节都发挥着重要作用。在种植环节,能实现精准播种、施肥、灌溉等。借助土壤和气象传感器监测肥力与气候,依农作物需求精准把控施肥和灌溉量与时间,提升肥、水利用效率;利用无人机和卫星遥感监测技术评估农田,及时处理病虫害和土壤退化问题。在养殖环节,可实现精准饲养、疾病预警、环境控制。养殖场传感器和监测设备能实时监测动物生长、健康状况和环境参数,实现精准投喂、及时治疗,智能环境控制系统可调节环境参数。

智慧农业依托于先进信息技术与设备。物联网是基础,通过传感器和通信设备连接农业生产场所与互联网,实现信息实时采集和传输;大数据是核心,分析挖掘海量数据,为生产决策提供精准支持;人工智能是未来,通过算法实现智能感知和预测,提供更智能决策支持。此外,还需先进农业机械设备,如无人驾驶拖拉机、智能灌溉设备、无人机等的支持,实现自动化和智能化,提高生产效率。

发展智慧农业具有重要意义。它能提高生产效率、降低成本,通过精准监测和智能决策可减少人工、提高效率,减少资源浪费。智慧农业可提升农产品质量安全,通过实时监测及时处理问题,且可全程追溯,赢得消费者的信任。智慧农业还能促进农业可持续发展,减少资源消耗和污染,以数字化、智能化提升管理水平。

(五)创意农业

创意农业是将文化创意元素融入农业生产和经营过程的一种新型农业业态,它以农业为基础,以创意为核心,通过创新农业生产方式、农产品设计和农业旅游等方面，实现农业与文化、艺术、科技等领域的深度融合，提升农业的附加值和综合效益。[1]

创意农业首先在农业生产方式上进行创新。在生产方式上，它与传统农业不同，更加注重品质和特色。通过特色农作物种植、新型技术应用打造独特农业景观，像彩色水稻田、造型花卉园，观赏价值高可以吸引游客，增加农民收入。同时要探索生态、有机种植，产出绿色健康的农产品满足消费者高品质需求。

在农产品设计方面，注重包装设计和品牌打造。精美的包装可以提升档次和吸引力，结合当地文化特色赋予农产品文化内涵增加附加值，如融入剪纸、刺绣等元素的农产品礼盒。品牌建设可提升农产品知名度和美誉度，助其在竞争中胜出。

农业旅游是创意农业的重要组成，包含农业观光、采摘体验、乡村民宿等项目。游客可赏田园风光、参与生产活动、尝鲜农产品、享乡村乐趣。农业观光增知识，采摘体验强互动，乡村民宿供休闲。发展农业旅游能提高农产品销量，带动餐饮、交通、娱乐等相关产业发展，为农村经济注入新动力。

创意农业，一方面可促进农村经济发展和农民增收，通过创新生产和经营模式提高农业附加值和综合效益，增加收入，带动相关产业发展，创造就业机会，促进劳动力转移。另一方面，可以丰富农业功能和内涵，将农业与文化、旅游、教育等相结合，拓展其功能，使农业成为生活方式和文化体验。此外，有利于保护和传承农村文化，将文化元素融入农业，促进农村文化繁荣。

（六）康养农业

康养农业是将农业与健康养生相结合的一种新型农业业态，它以农业生产为基础，融合了养生、休闲、旅游等多种功能，旨在为人们提供健康

---

[1] 林炳坤、吕庆华：《创意农业业态演化机理及其趋势研究》，《技术经济与管理研究》2020年第4期。

的农产品、舒适的自然环境和丰富的养生体验。①

康养农业的核心在于充分发挥农业的生态、生产和生活功能。从生态功能方面来看，农业拥有广阔的土地、清新的空气、纯净的水源和丰富的生物资源，这些都是人们追求健康生活所不可或缺的要素。通过发展康养农业，可以更好地保护和利用这些生态资源，为人们创造一个绿色、健康的生活环境。例如，建设生态农场、有机果园等，不仅可以提供无污染的农产品，还能让人们亲近自然，感受大自然的美好。

在生产功能方面，康养农业注重生产绿色、有机、富营养的农产品。这些农产品不仅口感好，而且富含各种对人体有益的营养成分，如维生素、矿物质、膳食纤维等。通过科学的种植和养殖技术，如有机种植、生态养殖等，可以确保农产品的质量和安全，满足人们对健康食品的需求。同时，还可以发展特色农产品加工，如制作养生茶、保健食品等，进一步提高农产品的附加值。

生活功能是康养农业的重要体现。康养农业通过开发休闲农业、乡村旅游等项目，为人们提供了一个放松身心、享受生活的好去处。人们可以在乡村中漫步、呼吸新鲜空气、欣赏田园风光，还可以参与农事体验、采摘水果、品尝农家美食等活动，感受乡村生活的宁静与美好。此外，还可以结合中医养生、康复理疗等服务，为人们提供全方位的养生体验。例如，开设中医养生馆、温泉浴场等，让人们在享受自然美景的同时，得到身体的调理和放松。

发展康养农业有助于推动农业的转型升级。传统农业主要以生产农产品为目的，附加值较低。而康养农业将农业与健康养生相结合，拓展了农业的功能和产业链，提高了农业的附加值和综合效益。通过发展康养农业，可以促进农业产业结构调整，推动农业向高端化、特色化、多元化方向发展。

---

① 张孟超：《农业新业态发展探析》，《农业经济》2024 年第 7 期。

（七）休闲农业

休闲农业是一种融合了农业生产、生态景观、农村文化等多元素的新型农业产业形态，它以农业资源为基础，利用田园风光、农事活动、乡村民俗等为游客提供休闲、体验、观光、教育等多元化服务，实现农业与旅游业等产业的有机结合，促进农村经济发展和农民增收，同时推动乡村生态环境保护与文化传承。

休闲农业内涵丰富，不只是农业观光，更是综合体验活动。它依托于农村自然景观、田园风光和农业资源开发旅游项目，如农田观光、果园采摘、农家乐等，让人们赏景的同时参与农业生产，体验劳作与丰收喜悦；还融合文化、艺术、教育元素，举办民俗文化、农业科普、亲子教育等活动，丰富游客体验，提升文化内涵。

休闲农业意义重大。一是促进农村经济发展，带动餐饮、住宿、交通、农产品加工等相关产业，增加就业和增收渠道，还能促进土地流转和规模化经营，提高生产效率与农民收入。二是推动乡村振兴，改善农村基础设施和生态环境，提升公共服务水平，助力农村产业兴旺、生态宜居、乡风文明、治理有效、生活富裕。三是改善人们的身心健康，提供亲近自然、放松身心的场所，缓解压力、调节情绪、提高生活质量。

休闲农业发展模式多样，包括农业观光型，依托农田、果园等农业景观开发观光项目，游客可欣赏不同季节的农业美景；农家乐型，以农村家庭为单位提供餐饮、住宿、娱乐等服务，游客可品尝农家菜、体验农村生活和风土人情；休闲度假型，在自然环境优美处建度假村，为游客提供高端休闲度假服务，游客可享受宁静环境，开展钓鱼、划船等休闲娱乐活动。

（八）田园综合体

田园综合体概念源于对乡村发展的深刻思考和创新探索，它不仅是传统意义上的农业生产区域，更是一个集生态、生产、生活于一体的综合性发展空间。[①] 在田园综合体中，现代农业是基础，通过发展特色农业、高

---

① 郑健壮：《田园综合体：基本内涵、主要类型及建设内容》，《中国农业资源与区划》2020年第8期。

效农业等，提高农业生产的效益和质量。休闲旅游是重要组成部分，开发农业观光、乡村旅游、民俗体验等项目，吸引游客前来消费。田园社区则为人们提供居住、生活、社交等服务，实现乡村的宜居宜业。

建设田园综合体意义重大，能推动农业现代化，提高生产效率与质量，拓展产业链以增加附加值；促进乡村旅游发展，整合资源打造特色旅游产品；改善农村生态，发展生态农业实现可持续发展；促进农村社会和谐，建设田园社区，提升农民生活质量。

建设田园综合体需要遵循一定的原则。首先，要坚持以农为本。农业是田园综合体的基础和核心，必须始终把农业生产放在首位，确保农业的可持续发展。同时，要充分发挥农民的主体作用，让农民参与田园综合体的建设和发展，共享发展成果。其次，要注重生态优先。生态环境是田园综合体的宝贵资源，必须加强生态环境保护，实现生态、经济、社会的协调发展。再次，要突出特色发展。每个地区都有自己独特的自然景观、人文景观和农业资源，要充分挖掘和利用这些资源，打造具有地方特色的田园综合体。最后，要坚持市场导向。建设田园综合体要以市场需求为导向，开发符合市场需求的旅游产品和农产品，提高市场竞争力。

田园综合体的建设内容丰富多样。在现代农业方面，要加强农业基础设施建设，提高农业机械化、信息化水平，发展特色农业、有机农业、智慧农业等。同时，要加强农产品品牌建设，提高农产品的质量和附加值。在休闲旅游方面，要开发农业观光、乡村旅游、民俗体验、户外运动等项目，打造具有特色的旅游产品。同时，要加强旅游基础设施建设，提高旅游服务质量。在田园社区方面，要加强农村基础设施建设，改善农村的交通、通信、水电等条件。同时，要加强农村公共服务设施建设，提高农村的教育、医疗、文化等水平。此外，要加强农村生态环境建设，改善农村的人居环境。

## 二 农业新业态的重要作用

农业新业态作为现代农业发展的新引擎，正逐渐改变着传统农业的面貌，对推动农业转型升级、促进产业融合发展、增加农民收入以及满足多样化市场需求等发挥着至关重要的作用。

（一）推动农业转型升级

农业新业态的出现推动了农业的转型升级。传统农业往往面临着生产效率低、资源利用不合理等问题，而农业新业态的引入为解决这些问题提供了新思路和方法。例如，智慧农业借助物联网、大数据等先进技术，实现了对农业生产的精准监测和智能控制，大大提高了农业生产的精细化和智能化水平。通过实时监测土壤湿度、气温、光照等环境参数，可以精准进行施肥、灌溉和病虫害防治，减少资源浪费，提高农产品的产量和质量。此外，循环农业通过资源的循环利用，实现了农业的可持续发展，减少了对环境的污染，保护了生态平衡。这些新业态的发展促使农业向现代化、科技化的方向迈进，提升了农业的整体竞争力。

（二）促进产业融合发展

农业新业态促进了产业融合发展。它打破了农业与其他产业之间的界限，实现了农业与第二、第三产业的深度融合。田园综合体就是一个很好的例子，它将农业生产、旅游观光、休闲度假等功能有机结合起来，形成了一个多元化的产业综合体。在田园综合体中，游客可以参观现代农业园区，体验农事活动，品尝新鲜的农产品，同时还能享受休闲娱乐设施和乡村美景。这种融合发展不仅延长了农业产业链，增加了农产品的附加值，还为农村经济注入了新活力。此外，农业与文化、教育、康养等产业的融合也衍生出了创意农业、康养农业等新业态，为人们提供了更加丰富多样的农业产品和服务。

（三）增加农民收入新途径

农业新业态为增加农民收入开辟了新途径。在传统农业模式中，农民的收入来源相对单一，收入水平普遍较低。而农业新业态的发展为农民提供了更多的就业机会和增收渠道。例如，在创意农业中，农民可以通过开发特色农产品、举办农业文化活动等方式，提高农产品的附加值，从而获得更高的收入。休闲农业的兴起吸引了大量城市居民前来观光、休闲和体验，带动了农村餐饮、住宿、农产品销售等相关产业的发展，为农民创造了更多的经济效益。此外，农业新业态的发展还促进了农村土地流转和规模化经营，提高了农业生产效率，进一步增加了农民的收入。

（四）满足多样化市场需求

农业新业态满足了多样化的市场需求。随着生活水平的提高，人们对农产品和农业服务的需求也变得更加多样化和个性化。农业新业态能够根据市场需求的变化，及时调整生产和服务方式，提供更加符合消费者需求的产品和体验。例如，垂直农业在城市中利用有限的空间进行农业生产，为城市居民提供了新鲜、便捷的蔬菜和水果，满足了人们对健康、绿色食品的需求。康养农业结合农业与健康养生理念，为人们提供了休闲、养生的场所和服务，满足了人们追求身心健康的需求。此外，农业新业态还注重农产品的品质和安全，通过绿色、有机的生产方式，生产出更加优质、安全的农产品，赢得了消费者的信任和青睐。

# 第五节　提升农业质效

## 一　农业生产高质量

### （一）产品品质管理

随着生活水平的提高，消费者对农产品品质要求也不断提升，不再局限于饱腹，更看重外观、口感和营养，有效品质管理可满足其高品质生活追求、赢得信任。

农业新质生产力的数字化、创新性、智能性和可持续性深刻变革了产品品质管理模式。数字化为品质管理提供精准数据，传感器与大数据分析实时监测土壤、气候、作物状况，生产者据此优化种植决策，如土壤传感器助力调整施肥灌溉，提升品质。新技术带来新品种培育、栽培技术和生产模式更新，生物技术培育优质新品种保障源头品质，生态和有机农业等创新模式减少农药化肥使用量。智能设备和系统提升品质管理效率和精度，智能灌溉、温室、农机分别实现精准灌溉、控制环境参数、精准作业，保障品质稳定一致。可持续性与品质管理紧密相连，可持续农业注重生态平衡、资源管理和生物多样性保护，减少病虫害和农药依赖，合理利用资源，提升品质。

在产品品质管理中，品种选择与培育十分重要，新质生产力可以提供技术和资源，大数据分析助力按需培育品种，生物技术可以加快改良进程，保障恶劣条件下的产量和品质。田间管理影响品质，新质生产力使田间管理更科学精准，通过传感器和物联网技术实时监测并及时处理问题，智能监测系统预警病虫害，采用绿色防治技术保障品质安全。产后处理是保证品质的关键，新质生产力带来先进技术设备，冷链物流可保障产品新鲜度，智能包装提升美观和保护性，质量追溯体系增强消费者信任。

（二）生产过程标准化

农业新质生产力的崛起，为生产过程标准化带来了前所未有的机遇。首先，数字化技术广泛应用，通过卫星遥感、物联网传感器等实时监测农田土壤墒情、气象、作物生长信息，为制定生产标准提供依据，依土壤水分确定灌溉时机和水量，保障作物生长。

创新性为生产过程标准化注入活力。新型生物肥料、农药等环保高效产品不断涌现，以立体种植、间作套种等创新模式提高单位面积产量。

智能型设备和系统在生产过程标准化中十分重要。智能农机装备高精度定位作业，实现精准播种、施肥、喷药，提高作业质量和效率。智能温室系统可自动调节环境参数，为作物创造最佳生长环境，保证生长一致性和优质性。智能化生产管理平台可实时监控和分析生产过程，及时处理问题。

可持续性是农业新质生产力的核心追求和生产过程标准化的重要目标。标准化更注重生态保护和资源高效利用，如严格农药、化肥使用标准，减少污染，推广生态、有机农业模式，实现生产与环境和谐共生，提高资源利用效率，促进农业可持续发展。

生产过程标准化有重要的现实意义。有助于提高农产品质量和安全性，确保各环节符合质量标准，减少安全隐患。有利于提升农业生产效率和效益，规范流程、优化资源配置，提高规模化、集约化水平，降低成本，增加农民收入。还有助于推动农业产业转型升级，是迈向高端化、现代化的必由之路。

为实现生产过程标准化，需采取系列措施。一是加强农业科技研发和推广，加大创新投入，鼓励研发新技术、新设备，通过培训、示范让农民掌握先进技术和标准化方法。二是完善农业标准体系，制定涵盖生产全过程的标准，包括投入品标准和各环节操作规范，并及时修订完善。三是加强农业质量监管，健全检测体系，加强生产监督检查，处理不符合标准的农产品。四是加强政策支持和引导，政府出台政策鼓励新型农业经营主体实行标准化生产，加大标准化示范基地建设投入，带动农户参与。

（三）质量安全监控体系化

随着科技进步，农业新质生产力呈现数字化、创新性、智能性和可持续性等特点，为推动质量安全监控体系化提供新思路和方法。

数字化技术在农业生产中应用广泛，可实时采集、分析和存储生产数据，通过传感器、卫星遥感等精准监测环境因素，为生产提供依据，支持农产品质量安全监控，如区块链可实现农产品全程追溯，提高透明度和可追溯性。

创新性是核心要素，在质量安全监控方面新方法不断涌现。新型检测技术能快速准确检测有害物质，提高效率和准确性。创新生产模式强调绿色环保，从源头减少质量安全问题。

智能性发挥重要作用，智能设备和系统应用带来新突破。智能灌溉系统、温室等可优化生产环境，减少问题，智能监控系统能实时监测生产过程，及时预警质量安全问题。

可持续性是重要目标。注重保护生态环境，评估和监控环境影响，也强调合理利用资源，促进农业可持续发展。

农业新质生产力下质量安全监控体系化意义重大。有助于保障消费者健康安全，农产品质量安全关系消费者身体，完善监控体系可减少相关问题，提供安全产品。有利于提升农业产业竞争力，提高质量安全，赢得信任和份额，推动产业转型升级，提高效益和附加值。还有助于促进农业可持续发展，引导农业向绿色环保可持续方向发展。

实现质量安全监控体系化需要在以下几方面着手。加强法律法规建设，完善相关法规，明确责任义务，加大处罚力度。建立健全质量安全标准体系，制定严格标准，涵盖各环节，加强宣传推广。加强检测能力建设，加大对检测机构投入，扩大检测范围和频率，鼓励企业建设实验室。强化监管力度，建立协同机制，加强环节监管，做好风险评估和预警。推进追溯体系建设，利用信息技术建立追溯系统，加强管理维护。

## 二 农业生产高效益

### （一）资源优化配置

在大力发展农业新质生产力的背景下，资源优化配置体现在多方面。在土地资源利用上，土地是农业生产基础，其合理利用对提高生产效率至关重要。发展新质生产力，利用精准农业技术（如 GPS、GIS、RS）精确测量评估土地，为规划利用提供依据。采用轮作休耕、间作套种可提高土地肥力和利用率、减少退化污染，实现高效生产、提高产出率。

在水资源利用方面，智能灌溉系统（如滴灌、喷灌）可精准灌溉，避免浪费，通过雨水收集、污水处理回用技术可增加水资源供给、提高利用效率，发展旱作农业、节水农业可在缺水地区实现可持续发展、提高产出效益。

在劳动力资源优化配置上，发展新质生产力可实现劳动力利用更高效智能化，发展农业机械化、自动化和智能化可减少投入、提高生产效率，采用新型农业经营主体可整合劳动力资源、实现规模化集约化经营、提高产出效益，加强农民培训教育可培养新型农民，为农业发展提供人才支撑。

在农业科技资源整合利用上，发展新质生产力可使农业生产更高效协同，要建立农业科技创新平台（如农业科技园区、创新中心）整合资源、促进创新应用，加强产学研合作推动成果转化应用、提高产出效益，为加大科技投入提高研发水平提供科技支撑。

一是提高生产效率、降低成本，合理分配资源可最大化利用资源、提高投入产出比和经济效益。二是实现可持续发展，合理利用土地、水资源等自然资源可减少浪费污染、保护生态环境。三是促进农民增收致富，提高生产效率和经济效益能增加农民收入、促进农村经济发展。

实现资源优化配置需采取措施。一是加强政策引导支持，政府出台土地流转、水资源管理、农业科技扶持等政策提供保障。二是加强科技创新应用，加大科技投入、提高科技含量，提供技术支撑。三是加强农业经营主体培育，培育新型主体，整合资源、提高利用效率。四是加强农业信息化建设，利用信息技术建立平台，实现信息化管理和优化配置。

合理分配资源可提高生产效率、实现可持续发展、促进农民增收致富，未来应重视并加强资源优化配置，推动新质生产力发展，助力农业现代化和乡村振兴。

（二）生产效率管理

在土地资源管理上，传统农业的土地利用方式较为粗放，发展新质生产力可使管理更科学高效。精准农业技术能检测分析土壤状况，为施肥、灌溉和种植提供依据，精准操作可避免资源浪费与环境污染且提高土地产出能力，如依据土壤肥力差异施肥。通过农业生物技术可培育适应不同土壤条件的农产品，拓展可利用土地资源。

在劳动力资源管理上，发展新质生产力带来重大变革。采用智能化设备可减少体力劳动依赖、提高劳动效率，要求农民有更高科技素养和专业技能，政府和相关部门需加大培训力度。同时可以实现农村劳动力转移，部分劳动力可解放出来从事其他产业，促进农村经济多元化发展，还可吸引高素质人才投身农业领域。

在资本资源管理上，发展农业新质生产力需投入大量资金，这要求生产经营者注重资本资源管理、提高资金使用效率。一方面通过多种渠道筹集资金，政府要加大扶持力度、出台政策，金融机构要创新产品和服务，提供优惠贷款，社会资本要通过多种方式注入资金；另一方面合理规划资金使用，优先投入关键环节，提高效益。

发展农业新质生产力对农业生产组织管理模式影响深刻。传统农业以家庭为单位，规模小、效率低，新质生产力发展使产业化、规模化经营成为必然趋势，新型农业经营主体涌现，整合资源，实现规模化、专业化和集约化，能更好运用技术和设备，提高生产效率和管理水平，还可与市场有效对接，提高农产品附加值和竞争力，促进农业产业链延伸拓展，带来新增长点，实现资源优化配置和整体效益提升。

在市场竞争方面，发展农业新质生产力可增强农产品市场竞争力。以精准和生物技术提高农产品产量和品质，高品质产品更易获消费者认可。可持续农业模式下的绿色、有机农产品符合消费者需求，附加值高。采用智能化设备可提高生产效率、降低成本，使农产品价格更具竞争力，促进农业品牌建设，提高农产品知名度和美誉度。

发展农业新质生产力对农业生产效率管理有全方位、深层次影响，可以提高生产要素利用效率，改变组织管理模式和市场竞争格局。未来，要加大科技创新投入，推广先进技术和经验，提升生产效率和质量，助力农业现代化和乡村振兴。

### 三　农业生产可持续性

（一）生态平衡

农业新质生产力包含精准农业技术、智能化农业设备、农业生物技术和可持续农业发展模式等，彼此相互融合，助力农业生态平衡的实现。

在土壤生态方面，传统农业不合理的生产方式使土壤质量下降。精准农业技术通过传感器实时监测土壤肥力、酸碱度、水分等指标，为农民提供科学建议。如依据传感器数据合理施肥，可避免污染和肥力下降，精准灌溉技术依土壤水分状况自动调节水量，既可满足作物生长需求，又可节水并减少盐渍化问题。研发农业生物技术，应用生物肥料，引入有益微生物改善土壤结构，促进养分循环释放，微生物可分解有机物质，并转化为植物可吸收养分，还能与植物根系共生增强抗逆性，如固氮菌可转化为氮素，减少对化学氮肥的依赖性。生物技术还能培育适应不同土壤条件的品种，提高土地利用率和产出率。

在水资源平衡方面，传统灌溉方式浪费水资源。智能灌溉系统利用传感器监测土壤湿度和气象条件可自动调节灌溉水量和时间，提高水资源利用效率，避免浪费和盐渍化问题，在干旱地区可根据土壤水分变化实时调整灌溉量。新型节水农业技术如滴灌、喷灌可将水直接输送到作物根部，减少蒸发和流失，提高灌溉均匀性。

在空气环境平衡方面，传统农业大量使用农药和化肥，污染问题较为严重，推广精准农业技术和生物技术可减少其使用量。精准施药技术依病虫害情况精确喷药，生物防治技术利用生物手段控制病虫害，减少化学农药使用。生态农业强调农业与生态协调发展，通过建立生态农业园区、发展有机农业减少对空气环境负面影响。生态农业园区可营造多样化生态系统，有机农业不使用化学合成农药和化肥，减少有害气体排放。

发展农业新质生产力为实现农业生态平衡提供有力支持，通过相关技术和模式应用，可优化土壤生态、实现水资源平衡利用、改善空气环境质量，推动农业可持续发展。

(二) 资源管理

农业新质生产力深刻影响农业资源管理，农业资源涵盖土地、水资源、劳动力、资本，实现农业资源合理管理对农业可持续生产至关重要。

在土地资源管理上，精准农业技术借助（GPS）和地理信息系统（GIS）等手段精确测量和规划农田，农民可依地形、肥力、水分等因素合理安排种植，提高利用率和产出率，如丘陵地区可分类管理土地避免过度开发和水土流失。农业生物技术可通过基因编辑等技术培育适应不同条件的品种，拓展可利用土地，如耐盐碱、耐旱品种可在不适宜土地生长。采用生态农业模式的轮作、休耕和间作有利于改善土壤结构、提高肥力，实现土地资源可持续利用。

在水资源管理方面，采用智能灌溉系统和新型节水农业技术可提高水资源利用效率，实现平衡利用。同时可实现水资源保护和合理分配，通过建立监测系统掌握动态变化，制定分配方案满足农业生产和生态用水需求，治理农业面源污染，减少化学物质对水体污染，保护水质。

在劳动力资源管理方面，发展农业新质生产力可改变劳动力需求。采用智能化设备减少体力劳动依赖、提高效率，农民转向技术管理和设备操作，需更高科技素养和专业技能，政府和相关部门要加大培训力度。同时也可为劳动力转移提供机遇，促进农村经济多元化，吸引高素质人才投身农业，为现代化发展提供人才支持。

在资本资源管理方面，发展农业新质生产力需大量资金投入，生产经营者要注重管理、提高资金使用效率。一方面多渠道筹集资金，政府要加大扶持力度、出台政策，金融机构要创新产品和服务，提供优惠贷款，社会资本通过多种方式注入。另一方面合理规划资金使用，优先投入关键环节，提高效益，如先进设备和技术研发，同时加强资金使用监管，确保安全合理。

农业新质生产力的发展为农业资源管理带来了新机遇和挑战。科学合理地管理土地、水资源、劳动力和资本等资源，可以提高农业生产效率和质量，实现农业生产可持续发展。

（三）生物多样性

生物多样性在农业生态系统中至关重要，是实现农业可持续发展和地球生态平衡的关键，农业新质生产力的兴起对其有复杂深远影响。

精准农业技术对生物多样性有积极影响。它通过精确监测和管理农田，按需施肥、灌溉、施药，避免传统农业过度使用化肥、农药导致的污染，减少对非目标生物伤害，为昆虫、微生物等创造健康生存环境。如精准施药可防治特定病虫害，避免误杀有益昆虫，维持昆虫群落多样性；精准灌溉可根据土壤和作物需水情况供水，避免土壤盐渍化和水资源浪费，为土壤生物提供适宜条件。

应用智能化农业设备为生物多样性保护带来机遇。无人植保机、智能灌溉系统等可减少人工操作干扰，植保机可实现精确喷洒，缩小农药和肥料飘散范围，智能灌溉系统根据土壤湿度和气象条件自动调节水量，避免传统灌溉方式的一系列弊端和对水生生物破坏，减少农业生产占地，为野生生物保留栖息地。

农业生物技术对生物多样性影响具有两面性。可培育抗病虫害、耐逆境农作物品种，降低对化学农药和化肥的依赖，保护生物多样性，如基因编辑的抗病虫害品种可降低农药使用量和对非目标生物伤害。同时也存在潜在风险，如大规模种植转基因作物可能导致基因污染，影响野生生物遗传多样性，还可能使传统农作物品种被淘汰，减少农作物遗传多样性。

采用可持续农业发展模式是保护生物多样性的重要途径。有机农业、生态农业和循环农业强调生态平衡、资源循环利用和环境保护。有机农业不用化学合成农药和化肥，采用有机肥料、生物防治和轮作等方式保护土壤微生物和农田生物多样性；生态农业可建立多样化生态系统，通过多种措施为生物提供丰富生存空间；循环农业对农业废弃物资源化利用，可减少污染，实现资源循环和生态可持续发展。

农业新质生产力在推动生物多样性保护时也面临着挑战。其发展需大量资金和技术投入，小规模农户和贫困地区农民因缺乏资金和技术支持，难以采用相关技术，同时需要加强政策支持和监管，政府要制定政策鼓励引导农民采用可持续生产方式，并加强对新技术的监管，确保其安全性和可持续性，还需加强公众教育，增强生物多样性保护意识，促进全社会参与。

# 第三章　农业新质生产力赋能乡村共富

## 第一节　新质生产力与乡村农业发展

### 一　乡村农业新质生产力应用

#### （一）土地利用与改良

绿色生产力在农业生产中的广泛应用，深刻改变了农业生产的资源利用方式，特别是对于土地这一核心生产要素。低碳循环等现代科技的应用，使得传统农业资源的有限性约束被有效突破，农业生产的空间和技术边界得以拓展。基因工程等现代生物技术的应用，让农作物在丰产性、抗逆性等特征上显著优化，如基因编辑技术应用在水稻等粮食作物上，成功培育出能够耐受极端气候条件的新品种，从根本上提高了作物单位面积产量，显著提高了农业生产效率。

卫星遥感、无人机等现代信息技术手段，为发展精准农业提供了强大的技术支持。这些技术能够实时监测农田环境，收集并分析土壤湿度、养分含量等关键数据，为精准施肥、精准灌溉等提供科学依据。同时，利用现代工程技术手段，如土地整治、土壤改良等，可以改善土地的物理和化学性质，提高土地的保水保肥能力，从而进一步提升土地利用效率。

有机农业的发展，则是农业新质生产力在资源利用方面的另一重要体现。有机农业强调生产过程无化学农药和化学肥料使用，这不仅有助于提高农产品的品质，满足现代社会对健康、安全食品的需求，还能够改善土质、水质和空气质量，实现农业与生态环境的协调发展。通过农业废弃物资源化利用、农副产品加工利用以及农业生产与生态旅游的融合,可以形成循环经济模式,实现资源的循环利用,推动农业生产的绿色可持续发展。

(二)劳动力技能提升

随着农业新质生产力的不断发展,农业生产方式发生了深刻变革,劳动力形态也随之发生变化。传统农业劳动力正逐步被智能化的"机器人"所替代,而具备高新技能的新型农业劳动力正成为推动农业现代化发展的主体力量。生物技术、新材料技术以及智能制造技术与现代农业的深度融合,为农民提供了创新性的技术支持,促进了农民技能的提升。

建立科技示范园区,开展农户专业技术培训,是提升农民技能的有效途径。通过示范园区的建设,可以展示现代农业技术的应用成果,让农民直观感受到新技术带来的效益。同时,通过专业技术培训,可以帮助农民掌握现代农业技术和管理知识,提高他们的综合素质和创新能力。此外,开发农村文旅项目,利用电商平台和农产品专卖店等渠道拓展农产品销售范围,激发农民参与项目策划的主观能动性,培养他们掌握新媒体管理、运营和销售的能力。

在农业新质生产力的推动下,农业劳动力队伍正逐步向技能化与智能化并重的方向发展。智能化农业装备与技能化劳动力的协同互补,成为提高农业生产效率和质量的核心动力之一。未来,随着相关技术的日新月异与应用的不断深入,农业劳动力队伍结构将进一步优化,为农业现代化提供有力的人才支撑。

(三)资本投入的优化

资本投入是农业生产不可或缺的重要支撑。农业新质生产力通过优化资本投入结构,提高资本利用效率,为农业生产的发展注入了新的活力。为了构建高效的农业资本配置体系,需要从多个方面着手。

首先,要强化发展规划统筹。推进村级规划编制覆盖,推广以城乡融合单元为载体的多村规划整体编制模式。通过整体性编制乡村生态资源产业化开发规划,可以明确农业发展的方向和重点,为资本投入提供科学依据。同时，探索建立村庄规划动态调整机制和农村集体建设用地收储及整体利用机制，可以确保规划的科学性和可行性，为资本投入创造良好条件。

其次，要强化多元主体统筹。通过财政补贴、税收优惠等政策手段，鼓励企业和个人投资农业项目。支持多个村集体成立股份经济合作联合社，以集体经济联合体强化生态资源的综合性开发。鼓励龙头企业、中小型企业、农民合作社等合作形成生态产业联盟，走规模化、集约化发展之路。这些措施可以吸引更多的社会资本投入农业领域，形成多元化的资本投入格局。

此外，还要优化综合开发模式。推进"国有经济+集体经济+社会资本"联合组建综合性平台，构建产权整合机制、专业化运营机制和金融支持机制。通过集中化收储山、水、林、田、湖和农村集体建设用地等经营权或使用权，设立专业运营公司负责不同区域、行业板块的规模化生态资产的开发与运营，并依托合作金融机构或设立生态基金支持"生态+"企业发展。这些措施可以优化资本投入结构，提高资本利用效率，推动农业产业的均衡发展。

（四）科技创新与应用

科技创新是农业新质生产力的核心驱动力。在信息技术快速发展的背景下，农业科技创新不断推动着农业产业的升级转型。通过不断引入和应用新技术、新成果，农业生产方式发生了深刻变革，农业产业体系得到了持续优化。

生物技术在农业领域的应用日益广泛。基因编辑、转基因技术、生物农药和生物肥料等现代生物技术的应用，改良了作物品种、提高了作物抗逆性、减少了农药和化肥的使用量。这些技术的应用不仅提高了农业生产效率和质量，还推动了农业生产的绿色可持续发展。通过减少化学农药和化肥的使用量，可降低农业生产对环境的污染和破坏，保护生态环境和生物多样性。

信息技术在农业生产中的应用也日益广泛。物联网、大数据、云计算、人工智能等现代信息技术手段为农业生产提供了智能化、精准化的解决方案。通过智能感知、智能分析、智能决策和智能控制等手段,实现了对农业生产全过程的精准管理和优化调控。这些技术的应用不仅提高了农业生产效率和质量,还推动了农业生产的智能化和自动化发展。例如,智能灌溉系统可以根据土壤湿度和作物需求自动调节水量;无人机可以用于病虫害监测与防治;大数据分析可以帮助农民科学种植和优化资源配置等。

农业机械化和自动化成为现代农业的重要标志。通过引进和研发先进的农业机械设备,可实现耕、种、管、收等环节的机械化作业。这不仅降低了人力成本,提高了作业效率,还推动了农业生产的标准化和规模化发展。同时,结合自动化控制技术,实现了农业生产的智能化和无人化操作。例如,自动驾驶拖拉机、智能收割机等智能农机装备的应用,进一步提高了农业生产效率和质量。

资源和环境压力逐渐加大,绿色生产技术的应用也尤为重要。通过采用先进的节能设备、优化生产工艺以及使用环保材料等方式,可以减少农业生产过程中的能源消耗和废弃物排放。这不仅有助于实现经济与环境的可持续发展,还能够提高农产品的品质和市场竞争力。例如,推广节水灌溉技术可以减少水资源的浪费;使用生物农药和生物肥料可以减少化学农药和化肥对环境的污染和破坏等。

## 二 乡村农业产业发展的现实困境

### (一) 农业基础设施建设不足

农业基础设施是农业生产活动的物质基础,对于提升农业生产效率和保障农业可持续发展具有重要意义。然而,当前我国农业基础设施建设存在不足,制约了农业生产的高质量发展。

#### 1. 生产效率低下

农业生产对水利设施、道路交通、电力供应等基础性设施依赖性较高。缺乏灌溉设施会导致农田干旱或水浸,直接影响作物的生长和产量。

例如，在一些干旱地区，由于缺乏有效的灌溉系统，农田无法获得足够水分，作物减产甚至绝收。同样，交通不畅会增加农产品运输成本，降低农产品的市场竞争力。电力供应不稳定则会影响农业生产设备的正常运行，导致生产效率下降。这些问题不仅影响了农业生产的连续性和稳定性，还增加了农业生产的风险和不确定性。

2. 现代化和可持续发展程度低

数字化的农业信息系统和生产技术系统的缺乏，是当前农业基础设施建设不足的另一个重要表现。缺乏数字化的农业信息系统，农民难以获取及时准确的市场信息和气象信息，无法做出科学的农业生产计划和管理决策。这导致农业生产活动的盲目性和不确定性增加，容易出现生产过剩或不足的情况。同时，智能化农机设备的缺乏也制约了农业生产的现代化进程。传统农具和人力劳动不仅效率低下，还增加了劳动强度和生产成本。此外，由于缺乏数字化的农产品营销渠道和信息平台，农产品销售渠道单一，销售信息不透明，农产品市场竞争力较弱，价格波动大，影响了农民的收入水平。

（二）科技创新不足与成果转化不够

科技创新是推动农业高质量发展的关键动力。然而，当前我国农业现代化建设过程中面临着科技创新不足与成果转化度不够的难题，制约了农业新质生产力的发展。

1. 前沿技术和颠覆性技术开发力度不足

新一轮以生物技术、信息技术为特征的农业科技革命正在酝酿重大突破，但我国在前沿技术和颠覆性技术的开发力度上仍有待提升。例如，基因编辑、转基因技术等生物技术具有巨大的应用潜力，但在我国仍处于研究和试验阶段，尚未得到广泛应用。这些技术的突破和应用将有望显著提升农业生产效率和农产品质量，推动农业产业的升级和转型。然而，由于研发周期长、投入大、风险高等因素，相关企业和科研机构在前沿技术开发上的积极性不高，相关技术发展缓慢。

## 2. 科技成果与产业链结合转化不够

科技成果与产业链的有效结合是实现农业科技创新成果转化的关键。然而，当前我国在科技成果与产业链结合转化方面存在明显不足。一方面，科技成果往往孤立存在，无法及时转化为实际生产力。这导致上下游产业链的断裂，影响了整个产业链的正常运转和效率提升。另一方面，科技成果与产业链的结合转化不够紧密也降低了科研机构对技术进行创新的积极性。科研机构往往更关注于技术的研发和创新，而忽视了技术的应用和推广。这导致科技成果的转化率低，无法充分发挥科技创新对农业高质量发展的推动作用。

## 3. 农业科技自立自强水平不高

农业科技自立自强是实现农业高质量发展的重要保障。然而，当前我国在农业科技自立自强方面仍存在不足。一方面，科研机构、企业、农民等主体之间的合作不够密切，资源配置不均衡，导致科技创新系统的整体效能低下。另一方面，在科技实际应用过程中，农业生产中的一些关键环节仍然依赖传统劳动力和技术，科技含量不高。这制约了农业生产效率的提升和农业产业结构的优化升级。

## （三）生态破坏与农业产业结构失衡

实现农业高质量发展既受到资源环境的现实约束，又受产业结构失衡的影响。生态破坏和农业产业结构失衡是当前农业新质生产力赋能农业生产面临的重要困境。①

## 1. 生态环境破坏严重

我国耕地资源的有限性直接影响了农业生产的可持续性。为保障农产品消费需求，我国农业生产长期依赖农业化学品、机械和土地资本等传统农业要素和动能。然而，这种做法往往导致结构性过剩和资源浪费，同时带来严重的生态环境破坏问题。例如，过度开发和利用农地会导致土壤质量下降、土地退化、水土流失等问题。这些问题不仅影响了土地的生产力

---

① 李嘉凌：《乡村振兴背景下新质生产力赋能农业高质量发展研究》，《甘肃农业》2024 年第 6 期。

和可持续利用，还加剧了生态系统的脆弱性。此外，农业生产中过度使用化肥、农药和其他农业化学品也会导致农田、水体和农产品中残留有害物质，污染生态系统，威胁生物多样性。

2. 农业产业结构失衡

我国农业产业结构长期以来以粮食生产为主，其他产业发展相对滞后，缺乏多元化产业。这种单一的产业结构使得农业经济易受外部环境变化的影响，增加了农业风险。例如，当市场需求发生变化或自然灾害发生时，粮食生产容易受到冲击，导致农民收入下降。同时，缺乏多元化产业也限制了农业经济的增长潜力和竞争力。因此，优化农业产业结构、推动农业多元化发展是实现农业高质量发展的重要途径。

（四）政策保障不足与人才紧缺

农业高质量发展的实现与宏观政策的制定密切相关。然而，当前我国在农业政策制定和人才储备方面仍存在明显不足，制约了农业新质生产力的发展。

1. 政策执行有偏差

农业创新政策导向不够明确是当前农业政策制定中的一个重要问题。创新资源配置不合理导致农业科技创新成果转化率低，无法充分发挥科技创新对农业高质量发展的推动作用。此外，我国农业经济政策体系不完善也制约了农业资源的合理配置和高效利用。例如，农产品市场体系不够完善导致农产品质量安全问题突出，食品市场监管力度不够，影响了消费者对农产品的信心和市场需求。同时，农村社会保障体系不完善和农村社会管理体制不健全也影响了农民的生产生活秩序和农业可持续发展。

2. 乡村人才储备不足

科技人才是科技创新的主体，也是推动农业高质量发展的关键力量。然而，当前我国农村地区技术型科技人才紧缺，严重制约了农业新质生产力的发展。一方面，传统农业劳动力队伍中农民受教育程度相对较低，以及继续教育的机会不足，对新技术的了解和接受能力相对欠缺，导致农业新技术、新设备的使用受到阻碍，无法充分发挥科技创新对农业生产的推动作用。另一方面，由于基层缺乏人才引、培、留、用的配套性保障，乡村人才的成长空间不足，家庭支持度明显下降，加上城市化趋势，年轻劳动者更倾向于在城市寻找就业机会，加剧了乡村人才的流失，进一步阻碍了农业新质生产力的发展。

### 三 乡村农业新质生产力发展路径

农业生产作为乡村经济的重要组成部分，其高质量发展直接关系到乡村振兴战略的深入实施。新质生产力作为农业高质量发展的核心驱动力之一，其焦点在于解决农业供给侧结构性存在的矛盾，突破传统农业生产中仅关注产量和效率的模式，更加注重质量提升、可持续发展以及资源高效利用的重要性。[①] 以下将从健全管理机制、加大创新投入、强化人才培育、调整市场模式以及借助现代信息技术等方面[②]，深入探讨农业新质生产力赋能农业生产的路径。

（一）健全管理机制，优化政策环境

管理部门在推动新质生产力的发展和传统产业的升级中发挥着不可替代的作用，通过制定并实施一系列政策措施，积极激励农业农村的技术创新和产业升级，促进经济结构的优化和产业竞争力的提升。合理的管理机制将带动全行业的发展，推动企业不断创新，提高生产效率和质量，提升市场竞争力。同时，更加合理的产业结构也将促进资源配置的优化，推动经济的持续稳定增长。管理部门需要持续改善政策环境，为企业发展提供更好的支持和保障。

为促进农业技术创新和产业升级，可通过提供税收优惠、资金补贴等激励措施，以降低农业技术创新和产业升级过程中的成本和风险，减轻农业从业者的负担，同时激发其创新活力，鼓励更多人投资于新技术

---

① 郑建：《以新质生产力推动农业现代化：理论逻辑与发展路径》，《价格理论与实践》2023年第11期。

② 罗必良、耿鹏鹏：《农业新质生产力：理论脉络、基本内核与提升路径》，《农业经济问题》2024年第4期。

的研发和应用。税收优惠和资金补贴不仅能够直接减少企业的研发成本，还能通过信号效应吸引更多社会资本进入农业领域，形成良性循环。

加强知识产权保护对于激励农业创新至关重要。只有确保农业创新成果得到合法保护，才能鼓励企业和个人持续投入研发。为此，应建立健全知识产权保护体系，严厉打击侵权行为，维护农业创新者的合法权益。同时，公平、有序的农业市场环境也是农业健康发展的基石。加强市场监管，打击不正当竞争行为，保护从业者和消费者权益，促进市场的公平竞争。保护知识产权、维护市场秩序，是推动农业持续发展的重要保障。

加强公共服务，是推动农业发展转型升级的必然之举。我们可以建立技术研发平台，为农业技术创新提供有力支持；与高校和研究机构合作，培养适应新生产力发展的专业人才。通过搭建产学研合作平台，促进科技成果的转化和应用，推动农业产业升级。此外，加强农业信息服务体系建设也至关重要，要提供及时、准确的市场信息和政策信息，助力农民和农业企业做出科学合理的决策。只有不断加强公共服务，才能使农业实现新的发展，推动农业现代化进程。

（二）加大创新投入，提升成果转化

创新是引领发展的第一动力，也是新质生产力赋能农业生产的关键。因此，必须加大创新投入，提升科技成果转化效率，推动农业生产方式的智能化转型。

一方面，聚焦农业领域的前沿性和颠覆性技术，如绿色智能农机装备、特色产业种业、生物育种、智能化农业决策和管理支持系统等，这些技术具有高度的创新性和实用性，能够显著提高农业生产效率和资源利用效率。政府应加大对农业核心攻关技术方面的资金投入和政策扶持，依托大数据技术、卫星遥感技术、人工智能等现代信息技术，推动农业生产方式的智能化转型。例如，利用智能农机装备实现精准作业，通过卫星遥感技术监测农田环境，运用人工智能技术优化种植决策等。

另一方面,构建创新链与产业链深度融合机制。当前,农业创新成果往往局限于科研论文的呈现,与乡村产业链之间存在脱钩现象。这严重制约了农业新质生产力的发展。因此,应激发农业科技企业的创新动力,鼓励其立足于市场需求,联合高校投身到农业创新成果的研发中去。同时,加强科技成果的推广和应用,通过建设农业科技示范园、开展技术培训等方式,将科技成果转化为实际生产力。此外,还可以建立科技成果转化激励机制,对在科技成果转化中作出突出贡献的单位和个人给予奖励和表彰,激发全社会的创新活力。

(三) 强化人才培育,提供智力支撑

人才是新质生产力的第一要素,也是农业高质量发展的重要保障。因此,必须强化人才培育,为农业新质生产力的发展提供智力支撑。

一方面,优化农业科技人才配置,开展新型职业农民培育活动。以区域农业发展特色为导向,以区域实际人才需求为基点,积极为不同地区的农业耕作者与农业经营者定期提供有针对性的有关农学知识、农业技能、管理内容等方面的培训。通过培训提升农民的科学素养和生产经营能力,使其能够更好地适应新质生产力的发展需求。同时,要借助腾讯会议、雨课堂等互联网平台,为新型农业经营人员提供线上培训,拓宽其知识获取渠道,提升其创新能力和科学劳作思维。

另一方面,制定专门的乡村人才引进政策,为乡村注入人才活力提供政策保障。具体而言,可以为投身乡村振兴的人才提供专项补贴和高福利、好待遇的激励性政策。通过政策引导和支持,吸引更多高素质人才投身到农业领域中来。同时,加强与高校和研究机构的合作,建立农业科技创新团队和人才培养基地,为农业新质生产力的发展提供源源不断的智力支持。

(四) 积极调整模式,适应市场发展

市场是农业生产的导向和归宿。在大力发展新质生产力的背景下,必须积极调整农业产业模式,适应市场发展需求。

首先,以市场为导向开发农产品。通过深入的市场调研,洞察消费者需求的动态变化,并据此开发新的产品和服务。例如,随着消费者对健康、绿色、有机食品需求的日益增加，可以大力发展有机农业、生态农业等新型农业业态，满足市场需求。同时，加强品牌建设和营销推广，提高农产品的市场竞争力和附加值。

其次，创新服务模式，提供个性化和定制化的解决方案。通过数字化、智能化手段提升农业服务水平，满足消费者的多样化需求。例如，利用大数据技术分析消费者的偏好和行为习惯，为其提供个性化的农产品推荐和购买方案；通过物联网技术实现农产品的追溯管理，保障食品安全和质量。

最后，加强与市场消费者的沟通和互动。通过建立有效的消费者关系管理系统，收集和分析市场反馈，及时响应市场需求。同时，积极参与行业展会、交流会等活动，加强与产业链上下游企业的合作与交流，共同推动农业产业的升级和发展。

（五）借助现代信息技术，推动乡村产业升级

现代信息技术既是新质生产力的重要组成部分，也是推动乡村产业升级的重要手段。[①] 因此，必须充分借助现代信息技术，以新质生产力赋能乡村产业链发展。

一方面，依托互联网平台开展线上教育，提升农民的数字技能水平。通过组织村民参加数字技能培训、开展在线学习等活动，提高农民的信息素养和数字化应用能力，这不仅可以为推动乡村电商业态的快速发展提供人才支撑，还可以促进农民就业创业和增收致富。

另一方面，发挥大数据技术的信息优势，打通市场信息渠道。通过收集和分析市场数据、消费者数据等信息，为农业生产提供科学依据和决策支持。例如，利用大数据技术分析市场需求和价格走势，指导农民合理调整种植结构和销售策略；通过大数据技术分析优化供应链管理，降低物流成本和提高运营效率。

此外，还可以借助物联网、区块链等现代信息技术提升农业生产的智能化水平。例如，利用物联网技术实现农田环境的实时监测和智能控制；

---

① 柳诗颖：《政策支持！AI+农业：助推中国农业迈入深水区》，《农业行业观察》2024 年 9 月 27 日，http://ngx.179c.com/p8951.html，2024 年 11 月 1 日。

通过区块链技术保障农产品的追溯管理和质量安全。这些技术的应用不仅可以提高农业生产效率和资源利用效率，还可以推动乡村产业链的数字化转型和升级发展。

（六）立足区域发展，发挥新质生产力优势

不同地区的资源禀赋、产业基础和市场环境存在差异，因此在推动农业新质生产力赋能农业生产的过程中必须立足区域发展实际，发挥各自的优势和特色。

一方面，明确自身产业发展特点和优势所在。各类乡村经济主体应深入了解本地区的资源禀赋和产业基础，结合市场需求和发展趋势确定主导产业和特色产业。通过优化产业布局和资源配置，形成具有竞争力的产业集群和产业链条。

另一方面，因地制宜培育和发展新质生产力。根据区域特点和市场需求选择适合的技术模式和产业形态进行推广和应用。例如，在资源丰富地区可以大力发展特色种植业和养殖业；在交通便利的地区可以发展农产品加工业和物流业等。同时，注重发挥数字化优势助推乡村产业的规模化发展，通过建设数字农业示范园、推广智能农机装备等措施提升农业生产的智能化水平。

农业新质生产力赋能农业生产是一个多维度、多层次的系统工程。通过健全管理机制、加大创新投入、强化人才培育、调整市场模式以及应用现代信息技术等手段，可以推动农业生产方式的智能化转型和产业链条的升级发展，为乡村振兴战略的深入实施提供有力支撑。

# 第二节 农业新质生产力与乡村运营

## 一 乡村运营概述

（一）乡村运营的概念

乡村运营作为一个新兴的概念，其起源可追溯至浙江省杭州市临安区的实践探索，尽管在学术领域内对其尚未形成统一且明确的定义，但可基于运营学的基本原理，结合乡村发展的特殊背景与需求，对其进行深入剖析。① 乡村运营，本质上是一种综合运用市场化、系统化手段，对乡村资源进行优化配置与高效利用的过程，旨在通过挖掘乡村的内在价值，激活乡村潜能，促进乡村经济、社会、文化的全面振兴，将传统乡村转型为富饶、宜居且充满活力的新型乡村社区。

临安模式的提出，标志着乡村运营理念的形成与初步实践。临安首次系统地阐述了乡村运营的概念，强调其作为有组织、系统化的市场行为，通过引入市场化主体，对乡村资源进行整体性、多维度的开发与运营，以实现乡村旅游与乡村振兴的双重目标。② 这一理念的提出，不仅为促进乡村发展提供了新视角，也为青年群体参与乡村振兴开辟了新路径。

从理论层面看，乡村运营是对乡村发展理论的丰富与拓展，它融合了经济学、管理学、社会学等多学科知识，构建了一个以乡村为主体，以市场为导向，以资源优化配置为核心的理论框架。在此框架下，乡村运营不仅关注经济效益的提升，更强调生态、文化、社会等多方面的协调发展，力求实现乡村的全面可持续发展。

（二）乡村运营的主要内容

乡村运营的内容广泛而复杂，涉及乡村发展的方方面面，其核心内容可概括为以下几个方面：

1. 产业规划与产品创新

乡村运营的首要任务是进行科学的产业规划，明确乡村发展的主导产业与辅助产业，通过产品创新，打造具有地域特色的乡村品牌。这包括对现有产业的梳理与升级，以及对新兴产业的培育与引入，旨在形成具有竞争力的乡村产业体系。

---

① 吴茂英等：《共生视角下乡村新内生式发展的路径与机制——以杭州临安区乡村运营为例》，《自然资源学报》2023 年第 8 期。

② 杭州市文化广电旅游局：《临安："村庄经营"是实现乡村振兴的有效路径》，杭州市文化广电旅游局，2022 年 8 月 31 日，https：//wgly. hangzhou. gov. cn/art/2021/1/27/art_ 1692917_ 58925317. html，2024 年 11 月 1 日。

2. 产品开发与落地实施

在产业规划的基础上，乡村运营需指导乡村产品的设计与开发，确保产品既符合市场需求，又能体现乡村特色。这包括乡村旅游产品的创意策划、农副产品的精深加工、手工艺品的创新设计等，以及相应的落地实施策略，如基础设施建设、场景布置等。

3. 运营配套与渠道建设

乡村运营需构建完善的运营配套体系，包括交通、住宿、餐饮、娱乐等基础设施，以及线上线下的销售渠道，通过整合线上线下的销售渠道，拓宽乡村产品的市场覆盖面，提升乡村品牌的知名度与影响力。

4. 市场推广与品牌塑造

有效的市场推广是乡村运营的关键，包括大型活动的策划与执行、市场推广方案的制定与实施、宣传素材的制作与发布等。通过多渠道、多层次的推广，塑造乡村品牌形象，吸引游客与投资，促进乡村经济的发展。

5. 招商引资与创业孵化

乡村运营需积极引进外部资金与人才，通过招商引资与创业孵化，为乡村发展提供动力。这包括与企业的合作洽谈、投资项目的筛选与评估、创业团队的培育与扶持等。

6. 运营管理体系构建

乡村运营需建立一套完整的运营管理体系，包括产品手册、管理制度、服务体系等，以确保乡村运营的规范化与高效化。同时，还需注重乡村运营团队的培养与建设，提升乡村自我发展能力。

7. 文化传承与生态保护

在乡村运营过程中，应充分重视对乡村文化的传承与保护，以及生态环境的维护与治理。通过挖掘乡村文化资源，打造具有文化特色的乡村旅游产品；通过生态修复与环境保护，提升乡村的生态价值，实现乡村的可持续发展。

（三）乡村运营的基本模式

乡村运营的实践模式多种多样，根据不同地区的资源禀赋、发展基础与市场需求，可探索出适合本地特色的运营模式。以下是对几种典型乡村运营模式的剖析与案例展示：

1. 企业主导型：企业牵头+乡村开发+游乐业态+综合运营

此模式以企业为运营主体，通过企业对乡村资源的整合与开发，引入游乐业态，实施综合运营管理。企业凭借资金、技术与管理优势，对乡村进行整体规划与布局，打造具有吸引力的乡村旅游产品。如华谊兄弟在浙江某乡村打造的"电影小镇"，通过电影主题游乐园与乡村开发的结合，促进了乡村旅游的快速发展。

2. 合作社带动型：合作社牵头+村集体+平台运营

此模式以合作社为运营核心，联合村集体经济，利用互联网平台进行资源整合与运营。合作社作为农民自发组织的经济合作体，具有较强的组织力与凝聚力，能够高效整合乡村资源，提升乡村经济的整体效益。如某地农村合作社通过线上平台销售农产品，实现了农产品价值的最大化与农民收入的增加。

3. 家庭农场型：家庭农场+外部资本+一产一业

此模式以家庭农场为基础，通过引入外部资本，专注于某一产业或产品的深度开发。家庭农场作为农业生产的微观主体，具有灵活的经营机制与敏锐的市场洞察力，能够根据市场需求调整生产策略，提升农产品的市场竞争力。如某家庭农场通过引入外部投资，扩大生产规模，提升技术水平，实现了农业生产的规模化与集约化。

4. 新青年驱动型：乡村+新青年+生态农业+教育

此模式以新青年为运营主体，通过发展生态农业与教育事业，推动乡村的可持续发展。新青年作为乡村发展的新生力量，具有较高的文化素质与创新能力，能够为乡村注入新的活力与创意。如某地新青年返乡创业项目，通过发展生态农业与研学旅游，实现了乡村经济与生态的双重提升。

5. 政府引导型：政府主导+土地治理+文创+合作社运营

此模式以政府为引导，通过土地治理与文创产业的发展，推动乡村的整体提升。政府作为乡村发展的规划者与推动者，负责制定政策、提供资金与技术支持，为乡村运营创造良好的外部环境。如某地在政府的引导下，通过土地综合治理与文创产业的结合，打造了具有地方特色的乡村旅游品牌，吸引了大量游客与投资，促进了乡村经济的快速发展。

乡村运营作为乡村振兴的重要途径，其理论与实践均处于不断探索与发展之中。通过明确乡村运营的概念与理论框架，梳理其核心内容与实施策略，分析其实践模式与案例，可以为乡村运营的实践提供有益参考与借鉴。未来，随着乡村振兴战略的深入推进与乡村运营的不断发展，乡村将呈现出更加繁荣、宜居且充满活力的新面貌。

## 二 乡村运营中的新质生产力运用

### （一）利用新技术

农业新质生产力的核心在于对现代信息技术的深度融合与应用，尤其是物联网、大数据、人工智能等前沿科技的引入，为促进农业生产效率与管理水平的提升开辟了新路径，为乡村运营提供了强有力的技术支持。

1. 智能农业装备的广泛应用

智能农业装备，作为农业新质生产力的物化体现，正逐步成为提升农业生产效能的关键工具。通过集成传感器、自动控制、远程监控等技术，智能农机能够实现精准作业，如智能灌溉系统可根据土壤湿度自动调节水量，无人机用于病虫害监测与防治，不仅大幅降低了人力成本，还显著提高了作物产量与品质。这些智能装备的应用，不仅是对传统农业生产方式的革新，更是对乡村运营中资源优化配置的一次深刻实践。

2. 农业大数据平台的构建

农业大数据平台，作为农业新质生产力的信息基石，通过收集、整合、分析农业生产全链条的数据，为制定乡村产业规划提供了科学依据。从气象预测、土壤分析到作物生长模型，大数据技术的应用使得农业生产决策更加精准、高效。平台不仅能够帮助农民科学种植，还能为其进行市场预测、价格走势分析提供数据支持，从而引导农民合理调整种植结构，优化资源配置，促进乡村经济的可持续发展。

3. 信息技术的跨界融合

农业新质生产力的另一大特征在于信息技术的跨界融合。物联网与大数据的结合，实现了农田环境的实时监测与数据的即时反馈；人工智能与农业机械的融合，推动了农机的智能化升级，如自动驾驶拖拉机、智能收割机等，进一步提高了农业生产的自动化水平。这种技术的跨界融合，不仅提升了农业生产的智能化程度，也为乡村运营构建了一个高效、协同的信息生态系统。

（二）激发新动能

农业新质生产力通过推动农业产业的升级与融合发展，为乡村经济注入了新的活力，激发了乡村经济的新动能。农产品深加工、乡村旅游、农村电商等新兴业态的兴起，成为延长产业链、提升价值链、促进乡村经济多元化发展的重要途径。

1. 农产品深加工的深化发展

农产品深加工是农业产业升级的关键一环，通过引入先进的加工技术与设备，将初级农产品转化为高附加值的产品，不仅满足了市场对多样化、高品质农产品的需求，也显著提高了农民的收入。例如，将新鲜水果加工成果汁、果酱，将蔬菜制成冻干食品、罐头等，这些深加工产品不仅丰富了市场供给，也拓宽了农民的增收渠道。

2. 乡村旅游的蓬勃兴起

乡村旅游作为农业与旅游业融合发展的典范，是乡村经济多元化发展的重要推动力。依托乡村独特的自然风光、民俗文化、农耕体验等资源，开发乡村旅游项目，如农家乐、民宿、采摘园等，不仅可以吸引大量城市居民前来体验乡村生活，也可以带动乡村餐饮、住宿、手工艺品等相关产业的发展，为乡村经济注入新的活力。

3. 农村电商的快速发展

农村电商是农业新质生产力赋能乡村运营的重要表现之一。借助电商平台，农民可以直接将农产品销往全国乃至全球市场，打破了传统销售模式的地域限制，拓宽了农产品的销售渠道。同时，农村电商的发展也促进了乡村物流、仓储、包装等配套服务的完善，形成了线上线下相结合的农产品销售体系，为乡村经济带来了新的增长点。

（三）发展新业态

在农业新质生产力的推动下，乡村涌现出了一系列新业态，如数字农业、生态农业、休闲农业等，这些新业态不仅丰富了乡村产业体系，也为乡村运营提供了新的增长点和发展方向。

1. 数字农业的兴起

数字农业是农业新质生产力的高级形态，通过数字化手段对农业生产进行精准管理，实现农业生产的高效、智能、可持续。可以利用物联网技术监测农田环境，通过大数据分析优化种植决策，运用人工智能技术提高农机作业精度，数字农业正逐步改变传统农业的生产方式，为乡村运营提供强大的技术支持和新的增长点。

2. 生态农业的推广

生态农业是农业可持续发展的重要方向，强调在保护生态环境的前提下，实现农业生产经济效益与社会效益的和谐统一。它通过推广有机肥料、生物防治等生态农业技术，减少化肥、农药的使用，保护土壤、水源等自然资源，不仅可以提高农产品的品质和市场竞争力，也可以促进乡村生态环境的改善，为乡村运营提供绿色、可持续的发展路径。

3. 休闲农业的发展

休闲农业是农业与旅游业结合的新业态，通过开发休闲农业资源，提供农业观光、采摘体验、民宿住宿等服务，吸引城市居民前来体验乡村生活，享受田园乐趣。休闲农业的发展，不仅为乡村经济带来了新的增长点，也促进了乡村文化的传承与保护，提升了乡村的整体形象和吸引力。

（四）树立新理念

农业新质生产力的推广与应用，促使乡村运营者树立了绿色发展、创新发展、共享发展等新理念，引导乡村运营向更加科学、环保、可持续的方向发展。

1. 绿色发展理念深入人心

绿色发展是农业新质生产力的核心理念之一，强调在农业生产与乡村发展中，注重生态环境的保护与治理，推广绿色生产方式和环保技术，减少农业生产对环境的污染和破坏。通过加强农田水利建设、土地整治、生态修复等工作，提高土地的利用效率和农作物的产量，同时保护乡村的生态环境，实现农业生产的可持续发展。

2. 创新发展理念的引领作用

创新发展是农业新质生产力的核心动力，强调在乡村运营中，注重科技创新和模式创新，推动农业产业的升级和转型。通过引入先进的农业技术和设备，提高农业生产的效率和质量；通过发展农产品深加工、农村电商等新业态，延长产业链、提升价值链，促进乡村经济多元化发展。以创新发展理念为引领，有助于推动乡村产业的升级和转型，实现乡村经济的持续发展。

3. 共享发展理念的实践探索

共享发展是农业新质生产力的最终目标，强调在乡村运营中，注重农民利益的保障和增进，让农民成为乡村发展的受益者。通过建立农民合作社、农业龙头企业与农民的利益联结机制，实现农民收入的稳定增长和乡村经济的持续发展；通过加强乡村基础设施建设和公共服务体系建设，提高农民的生活质量和幸福感。基于共享发展理念的实践探索，有助于实现乡村发展的成果共享和农民利益的保障，促进乡村社会的和谐稳定。

农业新质生产力赋能乡村运营是一个多维度、多层次的系统工程。通过技术革新、动能激发、新业态涌现及理念革新等措施的深入实施，可以推动乡村运营的深入开展和乡村振兴的全面实现。在未来的发展过程中，我们还需要不断探索和创新农业新质生产力赋能乡村运营的新模式和新路径，为乡村振兴战略贡献更多的智慧和力量，促进乡村经济的持续健康发展与社会的全面进步。

### 三 开展乡村运营的现实困境

#### (一) 技术普及与应用难题

农业新质生产力的发展依赖于先进的信息技术和生物技术,然而这些技术在乡村地区的普及与应用却面临诸多难题。首先,乡村地区的数字基础设施建设相对滞后,网络覆盖不全、信号不稳定,导致智能农业装备和大数据平台难以有效运行。其次,农民对新技术的接受程度不一,部分农民由于年龄、教育水平等因素的限制,对新技术的认知度和应用意愿较低。最后,新技术的操作和维护需要一定的专业技能,而乡村地区普遍缺乏具备这些技能的人才,技术应用难度较大。

#### (二) 资金投入与回报周期长

农业新质生产力的发展需要大量的资金投入,包括技术研发、设备购置、人才培训等多个方面。然而,乡村地区的经济发展水平相对较低,农民自身的积累有限,难以承担高额的投资成本。同时,农业项目的投资回报周期较长,风险较高,金融机构对农业贷款的发放持谨慎态度,农业融资难、融资贵问题突出。此外,由于农业新质生产力的发展还处于初级阶段,其经济效益尚未充分显现,进一步加剧了资金投入难题。

#### (三) 人才短缺与流失严重

农业新质生产力的发展离不开高素质的人才支撑。然而,乡村地区普遍面临人才短缺和流失严重的问题。一方面,由于乡村地区的生活条件、工作环境和薪酬待遇相对较差,难以吸引和留住高素质的人才。另一方面,许多有志于农业的年轻人选择到城市寻求更好的发展机会,导致乡村地区人才储备不足。此外,农业新质生产力的发展对人才的需求呈现出多元化的特点,既需要懂技术、善经营的管理人才,也需要具备创新能力的研发人才,而乡村地区在这些方面的人才储备相对匮乏。

#### (四) 市场对接渠道不畅

农业新质生产力的发展需要与市场紧密对接,实现农产品的优质优价和高效流通。然而,乡村地区普遍存在市场对接不畅和渠道狭窄等问题。

一方面，乡村地区信息闭塞和交通不便，农民难以准确了解市场需求和价格信息，导致生产决策盲目性和随意性较大。另一方面，乡村地区的物流体系不完善，农产品难以快速、高效地送达消费者手中，影响了农产品的销售和价值实现。此外，乡村地区的品牌建设和市场营销能力也相对较弱，难以形成具有竞争力的农业品牌和市场优势。

（五）政策环境与支持不足

农业新质生产力的发展需要良好的政策环境作为保障。然而，在实际生活中，政策环境的不完善和支持不足成为制约其发展的重要因素。一方面，相关政策之间存在衔接不紧密，甚至相互矛盾的情况，效果大打折扣。另一方面，部分政策在执行过程中存在形式主义、官僚主义等问题，政策难以有效落地。此外，政府对农业新质生产力的扶持力度和投入不足，缺乏具有较强针对性的政策措施和资金支持，进一步加剧了其发展的困境。

## 四　农业新质生产力赋能乡村运营

（一）建设数字乡村，推动技术普及与应用

数字基础设施是农业新质生产力赋能乡村运营的基础保障。因此，我们应加强乡村地区的数字基础设施建设，提高网络覆盖率和信号质量，为智能农业装备和大数据平台的运行提供有力支撑。同时，通过举办培训班、示范推广等方式，提高农民对新技术的认知度和应用意愿，提高其操作技能。此外，还可以鼓励和支持农业科技企业与乡村合作，提供技术指导和服务，降低技术应用的门槛和成本。

（二）拓宽融资渠道，加大资金投入力度

资金投入是农业新质生产力赋能乡村运营的重要保障。为解决资金不足问题，我们应拓宽融资渠道，加大资金投入力度。一方面，可以鼓励和支持社会资本投入农业领域，通过政府引导基金、社会资本合作等方式，吸引更多的资金推动农业新质生产力的发展。另一方面，可以加强与金融机构的合作，创新金融产品和服务模式，降低融资成本，提高融资效率。

此外，政府还可以加大对农业新质生产力的财政支持力度，提供补贴、贷款贴息等优惠政策，降低农民的投资成本。

（三）强化人才引培，提升智力支撑水平

人才是农业新质生产力赋能乡村运营的关键要素。为解决人才短缺和流失严重问题，我们应加强乡村人才培养与引进工作。一方面，可以加强农业教育和培训体系建设，提高农民的文化素质和职业技能水平，培养一批懂技术、善经营、会管理的新型农民。另一方面，可以加强与高校、科研机构的合作，引进农业科技人才和智力资源，为农业新质生产力的发展提供智力支持。此外，还可以通过优化乡村地区的生活条件、工作环境和薪酬待遇等措施，吸引和留住高素质的人才。

（四）完善联动机制，拓宽市场销售渠道

市场开拓是农业新质生产力赋能乡村运营的重要环节。为解决市场对接不畅和渠道狭窄的问题，我们应完善市场对接机制，拓宽销售渠道。一方面，可以加强乡村地区的信息化建设，提高农民对市场需求和价格信息的获取能力，引导其合理调整生产结构和销售策略。另一方面，可以加强乡村地区的物流体系建设，提高农产品的流通效率和质量。此外，还可以鼓励和支持农民发展电子商务、直播带货等新型销售模式，拓宽销售渠道，提高农产品的市场占有率和竞争力。

（五）优化政策环境，加大监督管理力度

政策环境是农业新质生产力赋能乡村运营的重要保障。为提升政策激励效益，我们应加大对乡村产业的扶持力度，制定更加符合乡村实际情况和农业新质生产力发展需求的激励措施。一方面，可以加强政策出台与实施管理部门间的统筹协调与配合，确保各项政策相互补充、形成合力。另一方面，要加大政策的执行和监管力度，确保政策能够有效落实和发挥应有成效。此外，还可以鼓励和支持地方政府根据当地实际情况制定更具针对性和可操作性的政策措施，为推动农业新质生产力的发展提供有力保障。

（六）注重产业拓链，促进一二三产融合

农业新质生产力赋能乡村运营不仅要在农业内部实现转型升级，还要促进农业与第二、第三产业的融合发展。通过发展农产品加工业、乡村旅游、农村电商等产业形态，延长农业产业链、提升价值链、完善利益链，实现农业的多功能性和多元化发展。同时，可以鼓励和支持农民参与第二、第三产业的生产经营活动，提高其收入水平和生活质量。此外，还可以加强农业与第二、第三产业的合作与交流，推动资源共享和优势互补，实现共同发展。

（七）强化创新驱动，推动农业科技进步

创新驱动是农业新质生产力赋能乡村运营的核心动力。为推动农业科技进步，我们应加强科技创新和成果转化工作。一方面，可以加强农业科技创新体系建设，提高农业科研机构的创新能力和水平。另一方面，也可以加强农业科技成果的转化和推广工作，将科研成果转化为实际生产力。此外，还可以鼓励和支持农民参与科技创新活动，增强其创新意识和能力。通过创新驱动，推动农业新质生产力的发展不断迈上新的台阶。

（八）注重生态保护，推动可持续性发展

农业新质生产力赋能乡村运营不仅要注重经济效益的提升，还要注重生态保护和可持续发展。在推动农业新质生产力发展的过程中，我们应坚持绿色发展理念，加强农业生态环境保护工作。一方面，可以推广节水灌溉、生态农业等绿色生产方式，减少化肥、农药的使用量和对环境的污染。另一方面，可以加强农业废弃物的资源化利用和无害化处理工作，降低农业废弃物的排放量和对环境的危害。此外，还可以加强农业生态系统的保护和修复工作，提高农业生态系统的稳定性和可持续性。

（九）健全服务体系，夯实组织保障基础

组织化和社会化服务体系建设是农业新质生产力赋能乡村运营的重要保障。为加强组织化和社会化服务体系建设，我们可以从以下几方面入手：一是加强农民合作社、家庭农场等新型农业经营主体的培育和发展工作，提高其组织化程度和市场竞争力；二是加强社会化服务组织的培育和发展工作，为农民提供全方位、多层次的社会化服务；三是加强农业科技服务体系建设，为农民提供及时、有效的科技指导和服务；四是加强农业信息服务体系建设，为农民提供及时、准确的市场和政策信息，让乡村运营更加高效、有序。

# 第三节　农业新质生产力与乡村治理

## 一　乡村治理概述

治理（Governance）在现代社会科学研究中，已经发展成为一个涵盖广泛、多维度的概念。它不仅指政府或权威机构的传统管理方式，更强调多元主体通过协商、合作、互动等机制共同参与公共事务管理的过程。这种参与不局限于政治层面，还涉及经济、社会、文化等多个领域。乡村治理，作为治理理论在乡村地区的具体实践，旨在通过多元主体的共同努力，实现乡村社会的全面发展与和谐稳定。1998 年，华中师范大学中国农村问题研究中心徐勇教授首次明确提出"乡村治理"的概念，这一创新性的理论视角为推动乡村社会发展提供了新思路和新方向。徐勇教授认为，乡村治理应当是政府与村民自治组织、社会组织、企业以及村民个人等多元主体之间的一种良性互动关系，通过协商、合作共治，推动乡村经济、政治、文化、社会、生态等各方面的协调发展。

（一）乡村治理的定义

简而言之，乡村治理是指在农村地区，政府、社会组织、村民自治组织、市场力量以及个人等多种主体，通过正式或非正式的制度安排，共同参与农村公共事务的管理、服务与调控的过程，旨在促进农村经济社会发展、维护社会稳定、提升村民福祉。这一过程强调权力运行的民主化、决策过程的科学化、服务提供的均等化以及监督机制的完善化。

（二）乡村治理的背景

乡村治理概念的提出，有着深刻的时代背景和社会需求。改革开放以来，中国农村经历了从传统农业社会向现代农业社会的快速转型，在这一过程中，农村的经济结构、社会结构乃至文化观念都发生了深刻变化。一方面，农业现代化的推进要求乡村治理体系更加高效、灵活；另一方面，城乡差距扩大、农村空心化、老龄化等问题日益凸显，对乡村治理提出了新的挑战。因此，构建适应新时代要求的乡村治理体系，成为推动乡村振兴、实现农业农村现代化的关键所在。

（三）乡村治理的目标与原则

乡村治理的目标，从根本上讲，是实现乡村的全面振兴，包括经济振兴、社会振兴、文化振兴和生态振兴。这要求乡村治理既要注重经济发展，提升农民收入水平，又要关注社会公平正义，保障农民的基本权益；既要弘扬优秀传统文化，增强乡村文化自信，又要加强生态环境保护，实现绿色发展。在实施乡村治理的过程中，应遵循以下基本原则：一是坚持党的领导，确保乡村治理的正确方向；二是尊重农民的主体地位，激发农民参与乡村治理的积极性与创造性；三是注重法治与德治相结合，构建和谐的乡村社会秩序；四是推动城乡融合发展，缩小城乡差距，促进资源要素在城乡间合理配置。

（四）乡村治理的路径探索

面对复杂多变的乡村治理环境，探索符合中国国情、具有地方特色的乡村治理路径尤为重要。这包括但不限于：深化村民自治实践，完善乡村治理体系；加强农村基层党组织建设，提升乡村治理能力；推动农村集体经济发展，增强乡村治理的物质基础；推进乡村法治建设，保障农民合法权益；以及利用现代信息技术，提升乡村治理智能化水平等。[1]

## 二 乡村社会治理发展新形态

（一）乡村社会治理的主要任务

乡村社会治理旨在构建一个和谐、有序、繁荣的乡村社会。首先，促进乡村经济的持续健康发展是乡村社会治理的首要任务。乡村经济是乡村

---

[1] 米松华、王阿蒙：《乡村治理100问》，中国农业出版社2023年版，第6—8页。

社会的基础，只有经济发展了，才能为推动乡村社会治理提供坚实的物质基础。为此，需要引入现代农业技术，如智能温室、精准灌溉、病虫害远程监控等，提高农业生产效率和农产品质量。同时，还可以通过优化产业结构，提升农产品附加值，推动乡村经济向多元化、高质量方向发展。例如，一些地区利用当地特色农产品，发展乡村旅游和农产品加工业，不仅提高了农产品的附加值，还带动了乡村经济的整体发展。

其次，加强基层自治组织建设，完善村民自治制度，是乡村社会治理的重大政治任务。基层自治组织是乡村社会治理的主体，其建设的好坏直接关系到乡村社会治理的成败。为此，需要强化基层党组织的领导核心作用，发挥其在推动乡村发展、维护社会稳定中的重要作用。同时，要完善村民自治制度，保障村民的知情权、参与权、表达权和监督权，增强村民参与公共事务的意识和能力。例如，一些乡村建立了村民议事会、村民监督委员会等自治组织，让村民在村庄规划、环境保护、公益事业等事务中发挥更大的作用，推动了乡村社会的民主化进程。

再次，优化政务服务流程，提高政府服务效率和透明度，是乡村社会治理的重要服务任务。政务服务是乡村社会治理的重要一环，其质量和效率直接影响到村民的获得感和满意度。为此，需要推进"放管服"改革，简化政务服务流程，提高政务服务效率。同时，要加强政务公开，保障村民的知情权，让村民了解政府的工作动态和政策走向。例如，一些地区建立了乡村政务服务中心或网上办事大厅，为村民提供一站式服务，让村民足不出户就能办成事，大大提高了政府服务的效率和透明度。

最后，强化公共服务体系建设，完善教育、医疗、养老等公共服务设施，是乡村社会治理的重要民生任务。公共服务是乡村社会治理的重要内容，其完善程度直接关系到村民的生活质量和幸福感。为此，需要加大投入力度，改善乡村基础设施条件，提升公共服务水平。例如，一些地区加强了乡村学校建设，提高了教育质量；加强了乡村医疗设施建设，提高了医疗服务水平；加强了乡村养老设施建设，满足了老年人的养老需求。这些举措不仅提高了村民的生活质量和幸福感，还增强了乡村社会的凝聚力和向心力。

（二）乡村社会治理新模式

随着农业新质生产力的不断涌现，如数字农业、智慧农业、物联网技术等，乡村社会治理模式也在不断创新和发展。这些新技术为乡村社会治理提供了更加智能化、精准化的手段，推动了"互联网+政务服务""数字乡村"等新型治理模式的出现。①

"互联网+政务服务"模式利用互联网技术和信息化手段，将政务服务与互联网深度融合，实现了政务服务的在线化、智能化和便捷化。例如，一些地区建立了乡村政务服务网站或手机 APP，村民可以随时随地查询政策信息、办理审批事项、反映问题诉求等，这不仅提高了政府服务的效率和透明度，还增强了村民参与公共事务的积极性和主动性。同时，政府也可以通过这些平台及时收集村民的意见和建议，为制定更加科学合理的政策提供依据。

"数字乡村"模式利用大数据、云计算等信息技术手段，对乡村社会经济数据进行深度挖掘和分析，为政府决策提供科学依据和参考。同时，通过建设数字乡村平台，可以实现对乡村治理的智能化管理和精细化服务。例如，一些地区通过大数据分析技术，对乡村人口结构、产业分布、收入水平等数据进行分析，为政府制定发展规划和政策措施提供了科学依据。此外，数字乡村平台还可以为村民提供农产品销售、乡村旅游推广、在线教育等多元化服务，推动了乡村经济的多元化发展。

这些新模式不仅提高了政府服务的效率和透明度，还增强了村民参与公共事务的积极性和主动性，为乡村社会治理注入了新的活力和动力。同时，这些新模式也推动了乡村社会治理的民主化、科学化和智能化，为构建更加和谐有序的乡村社会提供了有力支撑。

（三）以新质生产力助力乡村社会发展

农业新质生产力在推动乡村社会发展方面发挥着重要作用。通过引入

---

① 张震宇：《新质生产力赋能数字乡村建设：转型逻辑与实施路径》，《学术交流》2024 年第 1 期。

现代农业技术，如智能农机装备、精准农业技术等，可以显著提高农业生产效率和资源利用效率，降低生产成本和环境污染。同时，利用大数据、云计算等信息技术，可以对乡村社会经济数据进行深度挖掘和分析，为政府决策提供科学依据和参考。此外，发展新质生产力还可以促进乡村产业升级和转型，推动农村第一、第二、第三产业的融合发展，为乡村经济发展注入新的活力和动力。

智能农机装备的应用是农业新质生产力的重要体现之一。通过引入智能农机装备，如无人驾驶拖拉机、智能收割机等，可以实现农业作业的自动化和智能化。这些装备不仅可以提高农业生产效率，还可以降低人力成本和安全风险。例如，一些地区利用无人驾驶拖拉机进行耕作和播种作业，大大提高了农业生产效率和质量。

精准农业技术的应用也是农业新质生产力的重要方面。通过利用物联网技术、遥感技术等手段，可以实时监测农田环境数据、作物生长数据等，实现农业生产的精准化管理。这不仅可以提高资源利用效率，还可以降低生产成本和环境污染。例如，一些地区利用精准灌溉技术，根据土壤湿度和作物需求进行灌溉作业，大幅提高了水资源利用效率并减少了水资源浪费。

大数据、云计算等信息技术的应用则为政府决策提供了科学依据和参考。通过收集和分析乡村社会经济数据，可以了解乡村发展的现状和趋势，为政府制定发展规划和政策措施提供数据支持。例如，一些地区利用大数据分析技术，对乡村人口结构、产业分布等数据进行分析，为政府制定扶贫政策、产业发展政策等提供了科学依据和参考。

此外，发展新质生产力还可以促进乡村产业升级和转型。通过引入现代农业技术和信息技术手段，可以推动农业与第二、第三产业的融合发展。例如，一些地区利用当地特色农产品发展乡村旅游和农产品加工业，不仅提高了农产品的附加值和竞争力，还带动了乡村经济的整体发展。同时，通过建设现代农业产业园区、农业科技孵化器等平台，可以促进农业科技创新和成果转化，推动乡村产业升级和转型。

### 三　农业新质生产力赋能乡村环境治理

#### （一）乡村环境治理的内容

乡村环境治理的内容广泛而复杂，它不仅关乎农村人居环境的改善，更涉及农村基础设施的加强和生态环境的保护，是乡村全面振兴不可或缺的一环。

改善农村人居环境是乡村环境治理的首要任务。这包括加强农村垃圾处理，通过建设垃圾分类收集点、推广垃圾焚烧发电等技术，实现垃圾的无害化、资源化利用；加强污水处理，通过建设污水处理设施、推广生物降解等技术，提高污水处理率和回用率；以及村容村貌整治，通过拆除违章建筑、美化乡村景观等手段，提升乡村整体风貌。例如，某地区通过实施"美丽乡村"建设，不仅改善了村民的居住环境，还吸引了大量游客前来观光旅游，带动了当地经济的发展。

加强农村基础设施建设是提升乡村居民生活质量的重要保障。这包括修建道路，改善农村交通条件，提高村民出行的便利性；改善供水供电条件，通过建设农村自来水厂、电网升级等工程，保障村民的基本生活需求；以及提升通信网络，通过建设宽带网络、5G 基站等设施，缩小城乡数字鸿沟。例如，某地区通过实施"村村通"工程，不仅解决了村民的出行难题，还促进了农产品的外销和乡村旅游的发展。

保护农村生态环境则是维护乡村可持续发展的关键所在。这包括水土保持，通过实施退耕还林、水土保持综合治理等措施，防止水土流失和土地沙化；生态修复，通过建设湿地公园、生态林等工程，恢复和重建生态系统；以及污染防治，通过加强农业面源污染治理、工业污染治理等措施，减少环境污染和生态破坏。例如，某地区通过实施"河长制"，不仅改善了河流的水质，还提升了村民的环保意识和参与度。

#### （二）新质生产力背景下乡村环境治理的缺失

尽管新质生产力为乡村环境治理提供了强大的技术支持和保障，但在实际应用过程中，仍存在一些问题和不足，制约了乡村环境治理的深入开展和有效推进。

一方面，由于资金投入有限和技术应用不足等原因，一些乡村地区在环境治理方面仍存在较大差距和短板。例如，一些偏远地区由于缺乏足够的资金支持和技术支持，垃圾处理、污水处理等设施建设滞后，环境污染问题日益突出。同时，一些地区在技术应用方面也存在不足，如智能监控、大数据分析等技术在乡村环境治理中的应用还不够广泛和深入。

另一方面，由于村民环保意识不强和治理机制不健全等原因，一些乡村地区在环境治理方面仍存在重建设轻管理、重治理轻预防等问题。例如，一些地区在环境治理方面过于注重设施建设而忽视了后续的管理维护，设施损坏、污染反弹等问题时有发生。同时，一些地区在环境治理方面缺乏有效的治理机制和监管体系，导致环境治理工作难以持续推进和取得实效。

此外，乡村环境治理还面临着一些其他方面的挑战和困境。如乡村环境治理的法律法规体系尚不完善，一些地区在环境治理方面缺乏明确的法律依据和执法标准；乡村环境治理的人才队伍和专业技术力量相对薄弱，难以满足环境治理工作的需要；以及乡村环境治理的公众参与度和参与度不高，影响了环境治理工作的深入推进和效果发挥。

（三）以新质生产力助力乡村环境治理

为了克服上述问题和不足，我们可以充分利用新质生产力的优势和作用来推动乡村环境治理的深入开展和有效推进。以下是一些具体的路径和实践探索：

首先，利用物联网、遥感监测等技术建立农村环境监测网络体系。通过在农村地区部署传感器、摄像头等设备，实时监测和采集水质、空气质量、土壤污染等环境数据，并利用大数据分析技术对数据进行处理和分析，实现对农村环境问题的实时监测和预警。例如，某地区通过建设智慧环保平台，实现了对农村地区环境质量的实时监测和预警，为做好环境治理工作提供了有力的数据支持。

其次，推广生态农业、循环农业等绿色发展模式和技术手段，减少化肥、农药使用量和降低环境污染程度。通过推广有机肥料、生物农药等绿色农资产品，以及轮作休耕、病虫害绿色防控等措施，减少化肥、农药的使用量和对环境的污染程度。同时，通过发展循环农业，实现农业废弃物的资源化利用和循环利用，提高农业资源的利用效率和减少环境污染。例如，某地区通过推广生态循环农业模式，不仅提高了农产品的质量和产量，还减少了化肥、农药的使用量和环境污染程度。

最后，加大环保宣传教育力度，增强村民环保意识和参与度。通过举办环保讲座、展览等活动，普及环保知识和法律法规，增强村民的环保意识和责任感。同时，通过建立环保志愿者队伍、开展环保公益活动等方式，引导村民积极参与环境治理工作，形成全民参与环境治理的良好氛围和机制。例如，某地区通过建立环保志愿者队伍，组织村民参与垃圾分类、河流清理等环保活动，不仅增强了村民的环保意识和参与度，还促进了乡村环境的改善和美化。

总之，农业新质生产力在乡村环境治理中发挥着重要作用。通过利用物联网、遥感监测等技术手段建立农村环境监测网络体系、推广生态农业和循环农业等绿色发展模式和技术手段以及加大环保宣传教育力度等措施，克服乡村环境治理中存在的问题和不足，推动乡村环境治理的深入开展和有效推进。这将为乡村的全面振兴和可持续发展提供有力支撑和保障。

**四　农业新质生产力赋能乡村文化建设**

在乡村振兴战略深入实施的背景下，乡村文化建设作为乡村振兴的灵魂工程，其重要性日益凸显。本节旨在探讨乡村文化建设的基本特性、核心任务，以及农业新质生产力如何为乡村文化建设提供新的动力源泉，促进乡村文化的繁荣与发展。

**（一）乡村文化建设的基本特点**

乡村文化建设展现出了鲜明的地域性、深厚的传承性和丰富的多样性，这些特性共同构建了乡村文化的独特风貌。

地域性，是乡村文化最直观的表达。乡村文化深受自然地理环境和人文历史背景的影响，形成了各具特色的地域文化景观。如江南水乡的温婉细腻与北方平原的粗犷豪放，便是地域性在乡村文化中的生动体现。地域性不仅塑造了乡村文化的外在形态，更蕴含了其内在的精神特质。

传承性，是乡村文化得以延续和发展的关键。乡村文化承载着丰富的历史记忆和民族智慧，通过世代相传的方式得以保存和发展。无论是古老的农耕习俗、节庆活动，还是独特的民间艺术，都是乡村文化传承性的具体表现。这些文化元素不仅丰富了乡村文化的内涵，也为其注入了持久的生命力。

多样性，是乡村文化活力的源泉。在乡村，不同的地域、民族和阶层孕育了丰富多样的文化形态。这些文化形态在表现形式、传播方式和价值取向上呈现出多元化的特点，满足了不同村民的文化需求和精神追求。多样性不仅增强了乡村文化的包容性和开放性，也为其创新和发展提供了广阔的空间。

（二）乡村文化建设的主要任务

乡村文化建设的主要任务涉及深入挖掘和保护乡村文化遗产、传承和发展乡村优秀传统文化、创新乡村文化表现形式和传播方式，以及加强乡村公共文化建设等方面。

深入挖掘和保护乡村文化遗产是乡村文化建设的首要任务。乡村文化遗产是乡村文化的根基和瑰宝，包括古建筑、古村落、民俗风情等。要通过科学的保护和修复工作，确保这些文化遗产得到妥善保存并传承给后代。同时，深入挖掘乡村文化遗产的历史价值和文化内涵，有助于提升乡村文化的知名度和影响力。

传承和发展乡村优秀传统文化也是乡村文化建设的重要任务。乡村优秀传统文化是乡村文化的灵魂和精髓，包括农耕文化、节庆文化、民俗文化等。通过教育引导、宣传推广等方式，让更多的人了解和认同乡村文化，促进乡村文化的传承和发展。同时，结合现代社会的需求和审美观念，对乡村优秀传统文化进行创新和发展，使其焕发新的生机和活力。

创新乡村文化表现形式和传播方式也是乡村文化建设的重要方向。随着科技的进步和互联网的普及,乡村文化的传播方式和表现形式也在不断创新。利用新媒体平台、虚拟现实技术等现代技术手段,可以拓宽乡村文化传播渠道,提高乡村文化的知名度和影响力。同时,结合乡村旅游、文化创意产业等新兴业态,推动乡村文化与经济的融合发展,为乡村文化建设注入新的动力。

加强乡村公共文化建设也是乡村文化建设的重要任务。乡村公共文化设施是乡村文化建设的重要载体和平台。加强乡村公共文化设施建设和管理,提高公共文化服务水平,满足村民的文化需求和精神追求。同时,举办各类文化活动和文化节庆等,丰富村民的精神文化生活,提升乡村文化的凝聚力和向心力。

(三) 以新质生产力助力乡村文化建设

农业新质生产力为乡村文化建设提供了新的机遇和挑战。深入挖掘和保护乡村文化遗产、传承和发展乡村优秀传统文化、创新乡村文化表现形式和传播方式以及加强乡村公共文化建设等措施,推动乡村文化的繁荣与发展。同时,要推动互联网、数字媒体等新技术手段与乡村旅游、文化创意产业等新兴业态的有机结合,实现乡村文化与经济的融合发展,为乡村振兴注入新的动力。

首先,利用互联网、数字媒体等新技术手段拓宽乡村文化传播渠道。建立乡村文化网站、微信公众号、短视频平台等新媒体平台,将乡村的传统文化、民俗风情、手工艺品等以图文并茂、生动有趣的形式展现给公众,提高乡村文化的知名度和影响力。同时,利用虚拟现实(VR)、增强现实(AR)等新技术手段,可以打造乡村文化虚拟展厅和互动体验区,让更多的人通过线上方式了解和体验乡村文化。

其次,结合乡村旅游、文化创意产业等新兴业态推动乡村文化与经济的融合发展。通过开发乡村旅游线路、打造乡村旅游品牌、举办乡村文化节庆活动等方式,吸引游客前来体验乡村文化,促进乡村经济的繁荣。同时,鼓励和支持乡村文化创意产业的发展,将乡村文化与创意设计、手工艺品制作等相结合,开发出具有乡村特色的文化创意产品,满足市场需求,增加农民收入。这种文化与经济的融合发展不仅有助于提升乡村文化的经济价值和社会影响力,也有助于推动乡村产业结构的优化和升级。

此外,加强乡村文化人才队伍建设也是推动乡村文化建设的重要举措。乡村文化人才是乡村文化建设的重要力量。加大对乡村文化工作者的培养和支持力度,提高他们的专业素养和创新能力,为乡村文化建设提供有力的人才保障。同时,鼓励和支持青年人才返乡创业,将他们的创新精神和先进理念带入乡村,为乡村文化建设注入新的活力和动力。这种人才队伍的壮大和优化不仅有助于提升乡村文化的整体水平和竞争力,也有助于推动乡村社会的全面发展和进步。

## 五 农业新质生产力赋能乡村法治建设

乡村振兴战略作为新时代中国农村发展的重要战略部署,旨在推动农村经济社会的全面振兴。在这一进程中,乡村法治建设作为维护农村社会秩序、促进农村经济可持续发展的基石,其重要性不言而喻。然而,面对新时代新要求,传统乡村法治建设模式显现出一定的局限性,急需引入农业新质生产力,以信息化、智能化等现代技术手段为乡村法治建设注入新活力,推动其转型升级。

(一)乡村法治建设的现状

1. 乡村法治意识的相对滞后

在乡村社会,法治意识滞后是一个不容忽视的问题。受历史、文化、教育水平等多重因素影响,部分乡村地区居民的法治观念较为薄弱。他们对法律的认知和理解有限,往往更倾向于依赖传统的习俗、惯例来处理矛盾和纠纷,而非诉诸法律。这种法治意识的滞后,不仅导致乡村社会中违法违规行为时有发生,影响了法治秩序的构建,还使得村民在维护自身权益时往往缺乏有效的法律手段,从而加剧了社会矛盾。

2. 乡村法律服务体系的不完善

乡村法律服务体系的不完善是另一个制约乡村法治建设的关键因素。

一方面，法律服务资源在乡村地区的分布极不均衡，特别是在偏远和贫困地区，法律服务资源严重匮乏，村民在寻求法律援助和维权时面临诸多障碍，难以获得及时、有效的法律服务。另一方面，乡村法律服务的质量也参差不齐，部分法律服务提供者缺乏专业素养和职业道德，法律服务的效果不尽如人意。

3. 乡村执法机构的执法力度与水平问题

乡村执法机构的执法力度不够和执法水平不高也是影响乡村法治建设的重要因素。一方面，部分乡村执法机构存在执法不规范、不公正的现象，执法行为缺乏公信力和权威性，这不仅削弱了法律的震慑作用，还容易引发村民对执法机构的不满和抵触情绪。另一方面，乡村执法机构的人员配置和硬件设施也往往滞后于实际需求，执法工作难以高效、有序地开展。

（二）乡村法治建设的主要内容

针对上述问题，乡村法治建设需要从以下几个方面着手，以构建更加完善、高效的乡村法治体系。

1. 完善乡村法律法规体系

完善乡村法律法规体系是乡村法治建设的基础。应根据乡村实际情况，制定和完善具有乡村特色的法律法规，为乡村社会治理提供坚实的法律基础。针对土地、环境、教育、医疗等关键领域制定专项法规，以规范乡村社会秩序，保障村民合法权益。同时，还应加强对乡村法律法规的宣传和普及工作，提高村民对法律法规的认知和理解程度。

2. 强化农村普法教育

强化农村普法教育是提升村民法治素养的重要途径。应通过多元化、多渠道的普法教育活动，提高村民的法律意识和法治素养。可以利用广播、电视、网络等媒介，以及讲座、咨询等形式，普及法律知识，营造全社会尊法学法守法用法的良好氛围。同时，还应注重培养村民的法治思维，引导他们学会运用法律手段来维护自身权益和解决矛盾纠纷。

### 3. 构建乡村矛盾纠纷调解机制

构建乡村矛盾纠纷调解机制是维护乡村社会和谐稳定的关键。应建立乡村矛盾纠纷调解体系，及时化解乡村社会矛盾，防止矛盾升级和激化。可以通过设立调解委员会或调解小组，利用线上线下相结合的方式，高效处理土地、邻里、家庭等纠纷。同时，还应加强对调解人员的培训和管理，提高他们的专业素养和调解能力，确保调解工作的公正性和有效性。

### 4. 加强乡村执法队伍建设

加强乡村执法队伍建设是提升乡村执法水平的重要保障。应加大对乡村执法人员的培训力度，提高他们的法律素养和执法能力。同时，还应建立健全执法监督机制，加强对执法行为的监督和约束，确保执法行为合法、公正、规范。此外，还应加强乡村执法机构的硬件设施建设，提高执法工作的效率和准确性。

### （三）以新质生产力助力乡村法治建设

在信息化、数字化时代背景下，农业新质生产力如大数据、人工智能等技术的发展为乡村法治建设提供了新的机遇和挑战。以下是对农业新质生产力赋能乡村法治建设路径的深入探索。

### 1. 构建乡村法治信息平台

利用大数据、人工智能等技术构建乡村法治信息平台是提升乡村法治建设水平的重要举措。该平台应集成法律咨询、法律援助、矛盾调解等功能于一体，为村民提供在线法律服务。通过收集、分析和共享法治数据，可以实现对乡村法治状况的实时监测和预警，为决策提供科学依据。同时，该平台还可以实现法律服务资源的智能匹配和调度，提高法律服务的效率和覆盖面。

在具体实践中，可以借鉴一些成功案例的经验。例如，某地区开发的乡村法治信息平台通过整合法律服务资源，为村民提供了便捷的法律咨询和法律援助服务。村民可以通过手机 APP 或网站轻松获取法律服务信息，并在线提交咨询或援助申请。平台还可以根据村民的需求和情况，智能推荐合适的法律服务提供者或机构，为村民提供更加精准、高效的法律服务。

2. 推广"互联网+法律服务"模式

推广"互联网+法律服务"模式是提升乡村法律服务便捷性和可及性的有效途径。通过网络平台，可以汇聚律师、公证员、法律援助志愿者等法律服务资源，形成合力，利用在线预约、在线调解、在线诉讼等功能，可以为村民提供更加高效、便捷的法律服务渠道。

在具体实践中，可以通过建立乡村法律服务 APP 或微信公众号等平台，为村民提供法律咨询、法律援助申请、矛盾调解等一站式服务。同时，还可以邀请法律专家进行在线讲座和答疑，为村民提供更加专业的法律服务。这些平台不仅可以打破地域限制，让村民随时随地享受法律服务，还可以提高法律服务的透明度和公信力。

3. 加强乡村法治宣传教育的信息化建设

加强乡村法治宣传教育的信息化建设是提升村民法治素养和守法意识的重要手段，可以利用网络平台开展丰富多彩的法治宣传活动，如制作法治宣传视频、发布法治知识文章、开展在线法治讲座等。这些活动可以以生动有趣的形式呈现法律知识，增强村民的学习兴趣和参与度。

在具体实践中，可以通过建立乡村法治微信公众号或微博等平台，定期发布法治知识、案例分析、法律解读等内容。同时，还可以邀请法律专家进行在线讲座和答疑，为村民提供更加深入、全面的法治教育。这些平台不仅可以增强村民的法治素养和守法意识，还可以促进村民之间的交流和互动，形成更加良好的法治氛围。

4. 利用智能化手段提高执法效率和公正性

利用智能化手段提高执法效率和公正性是农业新质生产力在乡村执法领域的重要应用，可以通过建立智能监控系统、智能执法设备等手段，实现对执法行为的实时监测和记录。这些手段不仅可以提高执法效率和准确性，还可以加强对执法行为的监督和约束，确保执法行为合法、公正、规范。

在具体实践中，可以借鉴一些先进地区的经验。例如，某地区通过建立智能监控系统，实现了对执法行为的全程记录和实时监控，这不仅提高了执法工作的透明度和公信力，还有效防止了执法过程中违法违规行为的出现。同时，还可以通过建立智能执法设备库，为执法人员提供更加先进的执法工具和设备，提高执法工作的效率和准确性。

# 第四章 "头雁"与农业新质生产力发展

## 第一节 乡村产业振兴带头人培育"头雁"项目

### 一 项目背景

习近平总书记强调，推进中国式现代化，必须加快推进乡村振兴。全面建设社会主义现代化国家、推进中国式现代化，最艰巨最繁重的任务在农村。长期以来，党中央始终坚持把解决好"三农"问题作为全党工作重中之重，针对发展不平衡不协调、城乡差距较大、农村基础设施建设滞后、农民收入较低等问题，统筹推进工农城乡协调发展，出台了一系列强农惠农政策和措施。习近平总书记站在"民族要复兴，乡村必振兴"的历史高度，作出了推动乡村全面振兴的战略决策。要按照产业兴旺、生态宜居、乡风文明、治理有效、生活富裕的总目标，扎实推进产业振兴、人才振兴、文化振兴、生态振兴、组织振兴，逐步实现农业连年丰收、农民收入持续提高、农村社会和谐稳定。

在漫长历史的短暂瞬间里，从农民打工潮到乡村人口进城落户，从农业农村优先发展到城乡融合发展，从脱贫攻坚到乡村振兴，40多年来，中国乡村呈现历史巨变，因乡村发展的踏实脚步而迈上中国式现代化的新征程。2024年中央一号文件指出，"构建现代农业经营体系，聚焦解决'谁来种地问题'，以新型农业经营主体为重点，加快打造适应现代农业发展的高素质生产经营队伍"。但是，与发达国家相比，我国农业基础依然薄弱，农村发展存在短板弱项：农民农业质量效益和竞争力不强、脱贫地区产业发展和创新优势不够，等等。鉴于此，我们迫切需要回答实现农民农村共同富裕"谁来干？怎么干"的问题，如此才能切实提升乡村经济的科技含量，全面实现城乡融合发展。

（一）乡村产业振兴的现实困境

农业是国民经济发展的基础，在国民经济中占有重要地位。农业不仅是提供人类生存必需品的生产部门，农业的发展更是社会分工和国民经济其他部门成为独立的生产部门的前提和进一步发展的基础。农业要升级、农村要发展，产业兴旺是解决农村一切问题的前提。在乡村"五大振兴"中，第一个就是产业振兴。产业兴旺是乡村振兴的重中之重，产业兴旺不仅要五谷丰登、六畜兴旺，更要产业融合、百业兴旺。然而，目前我国农村产业发展存在产业结构单一、生产经营分散、科技创新缓慢、产业链条短以及附加值低等现实问题。

一是传统农业主导，产业结构单一。我国已建成高标准农田 10 亿亩，占耕地总面积的 52%，但仍有近一半的耕地未建成高标准农田，农田建设依然存在质量不高、配套管护机制不健全等问题，部分地区农业技术水平相对滞后，农户缺乏现代化农业生产技术和管理经验，乡村经济主要依赖于传统农业，种植和养殖结构较为固定。大部分乡村地区以粮食作物种植或常见家畜养殖为主，产品种类有限且同质化严重，缺乏多样化和高附加值的农产品，这种单一的产业结构使得乡村经济极易受到自然因素和市场波动的影响。

二是生产经营分散，规模效益低下。乡村农业生产多以家庭为单位，呈现出小规模、分散化的特点。农户各自为政，缺乏有效的组织与合作，难以实现规模化经营。在农资采购方面，分散的农户无法形成批量采购优势，导致农资价格偏高，增加了生产成本。在农产品销售环节，单个农户的市场议价能力弱，不得不依赖中间商，使得农产品销售价格被压低，利润空间被严重挤压。另外，长期以来形成并不断积累的城乡二元体制矛盾造成了要素流通不畅，城乡权益结构不平衡，产业布局不合理。农村市场体系落后，农村地区农产品流通渠道相对狭窄，分散农户无法有效参与农产品市场建设，更无法分享交易环节带来的增值收益。

三是技术水平落后，创新能力不足。与世界农业强国相比，我国农业机械化比较薄弱，我国登记的农业科技创新重大成果少，数据显示，我国整个农业科技领域，在国际上处于领先的学科只占19%，64%学科研究处于跟跑或跟踪阶段。另外，我国农业技术转换率为30%—40%，仅为发达国家的一半左右，科技成果转化为现实生产力的能力弱[1]，传统农业生产方式在乡村仍占据主导地位，农业科技应用水平较低。许多农户仍然依赖传统的经验和手工劳动进行农业生产，对先进的农业技术和设备了解甚少，更难以应用到实际生产中。

四是产业链条短，附加值低。乡村经济急需寻找新的增长点，拓展产业链，提升产业附加值。大部分农产品以初级产品形式进入市场，利润空间有限。传统的乡村产业大多集中在农产品的初级生产阶段，种植业往往只是单纯的播种、收获与售卖原产品，养殖业也仅是将牲畜家禽养大后直接推向市场，缺乏后续的深加工环节。这种单一的产业模式使得乡村产品在市场中处于低利润的不利境地。同时，产业链条短还意味着产业的抗风险能力弱，市场波动时缺乏缓冲空间。在缺乏品牌建设与营销推广的情况下，乡村产品只能在低端市场徘徊，难以打开中高端市场，无法满足消费者多样化、高品质的需求，进一步限制了乡村产业的升级与拓展，发展乡村产业需要通过打造全产业链，拓展产业的增值增效空间。

（二）乡村人才短缺的严峻挑战

人才是乡村振兴的第一资源。人才振兴是乡村振兴的基础，强化乡村振兴人才支撑是推进乡村全面振兴的题中应有之义。2024年中央一号文件强调，实施乡村振兴人才支持计划，加大乡村本土人才培养，有序引导城市各类专业技术人才下乡服务，全面提高农民综合素质，进一步凸显了深入实施乡村振兴人才支持计划的重要性和紧迫性。当前，一些农村发展乏

---

[1] 姚永琴、祁元生：《产业兴旺赋能农业强国建设：逻辑机理、现实之困与战略之举》，《农业经济》2024年第9期。

力，关键在于缺人才，缺发展引路人、产业带头人、政策明白人。一些地方不断加大引才力度，但在帮助人才解决职业发展、社会保障等后顾之忧方面还存在短板。

一是人才外流现象严重。随着城市化进程的加速，乡村人才外流现象日益严重。城市在就业机会、教育资源、医疗条件、生活环境等方面具有明显优势，吸引了大量乡村劳动力和人才向城市流动。许多农村的年轻人通过升学、打工等途径离开农村，到城市寻求更好的发展机会，导致乡村劳动力老龄化、空心化问题突出。现阶段，乡村人口总数及其占全国人口总数的比例"双下降"的趋势仍在持续，第七次全国人口普查主要数据显示，2020年全国人口总数较2010年增长5.38%，但乡村人口总数占全国人口总数的比重下降了13.94%。2020年居住在乡村的人口仅占全国总人口的36.11%，2022年，这一比例进一步下降至34.78%。①

二是本土人才培养不足。农村人力资源整体综合素质偏低，缺乏高质量的劳动力，成为中国传统的集约农业向现代农业发展的制约因素。根据《中国农村统计年鉴2021》的统计，2019年，全国农村居民的教育水平有所提升，其中3.6%的人拥有正规的教育背景，32.5%的人拥有良好的教育水平，50.8%的人拥有较好的教育背景，11.2%的人拥有良好的教育水平，1.7%的人拥有较好的教育背景。② 在农村教育方面，教育资源相对匮乏，教育质量不高，难以培养出适应乡村产业发展需求的高素质人才。农村中小学的师资力量薄弱，教学设施简陋，课程设置与乡村实际需求脱节，学生在学校学到的知识和技能难以应用到乡村生产生活中。在针对农民的培训项目中，缺乏对现代农业技术、经营管理、市场营销等方面知识的系统培训，培训方式单一，效果不佳，难以满足农民多样化的学习需求。另外，乡村缺乏鼓励本土人才成长和发展的良好环境，人才培养机制不健全，缺乏对本土人才的激励和扶持政策，使得本土人才的积极性和创造性

---

① 陆继霞：《当前乡村人口的变化趋势及应对》，《人民论坛》2024年第10期。
② 徐姗姗、吴未：《乡村振兴背景下加快破解农村人才发展瓶颈问题的研究》，《农业经济》2024年第3期。

难以得到充分发挥。

三是人才引进困难。据农业农村部数据，从 2012 年到 2022 年底，返乡入乡创业人员累计达到 1220 万人。但部分地区尚未形成自上而下较为系统的乡村人才引进机制，县镇层面缺乏科学完善的协作机制，难以联合进行乡村人才项目开发和引进规划，① 引才难现象依然存在。就自身条件方面，部分乡村人才对返乡入乡创业缺乏充分准备与深刻理解，对乡情、政策等缺乏客观判断，对于不同环境中的相应能力需求缺乏充分准备，对市场运行缺乏准确评估。就外部条件看，一方面，目前城乡在收入水平、公共服务水平等方面的差距依然存在，乡村地区对人才的吸引力有限；另一方面，一些地方对人才返乡入乡尚缺乏健全的政策扶持、服务配套与实践指导，难以为返乡入乡的人才提供更多精准化、系统化的服务。② 此外，社会对于乡村人才职业发展的认知仍受传统观念影响，返乡入乡创业就业的职业路径尚未得到广泛理解与认可。

乡村振兴，产业是关键，人才是基础。全面推进乡村振兴是新时代建设农业强国的重要任务，发展乡村产业是乡村全面振兴的重要根基，乡村人才队伍建设是乡村全面振兴的重要支撑。新形势下，全面推进乡村振兴、加快农业农村现代化，迫切需要建设一支规模宏大、结构合理、素质优良、作用凸显的农业农村人才队伍。实施乡村产业振兴带头人培育"头雁"项目，是落实乡村振兴战略的重要举措，是加快农业农村人才队伍建设的重要抓手，是助力乡村产业提质增效和农民致富增收的重要途径。

## 二　项目概述

### （一）乡村产业振兴带头人的科学内涵

乡村产业振兴带头人是具有中国特色的概念表述，体现了中国独特的

①　山东财经大学乡村振兴研究院课题组：《乡村人才汇聚 发展动力澎湃——基于六省二十县的乡村人才振兴调研报告》，《光明日报》2022 年 4 月 28 日第 7 版。

②　马玉娜：《强化乡村振兴人才支撑》，《经济日报》2024 年 2 月 2 日第 5 版。

制度安排和改革逻辑。① 乡村产业振兴带头人主要指在乡村产业振兴中发挥引领作用的新型农业经营主体，具体为家庭农场、专业大户、农业专业合作社和农业企业负责人等。随着工业化和城镇化的快速发展，农业劳动人口老龄化对农业技术进步和现代化提出了挑战。土地小规模分散经营和先进农业技术使用率低造成耕地撂荒问题，"谁来种地""怎样种地"成为时代隐忧。相较于传统小农，新型农业经营主体拥有资本、技术和管理等现代生产要素，具有化解农户因劳动力短缺、资本和技术不足等对耕地撂荒影响的潜在比较优势，成为引领乡村产业振兴的中坚力量。以新型农业经营主体为依托构建统分结合的双重经营体系对保障重要农产品供给、带动农民增收致富具有重要作用。②

为贯彻落实中央一号文件、中央有关人才工作部署和《"十四五"农业农村人才队伍建设发展规划》要求，扎实有效开展乡村产业振兴带头人培育。2022 年 3 月，农业农村部、财政部发布《乡村产业振兴带头人培育"头雁"项目实施方案》（农人发〔2022〕3 号），启动实施乡村产业振兴带头人培育"头雁"项目，明确从新型农业经营主体中每年全国培育约 2 万名"头雁"，力争用 5 年时间培育一支 10 万人规模的乡村产业振兴"头雁"队伍，带动全国 500 万以上家庭农场、专业大户、农业专业合作社和龙头企业等为代表的乡村产业振兴带头人形成"雁阵"。随后，每年发布《关于实施乡村产业振兴带头人培育"头雁"项目的通知》，为"头雁"培育明确思路。

（二）总体要求

《乡村产业振兴带头人培育"头雁"项目实施方案》要求以习近平新时代中国特色社会主义思想为指导，全面贯彻中央人才工作会议和中央农村工作会议精神，按照保供固安全、振兴畅循环的工作定位，落实加强乡村振兴

---

① 李耀锋、高红旗：《从脱贫攻坚走向乡村振兴：扎根乡土产业致富带头人的衔接作用与培育路径》，《中国农业大学学报》（社会科学版）2022 年第 6 期。

② 赵慧等：《乡村产业振兴带头人培育：群体分析、现实困境与提升策略——基于 6 省区"头雁"群体的调查》，《世界农业》2024 年第 6 期。

人才队伍建设的任务要求对带头人进行系统性培养和综合性支持，着力打造一支与农业农村现代化相适应，能够引领一方、带动一片的乡村产业振兴带头人"头雁"队伍，推动农业农村人才队伍素质整体提升，为全面推进乡村振兴、加快农业农村现代化提供坚强有力的人才支撑和智力保障。

（三）基本原则

《乡村产业振兴带头人培育"头雁"项目实施方案》明确乡村产业振兴带头人培育应遵循以下基本原则：

一是服务产业发展。要紧紧围绕促进农业高质高效的人才需求，着力打造引领力、支撑力、带动力强的乡村产业振兴骨干力量，促进小农户和现代农业发展有机衔接，提高农业质量效益和竞争力。

二是立足实际创新。要坚持从本地实际出发，充分考虑不同地区、不同产业类型对人才的需求，鼓励各地积极探索符合实际的培育机制、模式、方法，提升培育工作的针对性和实效性。

三是多方协同推进。要坚持统筹谋划、综合施策，构建全国上下联动、部省分级负责的工作机制。要积极搭建平台，吸引社会力量，集聚各方资源，形成多方参与、共建共享的工作格局。

四是注重质量效能。要坚持目标导向和结果导向，多措并举激发"头雁"潜力，将理论学习与实践锻炼相结合，将教育培训与人才使用相衔接，将项目实施与宣传推介同步推进，充分发挥服务乡村产业发展的引领带动作用。


**三 项目实施**

（一）农业农村部

《乡村产业振兴带头人培育"头雁"项目实施方案》根据实施"头雁"项目的目标要求，做出以下实施方式：

1. 严格准入

一是严格人选条件。培育对象应满足从事主导产业、发展势头良好、热衷联农带农的总体要求，同时符合以下基本条件：（1）拥护党的路线方针和政策，年龄在 55 周岁以下，高中（中专）以上学历，身心健康，诚信经营，遵纪守法，在当地群众中有较好的口碑。（2）面向农民专业合作社理事长、家庭农场主、农村集体经济组织负责人、社会化服务组织负责人、市县级农业产业化龙头企业负责人及种养大户等带头人。原则上不遴选省级以上农业产业化龙头企业等大型企业负责人。（3）从事当地农业主导、优势或特色产业 3 年以上，形成稳定的经营模式和一定规模，取得良好的经济效益和社会效益。（4）有长期从事农业及相关产业且带动农户共同发展的意愿，善于接受新技术、新模式、新业态和新理念，主动向农户分享经验、提供技术支持和信息服务。近 3 年累计带动 30 户或 100 名以上农民实现增收致富。

二是严格遴选程序。通过个人申请、县级推荐、省市甄选、部级备案的程序，层层筛选，逐级审核，将符合条件的带头人遴选出来，确定为"头雁"项目培育对象。

2. 系统培育

选择优质高校作为培育机构，采取累计一个月集中授课、一学期线上学习、一系列考察互访、一名导师帮扶指导的"4 个一"培育模式，对带头人开展为期 1 年的定制化、体验式、孵化型培育。

一是定制化培育。针对带头人从事的产业类型和自身需求，量身定制培训内容和方式。培训内容可围绕政治理论、政策法规、专业技能、调研实践等四大课程模块，结合实际设置培育课程和各模块学时，集中授课不少于 120 学时，可一次性集中完成，也可结合农时季节分两段完成。线上学习不少于 60 学时课程，由学员自行安排时间完成。培训方式可灵活选择课堂讲授、线上学习、分组讨论、案例教学等多种形式。

二是体验式培育。注重培育工作与生产经营相结合，在开展知识教授的同时，通过实地考察省级示范家庭农场、省级及国家级农民合作社示范社、省级以上农业产业化龙头企业等进行深度体验学习。通过带头人互访、经验交流等方式，在体验中提升干事创业、联农带农能力。

三是孵化型培育。每名带头人配备一名专业指导教师，持续开展帮扶指导，为其提供扩大视野、更新知识的平台机会，增强创业创新创造能力。支持领办或联合创办企业，指导其做大做强产业，引领和带动当地产业提质增效、集体经济持续发展和农民增收致富。

3. 综合支持

各级农业农村部门要为带头人成长为"头雁"提供支持，积极推动集成政策、资源、要素和平台，给予立体式、全方位保障。

一是资金投入。"头雁"培育经费每人不超过 2.5 万元，由财政和带头人个人共同承担。其中，中央财政补助金额不超过 2 万元分两期给付，培育启动时拨付 70%的经费，保障培育工作顺利开展；培育结束后，经评估合格再拨付剩余 30%部分。

二是产业扶持。各地要在国家现代农业产业园、农业现代化示范区、优势特色产业集群、农业产业强镇等重大项目建设中充分吸纳带头人参与并发挥作用。要积极利用好新型农业经营主体扶持、金融保险等政策，支持"头雁"发展壮大。

三是激励保障。要积极推动完善面向"头雁"的社保、教育等公共服务供给政策，在职称评审和职业技能等级认定等人才评价工作中予以优先推荐、重点考虑。将"头雁"先进典型按程序纳入各类评优表彰中，探索与城市人才"身份"认同、待遇趋同、晋升等同的有效实现途径，让"头雁"有成就感、荣誉感。

四是跟踪服务。要建立健全技术指导、成果转化、创业支持等服务机制。要充分利用信息化手段，为"头雁"提供在线学习和信息推送等服务。要组织定期回访，了解"头雁"生产经营及带动作用发挥情况，畅通"头雁"问题反馈渠道，加强持续指导，促进其健康发展。

4. 示范引领

各级农业农村部门要组织引导"头雁"联农带农、兴农富农切实发挥示范引领作用。

一是直接带动。支持"头雁"带领周边农民学技术、学管理、闯市场，通过土地流转、吸纳就业、入社合作、入股经营、购买服务、组织实施集体经济项目等方式，带动农民共同参与生产经营，与农户建立稳定的合作发展关系和紧密的利益联结机制，实现抱团发展。

二是服务拉动。鼓励"头雁"为小农户提供生产托管、技术指导、防灾减灾、产品营销、融资增信等服务，建立资源共用共享机制，提升农户生产经营能力和抵抗风险水平，把小农户引入现代农业发展轨道。

三是辐射联动。支持"头雁"牵头组建农民合作社联合社、行业协会等，搭建数据信息、社会化服务等综合平台，整合优势资源，延长产业链条，创建共同品牌，在更大范围发挥示范带动作用，推进乡村产业基础高级化和产业链现代化。

5. 实施保障

一是强化组织领导。各级农业农村、财政部门要充分认识"头雁"培育工作的重要性，将其纳入本地区本部门人才队伍建设重点工作，制定切实可行的实施方案。要建立"头雁"培育工作领导体制和推进机制，强化责任分工，抓好工作落实，确保工作成效。

二是选优培育机构。各省农业农村、财政部门要认真组织做好培育机构遴选，根据培育对象需求和培育工作要求，面向全国遴选1—3所具备从事培育工作基础和条件的优质高校，构建由知名专家、创业导师、政策讲师和实践指导师等组成的一流师资队伍通过中国农业农村人才网"头雁"培育项目管理系统，对培育机构和优质师资进行动态管理。

三是加强考核评价。建立部门、学员、第三方机构三维立体式评价机制，每年对项目实施情况进行综合评价。由各省农业农村部门组织对培育机构和学员培育效果进行考核评价。由学员对培育机构进行满意度评价。由农业农村部委托具有资质的第三方机构开展培育工作综合评价。通过多维评价及时总结经验、发现问题，调整优化培育工作。

四是开展典型宣传。各级农业农村部门要积极总结提炼"头雁"培育工作的好经验好做法，组织讲好"头雁"故事，推介典型代表和先进事迹，通过主流媒体进行宣传。邀请知名专家与"头雁"交流互动，提升品牌效应，扩大社会影响，营造良好氛围。

（二）浙江省

以浙江省为例，自项目实施以来，浙江省每年计划招收新型农业经营主体带头人 800 名，实行育强万名乡村"头雁"计划，预计到 2027 年，全省培育乡村产业振兴"头雁" 1 万人以上，平均每个涉农县培育"头雁" 100 名以上，形成"头雁"领航、群雁齐飞的格局。

浙江省"头雁"培育项目的招生对象应符合四个条件：一是拥护党的路线方针政策，年龄在 55 周岁以下，高中（中专）以上学历，身心健康，诚信经营，遵纪守法，在当地群众中有较好的口碑。二是面向从事种植养殖业、农产品加工、休闲农旅等农业企业、合作社、家庭农场主体负责人，重点向山区海岛县和农创客、退役军人等返乡下乡创业人员倾斜。三是从事当地农业主导、优势特色产业 3 年以上，形成稳定的经营模式和一定规模，取得良好的经济效益和社会效益。四是有长期从事农业及相关产业且带动农户共同发展的意愿，善于接受新技术、新模式、新业态和新理念，主动向农户分享经验、提供技术支持和信息服务。

浙江省的培育"头雁"项目由浙江大学、浙江农林大学、浙江农艺师学院（浙江省农业科学院）三家培训校区联合承担。学制为 1 年，集中授课不少于 120 学时，可结合农时季节分段完成：线上学习不少于 60 学时课程，由学员自行安排时间完成。采取累计一个月集中授课、一学期线上学习、一系列考察互访、一名导师帮扶指导的"4 个一"培育模式，对带头人开展为期 1 年的定制化、体验式、孵化型培育。重点围绕政治理论、政策法规、专业技能、调研实践开展培训，并通过结对帮扶、技术指导、政策咨询等形式辅以成果转化、技术推广经营服务、创业支持等长期跟踪服务。同时，为每名"头雁"学员配备一名专业指导教师，持续开展帮扶指导。

学员纳入中国农业农村人才网"头雁"培育项目管理系统备案管理，完成规定学分与结业鉴定后，颁发乡村产业振兴带头人培育"头雁"项目结业证书，并对学员持续进行技术指导、成果转化、创业支持等跟踪服务和优先赋能，在职称评审、职业技能等级认定、乡村工匠遴选等人才评价工作中予以优先推荐、重点考虑，并将"头雁"先进典型纳入相关评优表彰中。同时，培养经费以政府补助为主、学员适当承担。学费、教材资料费、食宿费等由中央财政予以补助，往返交通费、部分餐费等费用由学员自理。

## 第二节　乡村人才与农业新质生产力

### 一　乡村人才队伍现状

在中央一系列关于推进农业农村发展的方针政策的支持下，乡村人才培育工作持续展开，我国乡村地区人才队伍的建设较以往相比发生了一些明显的变化，乡村人才总量在不断扩大，人才素质得到了普遍的提升，人才队伍建设结构也得到了相应改善，为我国实现农业农村现代化发展和实现乡村振兴提供了人力支持。现阶段我国在培养乡村人才队伍建设方面取得了一定的成效。

一是农业经营人才加快乡村产业发展。农业生产经营人才是能够引领一方、带动一片的乡村实用人才带头人，在乡村人才队伍中具有占有很大比例，是促进农业农村产业发展的重要力量。2017 年，将新型农业经营主体列入高校毕业生"三支一扶"计划，鼓励科研人员、产业技术专家以及农技推广人员到新型农业经营主体任职兼职，这一举措扩大了农业生产经营人才队伍的规模。截至 2023 年 10 月底，纳入全国家庭农场名录管理的家庭农场近 400 万个，依法登记的农民合作社 221.6 万家，组建联合社 1.5 万家。全国超过 107 万个组织开展农业社会化服务，服务面积超过 19.7 亿亩次，服务小农户 9100 多万户。① 乡村地区的农业生产规模以及生产经营带头人与过去相比规模有所扩大。同时在加快培育高素质农民的号召下，截至 2023 年，我国累计培育 900 多万人次高素质农民，高素质农业生产经营人才数量较过去相比有所增加，并且已经成为推进现代农业发展

① 中华人民共和国中央人民政府：《新型农业经营主体保持良好发展势头》2023 年 12 月 19 日，https：//www.gov.cn/lianbo/bumen/202312/content_ 6921803.htm，2024 年 11 月 28 日。

的重要力量。

二是农村第二、第三产业人才为乡村发展增添新活力。农村第二、第三产业发展人才主要是指创新创业型人才、农村电商人才以及乡村手工业者等人才，这一部分人才队伍是带动乡村地区第二、第三产业发展的主要推动者。乡村地区最缺乏的就是具有创新精神的人才，因此国家大力鼓励和支持具有创新意识的人才返乡，共谋发展。2022 年，国务院印发的《"十四五"推进农业农村现代化规划》再一次强调支持各类人员返乡创业，鼓励各种乡村能手留乡创业。截至 2022 年底，全国各类返乡入乡创业人员数量累计达 1220 万人。[①] 据统计，返乡入乡创业项目中，55%运用信息技术，开办网店、直播直销、无接触配送等，打造了"网红产品"；85%以上属于第一、第二、第三产业融合类型，广泛涵盖产加销服、农文旅教等领域。

三是乡村治理人才为乡村和谐掌舵护航。乡村治理型人才主要包括乡镇党政人员、大学生"村官"、村党组织带头人以及农村社会工作人员等有关乡村治理问题的人才队伍，是提升乡村基层治理水平的重要依靠力量。中央组织部发布的最新党内统计数据显示，我国已有 488959 个行政村建立了党组织，覆盖率均超过 99.9%[②]，并且每个基层党组织都配备了专门负责人以及工作人员。同时乡村治理人才趋于年轻化，为了增强基层党组织活力，改善乡村治理人员队伍结构，培养更加优秀的后备力量，党中央较早地就出台了关于大学生"村官"工作意见，为乡村治理工作提供了强有力的人才支撑，截至 2020 年年底，全国累计选聘大学生"村官"53.7 万名，累计选派 300 多万名第一书记和驻村工作队员。

四是科技型人才为农业农村发展添砖加瓦。农业农村科技人才是推动实现农业农村现代化发展的骨干力量，是推动农业科技创新、科技成果转

---

① 常钦：《栽下梧桐树 引回"金凤凰"（乡村振兴，人才是关键②）》，《人民日报》2023年 2 月 17 日第 18 版。

② 中共中央组织部：《中国共产党党内统计公报》，《人民日报》2024 年 7 月 1 日第 4 版。

化应用的有力人才支撑。党的十八大以来，以习近平同志为核心的党中央统揽全局，对加快推进实现农业农村科技高水平发展进行了一系列的工作部署，为壮大乡村地区农业农村科技人才搭建各种现代化产业园区，给予一定的资金支持，鼓励科技人才实现农业科技成果的转化与创新。2023年，全国农业科技进步贡献率为63.2%，比2012年提升8.7个百分点，农业科技整体水平跨入世界第一方阵。核心种源"卡脖子"问题得到缓解，畜禽、水产核心种源自给率分别超过75%和85%，农作物良种覆盖率超过96%，对粮食增产贡献率达45%以上。[1]

五是公共服务人才为乡村发展提供有效支撑。乡村公共服务型人才作为乡村地区公共事业的服务人员，在乡村建设发展中起着至关重要的作用，我国也采取了相应的措施使其成为推动实现乡村振兴的主要力量。就教育这一层面来讲，党的二十大报告第五部分特别提出了教育在国家发展中的重要作用，首次将教育、科技、人才一体部署，充分体现了党中央对教育事业的高度重视和教育在中国式现代化中的重要地位，在科教兴国战略背景下，"坚持以人民为中心发展教育，加快建设高质量教育体系"[2]，为了提升乡村地区教育水平，促进教育公平，我国顺应乡村地区的发展要求，对乡村地区的教育先后进行了多次调整与布局，促进了乡村教育教学体制方面的创新发展，并且取得了显著成效。

然而，长期以来，乡村中青年、优秀人才持续外流，人才总量不足、结构失衡、素质偏低、老龄化严重等问题仍然存在，乡村人才总体发展水平与乡村振兴的要求之间依然存在差距。[3] 乡村人才总量供给不足以及人才队伍结构供给不平衡制约着我国农业农村现代化的进程，乡村人才资

---

① 国家统计局：《农业发展阔步前行 现代农业谱写新篇——新中国75年经济社会发展成就系列报告之二》2024 年 9 月 10 日，https://www.stats.gov.cn/sj/sjjd/202409/t20240910_1956334.html，2024 年 11 月 29 日。

② 习近平：《高举中国特色社会主义伟大旗帜 为全面建设社会主义现代化国家而团结奋斗——在中国共产党第二十次全国代表大会上的报告（2022 年 10 月 16 日）》，《人民日报》2022年 10 月 26 日第 1 版。

③ 吴梅芳：《全面推进乡村振兴人才队伍是关键》，《学习时报》2022 年 5 月 4 日第 A7 版。

源、结构、质量以及人才作用的发挥还远远不能满足乡村振兴战略的实施要求,加强乡村人才队伍建设的任务依然艰巨。

## 二 乡村人才发展困境

### (一) 观念认知层面

一是农村传统观念滞后影响当地人才队伍建设。"农民并不是一种职业,回乡创业是'大材小用'"等传统思维偏见在很大程度上影响了农村人才的整体建设。部分农村地区仍存在"读书无用"的思想误区,认为尽早参与社会劳动获取工作报酬和社会经验才是发挥个人能力,转化成经济价值的途径,由此造成农村辍学现象时有发生,影响着农村现有人才的发展。

二是价值追求难以实现。返乡人才往往怀揣着对乡村的美好憧憬和改变乡村的宏大理想投身乡村振兴事业。他们想象中的乡村是充满诗意田园风光、淳朴民风和无限发展潜力的地方。然而,当真正投入乡村工作后,发现现实中的乡村面临着诸多挑战,造成理想与现实的冲突。同时,许多人才在城市中接受了良好的教育,培养了专业技能和创新思维,他们渴望在工作中发挥自己的才能,实现个人价值。然而,在乡村环境中,可能由于产业结构单一、就业机会有限,青年难以找到与自己专业对口的工作岗位。这种心态使得青年在参与乡村振兴时缺乏内在动力和热情,难以全身心地投入乡村建设中。

三是当地政府对加强人才队伍建设的意识较为薄弱,没有认识到人才振兴在乡村振兴战略中的重要作用。一些地方经济社会发展速度较快,但在农村人才队伍建设方面投入仍然不足。对乡村干部等农村管理服务型人才的培养重视不足,农村生产经营型人才和专业技术型人才既无法真正融入农村,也无法为乡村振兴贡献自身力量。

### (二) 职业发展层面

一是乡村就业机会有限。与城市相比,乡村的产业结构相对单一,就业机会相对较少。尤其是在一些偏远地区的乡村,主要以传统农业为主,缺乏新兴产业和高端服务业，难以满足青年多样化的职业发展需求。这使得青年职业发展空间受限，在选择乡村就业时面临着较大的压力和挑战。同时，乡村可提供的平台资源有限，使得乡村人才无法施展自身创新创业能力。当前乡村面临青壮年人才尤其是具备文化素养与专业技能人群的严重流失，主要劳动力群体趋于老龄化。

二是职业发展路径不清晰。在农业生产领域，若未能形成规模化经营，则难以实现经济效益的显著提升，且农业生产领域的职业路径相对狭窄，难以满足乡村人才多样化、高层次的就业发展需求，限制了该群体在乡村的多元化发展与职业成长空间。在乡村，由于缺乏完善的职业发展规划和晋升机制，乡村人才在参与乡村振兴时往往面临着职业发展路径不清晰的问题：不知道自己在乡村能够从事哪些工作，未来的发展方向在哪里，如何提升自己的职业能力和水平。这种不确定性使得人才在乡村工作时缺乏安全感和成就感，容易产生迷茫和困惑。

三是薪资待遇和福利水平较低。乡村的经济发展水平相对较低，企业和单位的盈利能力有限，因此青年在乡村工作的薪资待遇和福利水平往往不如城市。此外，乡村的社会保障体系和公共服务设施也相对不完善，乡村生活条件较为艰苦，与城镇居民所享受的便利设施形成鲜明对比，部分青年难以适应乡村相对落后的公共服务，易产生心理落差，进而降低他们在乡村生活的满意度与舒适度，从而影响青年在乡村的生活质量和工作积极性。同时，乡村地区的工作内容繁复冗杂，工作条件艰辛，有时需要一个人承担多个人的工作，需要扮演不同的角色、执行不同的工作任务，这就使得部分人员在自身原有工作量的基础上又多出了额外的工作，但是其所获得的报酬却不能与付出的工作量成正比。

（三）能力发挥层面

一是理论与实践脱节。由于部分乡村人才对本地乡村发展实际状况认识不够充分，缺乏深入实际建设乡村的实践经验，在未进行乡村工作前，对于乡村工作的发展规划带有一定的主观性，脱离了乡村发展的具体实际。另外，缺乏专业的培训教育。现有的农民培养教育体系在一定程度上出现了理论与实践相脱节的现象,重理论而轻实践。我国不同地区的乡村具有不同的面貌,具有各自不同的发展特征,因此,对于农业人才的培养与教育没有固定的理论,必须因时因地开展教育培训活动,否则就不能很好地将所学的理论知识转换为推进农业农村进步的现实成果,使得自身的专业作用发挥不到位,很难发挥人才的真才实干。

二是科技成果转化困难。农村专业技术型人才的科研成果创新能力不足,且农村科技成果转化相对滞后,由此导致农业科研成果与农业生产实际需求存在脱节现象。农村人才自主创业、自我发展的能力较弱,许多人缺乏发展产业的资金,甚至连创业的本金都需要贷款支撑,产业发展的起点较低。同时,农村人才的社交圈较小,缺乏相应产业的人脉资源,只能在科技含量低、产业规模小、市场效益差的行业中进行成果转化,无法形成有市场竞争力的产业集群。

(四)社会环境层面

一是乡村基础设施不完善。农村交通、水、电、网、卫生等相应设施的建设,无法满足农村各类人才的生产生活需要。首先,农村在教育设施、教育环境方面与城市有比较明显的差距,师资力量整体来说低于城市水平。其次,农村公共医疗服务水平较低,缺乏先进的检查设备、优越的治疗手段和有经验的专业医生,医疗保障政策不完备,农村群众看病难、看病贵的现象更加凸显。

二是农村公共服务资源匮乏。国家用于农村公共服务的资金配套少,农村基层的公共服务依赖村级自治组织施行,而大多数村集体经济并不充足,维持日常运转已经是捉襟见肘,因此并不能在发挥公共服务相关职能中发挥有效作用,从而阻碍了农村管理服务型人才的发展。同时,教育、医疗、文化娱乐等方面的公共服务资源不足。这使得青年在乡村生活时缺乏良好的教育和医疗保障,也难以满足他们的文化娱乐需求。

三是乡村社会关系网络相对封闭。乡村社会关系网络主要以血缘、地缘关系为主,相对封闭和保守。乡村人才在乡村工作和生活时,可能会面临融入困难的问题。他们难以打破乡村原有的社会关系网络,建立起自己的社交圈子和人脉资源。这种封闭的社会关系网络也可能限制人才的发展机会和创新思维,使得他们在乡村工作时缺乏合作和交流平台。部分人才在乡村创业时,可能会因为缺乏当地的人脉资源和社会支持而难以获得资金、技术、市场等方面的支持。他们在与当地农民和基层干部合作时,也可能会因为文化差异和观念不同而产生矛盾和冲突。

(五)政策支持层面

一是政策宣传和引导不足。虽然国家和地方政府出台了一系列支持乡村振兴的政策措施,但在政策宣传和引导方面还存在不足。许多乡村人才对这些政策不够了解,不知道如何利用政策优势来参与乡村振兴。这使得政策的实施效果受到一定的影响,也限制了人才参与乡村振兴的积极性和主动性。部分乡村人才可能不了解乡村创业的扶持政策,也不知道如何申请这些政策福利。

二是政策落实不到位。自乡村振兴战略实施以来,为激发大学生、新生代农民工及退伍军人等青年群体的回乡创业热情,国家和地方政府相继颁布了一系列扶持政策,涵盖创业补贴、税收减免、创业贷款等多个方面。但是,受区域经济发展不均衡的制约,这些惠农政策及针对返乡青年的创业支持措施在地方层面存在实施滞后、配套不足的问题,具体表现为补贴力度有限、资金额度偏低及操作流程复杂,部分返乡创业人才难以有效维系创业项目发展,其政策效应得不到充分发挥。即使有一些乡村人才了解了相关政策,但在实际操作中,也会存在政策落实不到位的情况。例如,一些政策在执行过程中存在手续烦琐、审批时间长、资金拨付不及时等问题,使得人才在享受政策优惠时遇到困难。此外,一些政策的针对性和可操作性不强,难以真正满足青年在乡村振兴中的实际需求。

三是缺乏长效的政策支持机制。乡村振兴是一个长期的过程,需要持续的政策支持。然而,目前的政策体系中,缺乏长效的政策支持机制,难以保证人才在乡村振兴中的长期发展。一些政策可能只是短期的扶持措施,缺乏稳定性和可持续性。这使得人才在参与乡村振兴时缺乏安全感和信心，难以做出长期的规划和投入。一些人才在乡村创业时，可能会因为政策的变化而面临着经营风险。在乡村工作和生活时，也可能会因为缺乏长期的政策保障而感到不安。

### 三 乡村人才队伍建设与农业新质生产力的内在联系

#### （一）农业新质生产力促进乡村人才队伍建设

一是农业新质生产力为乡村人才队伍建设指引方向。农业新质生产力对人才素质提出更高要求，倒逼农业人才培养体系的创新和完善，为人才培育提供坚实支撑。在传统农业向现代农业转型的进程中，乡村人才作为乡村的引领者，首先需要在理念上与新质生产力所倡导的创新、绿色、高效、融合等理念相契合。

创新。农业新质生产力的本质是由科技创新主导的先进生产力，当前，新一轮技术革命方兴未艾，基因编辑、人工智能、第五代移动通信技术（5G）、区块链等新技术正在融入并引领农业变革。[①] 农业经历了机械化、化学化、信息化的串联式发展过程，现在已进入了智慧型、可持续发展的农业新阶段。理应积极把握这些新趋势，加大科技创新和政策支持力度，推动农业高质量发展，为保障国家粮食安全、促进农民增收和实现乡村振兴作出更大贡献，这是乡村人才队伍建设的一大方向。

绿色。新质生产力倡导绿色、低碳、循环的发展模式，既注重经济效益，又注重人与自然的和谐共生，能够提升乡村环境的整体质量，让人们更好地生存和发展。未来 30 年，在农业生产追求高产量、智慧化的同时，绿色和健康将是技术运用的必然趋势、市场竞争的自然选择。在提升智慧化生产水平的同时，要以绿色、健康的农产品满足消费者需求，以良好的农业生态展现农业生产"美丽田园"与现代化村镇的和谐统一。[②]

---

① 刘旭等：《面向 2050 年我国现代智慧生态农业发展战略研究》，《中国工程科学》2022 年第 1 期。

② 黄季焜等：《面向 2050 年我国农业发展愿景与对策研究》，《中国工程科学》2022 年第 1 期。

高效。用更少的资源和投入实现更好的产出和效益，着力提高农业全要素生产率水平是发展新质生产力的客观要求。通过将农业生产过程中所需人力、技术、土地等要素进行最佳配置，以低成本产出高效益，不断提升农产品供给质量，增添农业可持续发展动力，促进经济持续稳定增长。

融合。农业新质生产力的融合包括要素融合、产业融合、城乡融合等，耦合共生，忌孤军独进。要坚持以整体优化、协同融合为导向，促进城乡各要素的双向流动，积极培育多元化农业特色产业，打造生产、生活、生态"三生融合"的乡土小村、特色小镇等，提升产业附加值。

二是农业新质生产力创新乡村人才培育内容和方式。农业新质生产力的发展将引发农业产业与农业技术革命的加速推进，知识型、技能型、创新型的农业劳动者将成为未来农业发展的主体力量。[1] 而乡村人才的培育内容也将随之更新迭代，最新的农业科技知识、数字化管理技术、电子营销策略等应纳入培育课程，确保乡村人才能够掌握从事现代农业所需的综合技能。另外，农业新质生产力还包括农业数字化、智能化，相较于相对枯燥的传统授课制，数字化教育无疑是提升乡村人才职业素养的最优路径，未来乡村人才的培育将更多采用实践教学、虚拟仿真实验、在线学习等多种教学方式，增强培育的体验感与灵活性，围绕农业新质生产力涉及的多领域知识展开系统培训。

三是农业新质生产力发展为乡村人才队伍建设提供发展平台。农业新质生产力的提出对于乡村人才队伍的未来发展提出了新的需求与方向，也为各类人才施展才华提供了更为广阔的成长空间与发展平台。一方面，农业新质生产力的发展催生乡村地区人才队伍需求。随着新质生产力的提出，全党全社会都高度重视乡村地区的人才培养，将大量的资源投入乡村地区用于实现农业农村现代化，因此，地方出台了相应的激励政策，鼓励、吸引更多的人才到乡村地区实现就业、创业，扩大了乡村地区的

---

① 杨海华等：《农业新质生产力之于新农人培育的应然要求与实践路径》，《职教论坛》2024年第10期。

人才需求。另一方面，农业新质生产力的发展优化了人才队伍就业创业环境。新质生产力催生乡村新产业、新业态，为乡村人才拓宽经营增收渠道，同时，随着数字化、智能化场景的应用，乡村地区的基础设施、公共服务、社会保障等较以往相比得到了改善，乡村地区的村容村貌也发生了变化，生态环境也越来越宜居，为乡村人才提供了优质的就业环境。

（二）乡村人才队伍建设赋能农业新质生产力发展

新质生产力是人才引领驱动的生产力。作为一项系统工程和长期任务，发展新质生产力需要拥有大量具有较高科技文化素质、具备综合运用各类前沿技术能力、熟练掌握各种新型生产工具的新型人才。乡村人才通过创新驱动引领、人才培育带动、资源要素整合、产业融合发展等方面赋能农业新质生产力发展。

一是创新驱动引领。加快科技创新成果转化应用，是形成和发展新质生产力的重要支撑。发展农业领域的新质生产力，不仅需要研发创新，更需要推动科技成果转化应用，让科研成果成为改变农民生产生活方式的实用技术。乡村人才具备创新思维、专业知识和实践经验，熟悉现代生物技术、信息技术、工程技术等新兴领域，在推动科技创新成果转化应用中扮演着重要角色，将这些技术引入农业生产中，为农业产业带来新的发展机遇。另外，培育乡村人才能够为科技成果转化提供良好的外部发展环境。一方面，技术的采纳与扩散能够为科技成果的转化应用提供广阔的市场并创造显著的经济价值，这有助于激发科研人员的积极性。另一方面，乡村人才通过互联网、大数据等现代信息技术，可以拓宽农产品的销售渠道，提高农产品的市场占有率，对接农业成果与市场，拓宽科技成果商业化应用的渠道。

二是人才培育带动。乡村人才在农业领域的示范作用，有助于培养更多的新型职业农民。通过举办培训班、现场指导等方式，将自己的知识和技能传授给传统农民，提高农民的科技素养和生产经营能力。新型职业农民的出现，将改变传统农业生产中农民素质低、生产方式落后的局面，为农业产业结构的调整提供人才支持。另外，乡村人才还会利用自己的影响力和产业基础，吸引外部人才。通过提供良好的工作环境、发展机会和合理的待遇，吸引农业科技人才、管理人才和营销人才等加入乡村产业。同时，乡村人才与高校、科研机构等合作，开展农业科技研发和人才培养，为农业产业的可持续发展奠定基础。

三是资源要素整合。乡村人才能够优化要素组合，提高资源配置效率。对资源要素的配置能力主要体现在两个方面：农民之间的农地要素配置；农业生产活动中种苗、农药、化肥、农膜等劳动资料的配置。① 从传统的粗放式生产向精准化、智能化生产转变，实现了农业生产的可持续发展。在经营模式上，从传统的以家庭为单位的小规模经营向规模化、集约化、专业化经营转变，提高农业生产的效益和竞争力。生产方式和经营模式的改变为农业产业结构的调整提供了方向。通过要素配置的调整推动生产要素替代和生产方式变革，进而实现全要素生产率的提高。同时，乡村人才培育也促进了农业生产的社会化服务体系的发展，如农业机械租赁、农业技术咨询、农产品营销等服务的兴起，为农业生产提供了全方位的支持。

四是产业融合发展。乡村人才能够催生乡村新产业、新业态，提高生产效益，为增加农民收入注入新动能。农业不仅是单一的生产活动，还可以与农产品加工、物流配送、乡村旅游等产业相结合，延长农业产业链，提高农业附加值。一般来说，乡村人才具有较强的管理水平和市场意识，能够积极推动农业与第二、第三产业的融合发展。通过创新经营模式，将农业生产与农产品加工企业、电商平台、旅游公司等进行合作，实现农业产业的多元化发展。在生产环节上，随着创新能力、技能水平的提升。在农产品加工环节上，具备专业技能的乡村人才能够拓展精深加工、延长产业链，生产出质优价高的农产品，提升产品附加值。在销售环节上，具备市场意识的乡村人才能够更好地了解市场需求，并

---

① 郑兆峰、高鸣：《农村人力资本助推新质生产力：关键问题与政策优化》，《华中农业大学学报》（社会科学版）2024 年第 5 期。

据此制定有效的销售策略,拓展农产品市场,拓宽农产品销路。通过组织和管理农业生产、加工和销售等环节,协调各方利益,促进产业链上下游开展紧密合作,实现产业链协同发展,从而为更多的农民提供就业机会和收入来源。

(三)推动农业新质生产力与乡村人才队伍建设协同发展

1. 强基固本:优化顶层设计,完善基础设施

坚持党的领导是推进"三农"工作高质量发展的根本保证,正如习近平总书记强调的,"必须坚持党领导'三农'工作原则不动摇,健全领导体制和工作机制,为加快建设农业强国提供坚强保证"[1],要在以新质生产力赋能乡村人才发展的进程中进一步加强党对"三农"工作的全面领导。一是要对标发展农业新质生产力的目标任务,不断健全党领导农村工作的体制机制。将因地制宜发展农业新质生产力落到实处,推动农业现代化迈出新步伐。以数字赋能农村党组织建设,将党的组织优势转化为产业发展优势,提高基层党组织推动农业新质生产力发展的能力,不断提高各级党组织干部开展农业农村现代化工作的能力。同时要坚持绿色发展理念,加快发展绿色可持续农业,把保护生态环境和推动农业经济发展统一起来。二是完善农业基础设施建设。政府应当加大资金投入力度,完善现代化农业基础设施建设,实现农机服务全覆盖。灵活利用"农户+合作社"的利益联结体,鼓励分散的农户以合作社或村集体成员的身份进行农机购买。[2]从加强农田水利建设、提升农业机械化水平、改善农村交通条件、推进农业信息化建设以及能源建设等方面入手,为农业新质生产力的发展和乡村人才队伍建设提供良好的工作指导和基础保障。

2. 创新驱动:提高农业科技水平,实现技术与资源对接

新质生产力是农业关键核心技术攻关的重要代表,要发挥其内蕴力量对中国式现代化进行赋能,驱动产业深度融通创新,转化农业成果贡献。

---

① 习近平:《加快建设农业强国推进农业农村现代化》,《求是》2023 年第 6 期。

② 常艳花等:《中国农业现代化发展水平的动态演进及趋势预测》,《经济问题》2022 年第 5 期。

"当前农业科学技术创新的重点方向，是实施农业生物育种重大项目，实现粮油等主要作物大面积单产提升；统筹推进前端关键核心技术攻关、中端技术模式集成、后端适用技术推广，构建梯次分明、分工协作、适度竞争的农业科技创新体系。"① 一是要全方位提升农业科技自主创新水平，坚持科技自强，加大科研投入，深化农业技术的研发推广，提升农业的生产效率。加快攻关基因编辑、合成生物、生物质能、生物材料等前沿技术，加速突破智能控制元器件、农业数字模拟、农业传感技术、农业机器学习等关键技术，努力攻克一批现代农业"卡脖子"关键问题。加快推进种业向4.0时代迈进，加强种质资源保护利用，支持生物育种基础研究和前沿育种核心技术、种养关键技术研发，形成农业新品种、种植新技术，保障中药农产品稳定安全供给。② 强化涉农企业创新支持，统筹支农政策、财政资金、社会资本，支持企业成为农业科技创新重要主体，健全国家农业高新技术产业示范区、农业科技园区、农业科技先行县等农业科技产业体系，促进农业科技成果加快转化③，因地制宜提高技术的接受度、普及度和推广性。

二是政府部门、科研机构和农业企业应联合搭建农业新质生产力技术对接平台。整合农业科研院所、高校和科技企业的最新技术成果，让技术使用方与技术提供方进行密切交流和合作。运用数据要素多领域渗透、多场景应用、多主体复用的特性，拓展大数据、物联网、区块链和虚拟现实等先进信息技术对农业农村的渗透广度和应用深度，深入推进农业数智化和农村数字化，以数据生产力创造新质态价值。④ 发挥数字的融合效应，推进自然环境、市场与农业生产融合应用；发挥数字的连接效应，通过电子商务、平台经济、共享经济、直播经济等，推动生产主体和加工主体、流通主体、销售主体之间数据联通和利益共享，实现生产和消费精准匹

① 孔祥智：《把农业建成现代化大产业》，《光明日报》2024年3月5日第14版。
② 毛世平、张琛：《以发展农业新质生产力推进农业强国建设》，《农业经济问题》2024年第4期。
③ 庄天慧、王克冬：《发展新质生产力建设农业强省》，《四川日报》2024年3月25日第12版。
④ 姜奇平：《新质生产力：核心要素与逻辑结构》，《探索与争鸣》2024年第1期。

配、供给和需求精准对接。

3. 要素协同：创新要素配置，推动城乡融合发展

农业高质量发展需要创新要素组合方式，通过市场驱动主导和政府因势利导，激活新型农业经营主体，推进农业适度规模经营。同时，要处理好生产力发展和小农发展的关系，推进小农与现代农业有机衔接和共同发展。一是凝聚新质劳动者、新质劳动资料和新质劳动对象的三要素合力，实现农业劳动者、劳动资料、劳动对象及其优化组合的质变。关于劳动者，要按照发展新质生产力要求，加强农业与教育、科技、人才更紧密、更高效、更高质量的循环互促。"培养有文化、懂技术、善经营、会管理的高素质农民和农村实用人才、创新创业带头人。"① 既要强化基础研究，培育涉农战略型科学家、领军人才，也要紧跟产业需要，优化高校学科设置和培养模式，培养掌握和运用新技术新理念的创新型人才、科技型企业家、现代农业经营主体带头人，还要加强农技人员、职业农民、家庭农场主等培训，建设新型农业生产者队伍。关于劳动资料，要扩大物联网、卫星遥感等新技术在农业领域的应用规模，加大农机装备的投入力度。关于劳动对象，要充分利用数据这种新型生产要素，推动农业劳动对象数字化。

二是要发挥新质生产力的技术优越性提高资源配置效率，建立健全城乡要素合理流动机制。新质生产力有助于弥合城乡发展间的差距，为新时代的乡村治理注入发展活力。促进各类要素更多向乡村流动，在乡村形成人才、土地、资金、产业、信息汇聚的良性循环，为乡村振兴注入新动能。把握好农业和非农、乡村和城镇、经济和生态、物质和文化、政府和市场等诸多关系，构建生产要素、资源要素、市场要素和社会要素等协同作用机制。

---

① 全国人大常委会办公厅：《中华人民共和国乡村振兴促进法》，中国民主法制出版社 2021 年版，第 9 页。

# 第三节　浙江省乡村人才队伍建设

2003 年，时任浙江省委书记习近平同志用两个"严重"描述当时的情况："我省的人才资源总量还严重不足""高层次人才、高新技术人才、青年人才严重缺乏"。同年年底，全省首次人才工作会议召开，会上明确，要大力实施人才强省战略。习近平总书记亲自部署实施"千万农民素质提升工程"，锚定千万农民素质提升，构建起"省级农民大学、市级农民学院、县级农民学校、乡村田间学校和实训基地"乡村人才培养体系。

20 年来，浙江省坚定不移沿着习近平总书记指引的路子，坚持把乡村人力资本开发放在首要位置，从"加快建设人才强省"到"高水平建设人才强省"，再到明确把"人才强省、创新强省"作为首位战略，浙江始终将人才强省战略嵌入高质量发展的基因。① 20 年间，全省人才总数增长超千万，浙江人才引进数量、新增就业大学生人数、营商环境满意度排名等，均居全国前列。近 10 年来，全省累计培训农村各类实用人才 280 万人次，乡村人才总量达 225.9 万，带动发展"地瓜经济"2000 亿元，"农民创业就业"已成为浙江"三农"的一张金名片。②

## 一　相关工作举措

### （一）壮大乡村人才队伍体系

聚焦乡村发展、建设和治理实际需要，2024 年，省委"新春第一会"聚焦全面加强"三支队伍"即高素质干部队伍、高水平创新型人才和企业家队伍、高素养劳动者队伍建设，将现代"新农人"培育纳入"三支队伍"总体部署，出台了《现代"新农人"培育行动实施方案（2024—2027

---

① 陆乐：《浙江"新春第一会"，为何聚焦人才》，《浙江日报》2024 年 2 月 19 日第 7 版。
② 徐刚等：《培育现代"新农人"打造以人才振兴引领乡村全面振兴的样板——访浙江省委农办主任，省农业农村厅党组书记、厅长，省乡村振兴局局长王通林》，《农村工作通讯》2024 年第 9 期。

年)》,提出聚力农业生产经营人才、农业农村科技人才、乡村经营管理人才、乡村电商促富人才、乡村文化艺术人才、乡村农旅发展人才、乡村实用技术人才、乡村规划设计人才、乡村数字化人才、乡村社会治理人才等"十路"人才引育。全力构建千名"浙农英才"、万名乡村产业振兴"头雁"、十万农创客、百万现代"新农人"的"1111"乡村人才矩阵。

一是育精千名"浙农英才"。实施"浙农英才"计划,依托农业关键核心技术攻关等平台,加速培养遴选一批高层次、创新型农业农村技术人才、科研骨干和创业创新带头人。到2027年,遴选培育浙农杰出英才200名,浙农青年英才800名,蓄势赋能乡村建设发展。

二是育强万名乡村"头雁"。实施乡村产业振兴带头人培育"头雁"项目,支持各地培育一批能够引领一方、带动一片产业振兴的头雁队伍。预计到2027年,全省培育乡村产业振兴"头雁"1万人以上,平均每个涉农县培育"头雁"100名以上,形成"头雁"领航、群雁齐飞的格局。

三是育优十万农创客队伍。深入实施农创客培育工程,健全农创客培育、认定和评价标准,推动农创孵化体系建设县域全覆盖,全维度构建农创客成长成才通道。到2027年,全省累计培育农创客10万名以上,建成农创园100个以上,全面激发农创客的创新创业活力。

四是育成百万现代"新农人"队伍。制定现代"新农人"培育行动方案,实行清单推进、动态调度、实绩考核、年度述职的闭环管理,推动现代"新农人"队伍快速壮大、结构持续优化、素质不断提升。到2027年,全省"新农人"总量达到100万人以上,占农业从业人员比重超20%。

浙江针对乡村人才队伍展开系统性迭代重塑,"把乡村人才培育的着力重点,放在一个金字塔形的队伍中。顶部是育强万名乡村'头雁',中部是育优十万名'农创客',底部是育成百万名'新农人'"。这个金字塔形结构的新农人群体,将深深扎根千万农民群体当中,充分发挥带动引领作用。

(二)重塑乡村人才培育体系

一是重塑高素质农民培训体系。编制乡村人才图谱,迭代全链条数字化管理平台，完善高素质农民培训机构管理制度，健全机构准入、认定、评价和退出全周期管理机制，重点打造 100 家高水平培训机构，梯次构建省级农民大学、市级农民学院、县级农民学校、基层农民田间学堂"四位一体"现代化培训平台。到 2027 年，高素质农民年培训能力达到 200 万人次以上。

二是完善现代农业职业教育体系。推进高校、大中专院校涉农学科专业优化提质，加快涉农院校回归"三农"人才培养主责主业，支持鼓励职业学院培育乡村振兴急需紧缺人才，重点支持 50 所乡村振兴优质校建设。建优建强农业农村高层次人才省级培养基地。深化产教融合，加强校企合作，大力开展适应农民就业创业和新职业新业态的职业教育。

三是健全现代"新农人"创业孵化体系。聚焦创业孵化，依托现代农业产业园、农业产业强镇等产业平台以及专业市场、农民合作社、农业规模种养基地等，整合建设一批具有区域特色的农创平台，建成农创园 100个、农创客共富基地 500 家，实现农创孵化体系建设县域全覆盖。推进建设 100 个现代农业产业园、50 个农业产业强镇，推动建设一批大学生创业园、青农飞地和科技小院等现代"新农人"创业孵化平台。建成以十万农创客培育工程为引领，以现代"新农人""四链"融合发展集聚区为支撑的全链条孵化体系。

四是建强现代农技推广体系。深化基层农技推广体系改革，实施基层农技人员素质提升工程，每年培训基层农技人员 6000 人次。启动新一轮基层农技人员定向培养计划，探索建立"县聘乡用"机制，落实基层农技推广力量。到 2027 年，实现每千名农业从业人员至少拥有 4 名农技推广专业人才。

（三）创新乡村人才招引机制

一是拓宽人才入乡渠道。定期发布急需紧缺人才目录，全面推行组团式引才模式，建立百县百场招才引智、百校百园培树提质、百团百企联结赋能乡村人才"六百"引育机制。推动乡村振兴智库联盟县域全覆盖，支持和鼓励科技人才通过项目合作、专家服务、兼职挂职、入股合作等方式为乡村振兴提供智力服务。

实施"千名乡村 CEO 培养计划",培育 1000 名以上有志于从事农村集体经济经营管理的返乡入乡青年成为乡村职业经理人,引导头部平台企业开展营销推广、技术服务、品牌培育等创业支持。每年遴选一批乡村创业项目,以"揭榜挂帅"等形式引进农创客(团队)进村创业,鼓励农村集体经济组织和职业经理人构建紧密型利益联结机制。

二是招引高层次人才。聚焦生物育种、现代农机装备与数字农业、高效生态种养业等领域,分类分档确定紧缺岗位清单,"一事一议"引进全球青年顶尖人才(团队),对入选省领军型创新创业团队的,给予补助。引进农业农村链主型骨干型创新型企业,省财政给予激励资金。对高层次青年人才在乡村创办的企业或领衔的重大项目,在项目落地、科技研发、知识产权、投融资等方面给予一揽子支持。鼓励有条件和有需求的地区推行"乡村合伙人"模式,面向全球招募有实力、有情怀、有想法的企业家、创业团队、致富带头人。

三是加大人才返乡激励力度。一方面,扶持青年返乡入乡创业。鼓励返乡入乡创业青年创办家庭农场、农民专业合作社和农业企业,并给予一定的创业就业补贴。联动高校共建农创客后备军培育联盟,每年开展"农创客进高校活动",通过定向培养、专场招聘、实训实习、基层锻炼等多种形式,吸引高校、大中专院校毕业生成为农创客。另一方面,对到涉农企业就业的高校毕业生给予就业补贴,对吸纳高校毕业生的农民专业合作社、家庭农场、农业社会化服务组织等新型农业经营主体给予吸纳就业补贴。

(四)健全乡村人才评价激励机制

一是在职称晋升上,强化"论文写在大地上"导向,优化教育、卫生、农业、林业等领域乡村一线单位高级专业技术岗位结构比例,深化涉农职称评审制度改革,完善农业经营人才经济系列高级职称评价标准,打破学历、资历等壁垒,支持农民申报高级职称,让更多"土专家"拥有"真头衔",让农民也能当"教授"。

二是健全多工种农业职业技能等级认定制度，定期举办乡村创业大赛、职业技能竞赛等，完善乡村人才"以赛代评""以赛代训"机制。滚动开展"金牛奖"、"青牛奖"、最美"新农人"等评选活动，对获得称号的青年人才和落地并实施转化的优秀创业项目给予支持，对创业能力强、带动效果好的优秀典型按规定予以褒扬激励。

三是建立健全现代"新农人"认定标准和评先机制，按照规定褒扬激励、选树推介一批先进典型。推动各级劳模和先进评选、"两代表一委员"推荐向乡村人才倾斜。针对不同类型、不同层次人才开展分类评价，加快构建"浙农英才""头雁"、农创客、"新农人"梯度推进的乡村人才认定标准、评价机制和培育体系，实行乡村振兴人才库管理。

（五）完善乡村人才服务保障机制

一是搭建乡村人才创业就业平台。聚焦产业链、创新链、资金链、人才链，着力打好以产聚才、以才兴产"组合拳"，推动"四链"深度融合，形成以30个乡村人才振兴先行县为引领、100个"四链"融合发展集聚区为支撑的先行发展格局。聚焦科技创新，加快建设水稻生物育种全国重点实验室、湘湖实验室等科创平台，建成省级"浙农英才"工作站120个、科技小院120家、农业企业研究院80家。聚焦增值服务，建立健全乡村"十路"人才发展联盟和农创客发展联合会等服务组织，引导支持各地建设一批人才驿站、青年之家和乡村工匠工作室等，为人才就业创业提供项目孵化、资金对接、政策咨询等一站式服务。持续深化党建联建促共富，以促进技能劳动型增收为重点深化"共富工坊"建设，

二是建立健全乡村人才金融、用地、用能组团式服务机制。加强乡村综合金融集成服务，建立乡村金融服务专员制度，织密金融助农促富网络，创设"新农人"专项信贷产品，推进政策性新型农业经营主体综合保险试点扩面，每年安排不少于5%新增建设用地指标用于乡村重点产业和项目，优先支持乡村人才创业项目。

三是在待遇保障上，提升乡村振兴领军人才待遇，加大乡村人才参加城镇职工养老、医疗、购房、子女入学等社会保障力度，建立健全"浙农

英才""头雁"、农创客等乡村振兴领军人才待遇保障机制。

## 二 典型案例分析

近年来,安吉县紧紧围绕"招引十万青年大学生"第一战略目标,全面掀起"千村运营、万人入乡"热潮。① 该县相继出台《关于高水平打造人才生态最优县高质量助推新时代"两山"试验区建设的实施意见》《安吉县支持大学生就业创业八条政策》《安吉县"两进两回"乡村人才振兴实施方案》《关于优化安吉县支持大学生就业创业政策的意见》《青年入乡发展规范》等相关政策文件。通过提升乡村人居环境、基础设施、公共服务、文化风尚、融合治理五大能级,触发乡村产业、人才、运营三大革命,实现新经济、新产业、新青年"三新汇聚",推动科创型制造业、爆款型新文旅、总部型新经济进乡入村,促进一二三产融合发展。截至目前,该县已建立全国首个县级"青创学院"、53 个青创空间;累计吸引青年入乡就业创业 5 万余人,带动常住人口增加近 10 万人,安吉的含"青"量、含"乡"量不断攀升。

### (一) 建设承载人才的产业集群

一是持续升级传统产业。拓宽生态产业化渠道,推动乡村产业升级、提档,巩固安吉白茶、竹产业,提升农文旅产业,打造"千家乡宿""百村万帐"、咖啡经济等业态,积极推广"长三角露营天堂"品牌,全县共有民宿 1800 余家,连续五年位列全国县域旅游综合实力百强县榜首。

二是积极开拓新经济新产业。安吉县积极推进百人村、千人园、万人城的建设,吸引高科技制造业、新型文旅和总部经济等多种行业落地,建立更加现代化、更具竞争力的乡村产业体系。安吉近年来共引进 56 家新经济企业,并实现 10 家企业上市,为 3000 多名青年提供了就业机会,构建了良好的就业生态。

---

① 浙江省委农村工作领导小组办公室:《浙江省安吉县:让乡村成为青年创业首选地》,《农村工作通讯》2024 年第 15 期。

（二）搭建服务人才的平台资源

一是构建创业空间。安吉推广"全球合伙人""数字游民公社""大自然工位"和"1+2+X"高校实习实践等创新模式，系统构筑"城、区、园（楼）"梯度青创空间体系，累计建成青创场地25万平方米，青创空间53个，青创人才驿站5个，引育青创项目488个。进一步完善县乡村"农创天地、乡创空间、村创基地"三级平台，重点打造"乡创基地试点""乡村工作室""首席专家工作室"等乡村引才聚才载体，鼓励在项目中建基地，在基地上聚人才。

二是改革赋能资源。强化改革赋能，创新开展"两入股三收益"承包地改革、"两退出三保障"宅基地改革、"两承诺三带动"标准地改革，把乡村"沉睡"的存量资源资产与青年人才的创意和理念结合起来，形成新的经济增长点。

三是赋能人才成长。为了有效提高青年的综合素质与职场能力，安吉县建立了全国首个县级"青创学院"，专注于乡村运营所需的实用技能培训。"青创学院"以"1+10+N"的课程体系为支撑，自开班以来，已培训了1100余人，覆盖10个省份17个城市，成为培养全国大学生乡村振兴人才的摇篮。同时，安吉连续两年举办全国大学生乡村振兴"三创"大赛，吸引了来自389所高校的参与，其中52个项目成功落地安吉，为乡村振兴注入了新的活力。

（三）出台保障人才的政策体系

一是强化政策吸引。以解决入乡青年现实需求为着力点，推出补贴直达快享、创业无忧担保、场地免费提供等举措，发放创业担保贷款2.9亿元，实现人才按月领取就业、创业、租房三项政策补贴。以解决青年住房问题为切入点，按照零首付购房、零压力创业、零负担安居的原则，创新推出"共有产权住房"4000余套，582名青年人才申领购房凭证。

二是拓宽引才渠道。构建"县领导+产业链+平台+国企+基金"招商引才协同模式，强化76个"尖刀班"、6支招才特战队联动作战，统筹首席人才发现官、企业HR协会、高校引才大使三支队伍资源力量投入招才引智一线。创新举办首届"两山杯"全国大学生乡村振兴创新创意创业大赛，共吸引国内各大高校 916 支团队 5404 人报名参赛。

（四）提供吸引人才的生产生活环境

一是打造最美生态环境。安吉余村是"两山"理念的发源地，目前安吉已入选 2023 年浙江省县城承载能力提升和深化"千村示范、万村整治"工程试点县。推出《安吉县新时代美丽乡村人居环境长效管理标准》，以打造青年人向往的"推窗见绿、出门见景"的理想之地为要求，持续巩固美丽乡村建设基础。

二是创造创新工作环境。安吉将山水林田湖等自然资源与文化礼堂、咖啡馆、民宿、创业平台等各类空间整合打造成大自然工位，在全县布局 40 余个露营基地和 300 余家乡村咖啡馆，让乡村成为年轻人居住、出游、工作可随时切换的友好空间。推出"全球合伙人"计划、DNA 数字游民公社等新集群模式，把工位搬进风景画里，实现"在旅行时办公，在风景里成功"。

三是营造最佳人文环境。安吉持续推动乡村治理与乡村建设、乡村经营、数字乡村的结合，全面构建了党建引领有力、部门合力共进、乡村创新有为、农民主动参与、社会积极响应的乡村治理格局，为青年入乡提供了文明、和谐、开放、包容的乡村"软环境"；同时，聚焦入乡青年吃、住、行、游、购、娱，积极推出共享食堂、网红业态等配套，发放青年人才专属消费券，成立 52 个青春社团，常态化开展"青春社团""缘定安吉"等活动，进一步增强留安青年的认同感和归属感。

# 第四节　浙江农林大学"头雁"培养概况

乡村振兴，关键在人才，核心是产业。推进乡村全面振兴，实现农民农村共同富裕，迫切需要建设一支规模宏大、结构合理、素质优良、作用凸显的农业农村人才队伍。"头雁"作为乡村人才队伍中的重要成员，既是美丽乡村蝶变的践行者，也是推动农业新质生产力发展的先锋队，是具有现代农业发展新理念、掌握团队管理新方法、熟悉农业产业化经营新模式的产业振兴带头人。

作为"头雁"培养的部省级单位之一,浙江农林大学牢记习近平总书记"以立德树人为根本,以强农兴农为己任"的殷切嘱托,深化运用浙江"千万工程"经验,秉承"相聚一年、相守五年、相伴终生"的培育理念,通过实施"一个中心、两个强化、三位一体、四学融合、五措并举"的"12345"培育模式,形成乡村振兴产业带头人培育的终身教育体系。

三年来,在农业农村部和浙江省农业农村厅悉心指导下,浙江农林大学已从农业企业、合作社、社会组织等多个领域选拔出具有创新精神、实践能力和领导潜力的优秀"头雁"和"乡村CEO"学员800名,初步形成了"头雁领航、金雁护阵、群雁齐飞"的培养效益,为浙江省在中国式现代化进程中"勇当先行者、谱写新篇章"贡献力量。

## 一 基本做法与培养经过

(一) 一个中心:坚守"立德树人"中心使命,赋能"头雁"思想基础

学校积极响应国家号召,将立德树人理念贯穿于乡村产业振兴带头人培育的全过程,致力于构建终身教育体系,为乡村振兴提供坚实的人才支撑,推动乡村育才事业不断迈上新台阶。

一是成立浙江农林大学校友会乡村产业振兴带头人分会,设立"兴农基金",支持学员间交流互学、共享资源平台、产品助销促销等活动开展。二是成立"头雁临时党支部",结合庆祝中国共产党成立103周年开展集体宣誓活动,编诵"把论文写在大地上",推出"新农人的三篇稿"。三是组织"田间微党课",开展"与乡村人才对话"访谈活动,制作《初心》思政微课访谈材料10部,引导更多人才到乡发展、为村服务,增强"三农"情怀。四是开发"新农人"终身教育数字教学平台,利用数字化、网络化手段,为"头雁"学员们开放乡村人才实用技术学习资源库,吸引更多的农业人才参加学习,更好营造全民学习的氛围。

（二）两个强化：强化组织建设与成长赋能，提升"头雁"发展活力

学校注重"头雁"培养质量，实施精细化日常管理，确保"头雁"队伍的高效运作与持续发展，为"头雁"提供更为广阔的发展平台与资源支持，激发学员的创业激情和创新精神。

一是创造性组建"公司化"班委，汇集同窗力量。形成了紧贴学员发展需求的班级组织架构，有效发挥学员骨干在学校和学员之间的桥梁纽带作用。由班委研制班级工作计划，负责组织落实本班学员的需求调研、分组研讨、成果分享等事务，赋能"头雁"IP，设立"头雁护照"与"VIP卡"，组织学员通过"头雁"培育管理系统对培育工作的组织、实施、实效、支持等方面进行全面评价，并评选出优秀学员和优秀导师。特别是，2023年学员满意度评价综合得分高达99.9分，全国考核获得优秀。

二是创新性建立产业"矩阵联盟"，延长产业链条。集聚学员间的资源和力量，拓宽销售渠道。同时，通过组织头雁学员跨省互访考察，开展了浙闽、浙赣、浙川、浙皖、云浙、疆浙等头雁学员互动交流活动，在更大范围发挥示范效应，增强"头雁"产业振兴效能。三年来，学员共同携手，先后建立了"茶叶、蜜橘、红美人、竹、粮油、石斑鱼"等产业矩阵联盟，形成"头雁优品"嘉年华品牌，累计年增加经济效益5000万元以上。

（三）三位一体："培训+技能+学历"，夯实"头雁"成长增值服务

学校注重人才培养的多元化与实效性，通过落实"学分银行"、建立技能绿色通道、提升学历、推进"产学研用"一体化等一系列措施，有效整合资源，保障"头雁"人才培养效果。

一是有效实施"学分银行"管理办法，对完成学业者，折合学历教育学分存入"学分银行"，通过学分互认机制，打通农民、大学生、企业家的身份互换平台，提升人才培养赋能成效。

二是有效依托学校省级农业职业技能认定工作站，根据"头雁"学员需求提供职业技能提升服务，并组织相应学员参加农业经理人等职业技能水平认定。

三是充分发挥高等学历继续教育培养的平台优势，为学员们提供丰富的学历提升专业选择方案，构建知识能力培养与学历提升同行、理论教学与实践应用并进、学历继续教育和非学历教育互通的增值化培育服务。以2023年为例，"头雁"班学员中实现学历提升42人，获得相关职业技能等级证书121人。

（四）四学融合：拓展培养新路径，精准服务"头雁"人才发展需求

三年来，学校以人才培养筑牢乡村发展之基，以科技创新驱动产业振兴新篇，实行"百博联百雁"行动，实现精准帮扶和个性化教学，成功培育出一批批高素质、高技能的乡村振兴领头人。

一是集中授课"系统学"。开展一个月集中学和专题学，系统学习乡村运营的基本理论和专业知识，乡村运营相关发展趋势，引入"头雁直播室"实操课程，为学员们互动交流、产品推介等提供技术支持和精准服务。

二是线上自选"精准学"。开设了宏观政策、财务与法律、项目制定、团队管理、目标控制、项目维护与推广、资源发包、物业出租、居间服务、经营性财产参股等模块课程，供学员自主选学。

三是驻村实训"深入学"。入驻创业导师或典型特色村，提升资源摸底、产业定位、活动策划、品牌建设等系统化运营实战技能。

四是导师指导"贴身学"。依托学校科技特派员制度，为学员配备强大的专业导师和运营创业导师团队，实行"双师帮带"，提升结对成效。

（五）五措并举：创新工作举措，持续增强"头雁"领航辐射效应

学校致力于构建多元化、全方位的学习交流与展示平台，为"头雁"们提供展示自我、分享经验的机会，更为他们与高校人才、企业资源搭建精准对接的桥梁，促进培训与产业的协同发展。

一是创设"头雁学员上讲堂"。组织"头雁"优秀学员走进大学讲台以案说课、以己为例，分享交流他们的"三农"创业情怀、奋斗历程、人生感悟等，打造鲜活的"田农"思政课。

二是创立"头雁之家"联络站。构建"头雁之家"学校总部，并在"头雁"学员所处的11个地市建立"头雁"之家联络站并授牌，让各地

"头雁"都能找到自己的"娘家",快速形成区域性发展效应,有效带动身边的农户更好创收致富。

三是创办《头雁》期刊。学校和头雁班委合力创办了《头雁》杂志(刊号 Z014),期刊包含"党建引领""学习动态""头雁风采""导师风采""头雁之音""学员课堂"等多个专栏。

四是举办"头雁之夜"晚会。为呈现创业故事、展示学习成果,搭建交流平台,学校新创"雁助乡村——共富有我 2024 年'头雁之夜'"专场晚会,社会反响强烈,线上直播观看 3.03 万人次,点赞超 10 万+。

五是举行"头雁"校园招聘会。为促进人才与企业的精准对接,学校特别组织"头雁"企业家与高校人才专场招聘会,参会头雁企业 30 余家,参聘学生 200 余人,有效形成"雏雁"齐聚方阵。

## 二 培养成效与社会评价

### (一)综合成效显著

一是人才培育成果丰硕。自 2022 年"头雁"项目实施以来,依托学校优质资源和平台,顺利完成了 2022 年 200 人、2023 年 200 人、2024 年 400 人的培育任务,共计培育了 800 名乡村产业振兴带头人。这些带头人不仅学习了新知识、新技能,提升了思维眼界和个人能力,还扩大了人脉圈,获得了优质资源扶持,解决了企业发展面临的瓶颈问题。例如,学员葛晨的"低碳时代农业花卉产业发展策略研究"课题荣获科研成果一等奖。

二是示范引领作用突出。学员们学成返乡后,积极发挥"头雁"作用,团结引领周边农民学技术、学管理、闯市场,带动更多人走向共同富裕。其中涌现出了一大批先进模范人物,学员骆遥获第六届全国农业行业职业技能大赛农业经理人赛项二等奖,学员方泳荣获浙江省 2024 年"千万工程"讲解员比武大赛一等奖,还有多位学员荣获浙江省"新农匠"、浙江省"乡村工匠名师"等称号。

三是产业带动绩效显著。"头雁"们通过产品市场和产业链带动"群雁"发展,形成了多层次传递机制,最终形成了乡村产业"雁阵",实现了"雁阵齐飞"的乡村产业振兴。通过学校的争帮、导师的助帮、学员的互帮，通过传播先进的生产技术和管理经验，带动了学员的产业种植养殖、加工与销售，有效提高了农业生产效益和产品质量，推动了乡村经济的持续增长。

（二）社会反响热烈

一是政策支持有力。农业农村部和财政部联合启动了乡村产业振兴带头人培育"头雁"项目，并将其作为新形势下加强乡村振兴人才队伍建设的重点工作。学校高度重视"头雁"培育工作，通过政策扶持、资金投入等方式，大力支持"头雁"培育工作。

二是社会认可度高。近年来，"头雁"学员典型事迹受到中央电视台、《光明日报》《人民日报》、学习强国等20余家主流媒体近百次报道；学校受邀参加2024年全国乡村人才工作会议，并在2023年度全国"头雁"培育工作总结大会中进行案例分享，得到与会专家的高度肯定；在2023年度"头雁"项目验收中荣获优秀。

三是后续发展良好。随着"头雁"培育工作的深入推进，广大农民对学校"头雁"们的引领和带动作用表示高度认可和积极支持，也吸引越来越多的高素质农民加入这一行列中来，与"头雁"们共同进步，不断提高自己的生产技能和管理水平，为乡村产业振兴贡献力量。

## 三　培育展望与规划

学校坚持党建引领，促进党建与培育业务相融合，通过优化培育体系、强化质量监管、深化专业优势等措施，高质量推进乡村振兴带头人"头雁"培育工作。

（一）实现培养与成长"融通"

一是争取全国首个"乡村运营自学考试本科专业"，解决乡村运营人才培养缺系统、渠道窄问题。

二是推广"农业经理人"职业工种等级认定，与农业农村部共同开发"乡村职业经理人"国家新职业工种，为乡村振兴人才提供职业化的认证机制。

三是申请"专、本、硕"一体化的涉农人才学历提升项目，不断满足农业农村现代化进程中乡村人才的专业技术提升需求。

(二) 强化平台与资源"融汇"

一是筹建"浙江省乡村运营协会"。通过建立专业的乡村运营平台，发挥资源整合、信息交流、技术支持等作用，促进乡村资源的有效利用，为乡村可持续发展注入动力。

二是建强乡村共富研究所。在做深做实培育工作的同时加强理论总结和科学研究，系统总结凝练我校在头雁培养中的经验做法和思考研究，牵头出版《农业新质生产力与"头雁"实践》《乡村运营管理》等教材。

三是打造"产业+运营"的联动平台。推动"乡村产业振兴带头人"与"乡村运营师"抱团发展，实现产业与运营的紧密联合，全面拓展市场渠道，持续提升产品附加值。

(三) 注重组织与学员"融合"

一是建强省级"头雁之家"工作站。有效整合历届"头雁"学员、乡村运营学员、校科技特派员、地方校友等资源，组织化、制度化、常态化开展"头雁"之家专题活动，解决学员间交流互动和资源对接难问题。

二是全面推广"头雁"省际交流。拓展江西、四川、云南、新疆、山东、福建、安徽、江苏等多省"头雁"考察互访。以面对面交流学习、实践考察基地、多元商业资源互动等平台资源，解决跨区域农产品销售和上下游市场对接难问题。

三是坚持实现"头雁带新雁"目标。举办"新雁"人才专场招聘活动，促进就业与人才对接，助力乡村建设人才储备，解决大学生入乡难和农业企业人才招聘难问题。

未来，学校将坚守初心，不断深化"头雁"培育工作，努力扩大"头雁"队伍规模，提升其引领乡村产业升级、促进农民增收的实战能力，形成强大的示范效应，进一步激发乡村发展的内生动力，推动乡村振兴战略向纵深发展，最终实现农业强、农村美、农民富的美好愿景。

案 例 篇

# 第五章　数字农业：农业农村现代化新引擎

## 第一节　农业生产中的大数据管理

【案例1】

### 桃源村里种下创业梦

——访杭州临安爱咯禽业总经理　葛雯

**"头雁"简介**

葛雯，1983年出生，毕业于浙江农林大学，后进修澳大利亚经济管理学专业，高级畜牧师。现任杭州临安爱咯禽业有限公司总经理、云彩农业创始人、杭州市临安区新农人联合会会长、临安区第十七届人大代表。2016年，她返乡女承父业投身畜牧行业，曾入选第三批全国农村创业优秀带头人典型案例，并被多所高校及机构聘为创业导师。

**【案例要点】农业数字化**

农业数字化，是借助计算机等现代信息技术实现数字化、网络化、自动化管理的现代农业模式，以全球卫星定位技术、地理信息技术、遥感技术、农业模型技术、计算机网络技术和虚拟现实技术等为支撑，涵盖各类涉农数据库建设、元数据标准建设、农业监测系统建设、农业模型建立、预测决策系统建设等。其通过整合各类数据库，实现对农业生产与销售全环节的预报、监管监测、统计分析及研究等。农业数字化转型旨在在计算机和互联网技术的助力下，实现生产流程与技术的有机整合。① 随着 5G、大数据、云计算等技术发展，农业数字化成为趋势。自 2017 年起，数字经济多次纳入政策议程，强调农业现代化与乡村振兴。农业数字化不仅是技术革新，更是思维转变，带来机遇的同时也伴随着挑战。

农业数字化可以从多方面推动农民增收，拓宽农产品销售渠道，降低交易成本，增加创业与就业契机。在生产过程中，数字技术可以优化农业种植结构，提高劳动与土地生产效率，提升农业绿色全要素生产率，进而改善农产品质量与产量。农业数字化经营服务的兴起，如农村电商的出现，使农民可直接通过电商平台将产品售给消费者，减少中间环节，降低交易成本，同时借助平台了解市场需求，将农产品销往各地，有效缓解销售难题，避免滞销损失。②

**【"头雁"风采】杭州临安爱咯禽业有限公司**

（一）公司基本情况

公司成立于 1983 年，主要业务涵盖蛋鸡养殖与禽蛋销售、农产品展示与电商销售、农业品牌推广与产业技术服务。目前，公司已成为国内标准化现代化养鸡场之一，常年存栏规模达到 22 万羽，其中生态养殖规模为 1.2 万羽。爱咯禽业是杭州市"菜篮子——畜禽蛋奶基地"，荣获农产品生产 A 级信用单位、浙江省农业科技企业、科技型中小企业、杭州市高新技术企业、浙江省农科院"一品一策"合作基地、杭州市农业龙头企业等多项称号。

（二）智能养殖系统

葛雯及其团队在生产实践中采用数字化农业技术，实现了养鸡场的全自动化、全智能化管理。这一系列技术革新不仅包括自动拾蛋和自动喂食系统的研发与应用，还涉及精准养殖等先进技术。通过引入新技术新模

---

① 白凯等：《我国农业数字化转型的机遇与挑战》，《辽宁农业科学》2024 年第 4 期。
② 孙俊娜等：《数字技术赋能农民增收：作用机理、理论阐释与推进方略》，《改革》2023 第 6 期。

图1　公司禽蛋图

式，养鸡场的生产效率得到大幅提升，产品质量得到保障，产业效益显著增强。

**【"头雁"分享】效益分析**

（一）经济效益

1. 打造数字化农业。借助农业数字化技术，养鸡场实现了从投喂饲料到捡蛋、整理包装等环节的全程机械化、自动化和数字化，极大提高了生产效率，降低了人工成本和错误率，保证了产品质量的一致性和稳定性。

2. 建立电子商务平台。通过搭建电子商务平台，爱咯禽业减少了中间环节，直接面向消费者销售，增加了利润空间。线上市场的拓展不仅降低了交易成本，还使企业能更迅速地响应市场需求变化，提高了供应链的灵活性。目前，爱咯禽业已是杭州市农业龙头企业，蛋鸡常年存栏量达到22万羽，年销售额超过3000万元。

3. 建设品牌。精心挑选土鸡品种，于青山绿水间散养，在确保鸡肉质量上乘的同时，成功塑造了"云彩土鸡"品牌，不仅扩大了市场份额，还提升了产品附加值。这种注重品质和健康的做法获得了消费者的广泛认可,为公司带来了可观的经济效益。通过积极参加国内外农业产品推介会,将"云彩土鸡"品牌推向国际市场。"云彩土鸡"品牌知名度的不断提高,产品销量的持续增长,为公司带来了稳定的收入。

(二)社会效益

1. 助农惠农。通过电商平台解决了本地农产品的滞销问题,为当地农户创造了收入来源,促进了社区经济发展。此外,葛雯还通过举办农业技术培训、传播农业惠民政策等方式,为周边农户提供技术支持和信息共享,帮助他们提高生产技能,共同致富。疫情期间,葛雯协同多家企业发起筹款、捐赠物资等活动,展现了企业的社会责任感。

2. 人才培养。要持续推动农业现代化和乡村振兴,必须重视人才培养和知识传承。作为一位经验丰富的农业实践者和多家机构的创业导师,葛雯致力于培养新一代农业人才。通过公司技术团队定期举办农业技术培训会,帮助从业者更新知识;与高校及科研机构合作,为学生提供实习实训机会,促进产学研一体化;积极组织农业技术交流活动,帮助周边农户了解并采用最新的农业科技成果,推动社区共同进步。

(三)文化效益

1. 地方文化传承与发展。葛雯建立"田上云彩"农产品展示展销中心,为当地农产品搭建了展示和销售平台。这不仅促进了农产品的销售,更融入了当地文化特色,成为文化交流的空间。在此,农产品不只是商品,它们还承载着当地的历史故事和文化传承,推动了地方文化的传播和发展。

2. 绿色生活方式的倡导。通过推广"云彩"品牌,葛雯提升了公众对绿色食品的认知,有助于形成健康的生活方式和消费习惯。她倡导的生态养殖模式既重视产品质量,又强调环境保护的重要性。这激发了人们对绿色食品的兴趣,鼓励更多人选择生态友好型产品,促进了可持续消费观念的普及。

**【案例2】**

# 翱翔绿色田野，引领农业新篇章

## ——访瑞安市存忠农机专业合作社负责人 吴董淑

**"头雁"简介**

吴董淑，"80后"农二代，瑞安市存忠农机专业合作社负责人，浙江农林大学2022年度浙江乡村产业振兴带头人培育"头雁"项目学员，瑞安市第一个农田拖拉机持证女机手，也是第一个植保无人机女飞手。从农事小白，到学习无人机植保、粮食烘干机作业，到考取农机驾照，吴董淑只用三年多，完成各类现代农业机械操作技能的学习。

**【案例要点】植保无人机**

（一）概念与价值

在现代农业的快速发展中，植保无人机这一新型科技手段正逐步革新传统农业作业模式。植保无人机以无人机为载体，搭载农药喷洒装置，于农田上方开展精准且高效的农药喷洒作业。这一技术的出现，标志着传统农业作业方式向智能化、自动化方向的重大转变。无人机凭借灵活性强、覆盖范围广、作业效率高等优势，在农业病虫害防控中发挥着越来越重要的作用。借助地面遥控或GPS导航飞控系统，该型无人机可实现精准高效喷洒，能喷射药剂、种子、粉剂等，极大提升农业生产效率与作业质量。植保无人机主要由飞行平台（涵盖固定翼、直升机、多轴飞行器等）、导航飞控系统以及喷洒机构三部分构成，各部分均作用重大。

飞行平台是植保无人机的基础，决定其飞行性能和作业范围。基于不同作业需求与环境状况，可选择适宜的飞行平台类型。例如，固定翼无人机飞行速度快、作业半径大，适用于大面积农田作业；多轴飞行器灵活性和稳定性强，更契合复杂地形农田作业。导航飞控系统如同植保无人机的"大脑"，掌控无人机飞行姿态、航线规划和自主避障等功能。凭借先进算法与传感器技术，导航飞控系统能实现精准定位、自主飞行及实时数据传输,保障无人机作业时的稳定和安全。喷洒机构则是植保无人机的"手",负责将药剂、种子或粉剂等物料均匀地喷洒到作物上。喷洒机构的设计和优化直接关联作业成效与物利用率。当前,市面上的多数植保无人机采用喷雾式喷洒,通过优化喷嘴设计与调整喷雾参数,可显著减少农药用量,提高喷洒效率。

(二)优势分析

1. 高效。相比传统的人工或地面机械喷洒方式,无人机喷洒农药能够显著提升作业效率。其飞行速度快,作业面积大,能在短时间内完成大片农田的喷洒任务,可有效缓解农忙时节的人力资源紧张问题。同时,无人机作业不受地形限制,能够轻松覆盖丘陵、山地等复杂地形的农田,提高整体作业效率。

2. 精准。凭借先进的导航系统和传感器技术,无人机能够实现精确定位和测量喷洒。如此,农药可更精准地作用于目标作物,避免对非目标区域误喷和农药浪费,还有助于减少农药残留,提升农产品安全性和品质。

3. 节本。无人机作业减少了人力投入,降低了劳动力成本。同时,精准喷洒可减少农药用量,降低农药采购成本。此外,高效率作业可缩短作业周期,减少时间成本。综合而言,无人机喷洒农药为农业生产带来了显著的经济效益。

4. 广泛。植保喷洒农药无人机在农业中的应用场景非常广泛。它们可以在广阔的农田中进行大规模的植保作业,如水稻、小麦、玉米等大田作物的病虫害防治;也可在果园、茶园等小面积作物上进行精细化管理,如精准施肥、病虫害监测等。在病虫害高发期,无人机能快速响应,对受害区域进行集中喷洒,有效控制病虫害的扩散。在作物开花、结果等关键时期,无人机还可进行精准施肥和营养补充,提高作物产量和品质。

**【"头雁"风采】瑞安市存忠农机专业合作社**

*合作社基本情况*

瑞安市存忠农机专业合作社于 2008 年 6 月 17 日在浙江省温州市瑞安市马屿镇冯桥村成立。其经营范围包括农业机械服务、农作物收割与栽培服务、农业专业及辅助性活动、新鲜水果零售、食用农产品与非食用农产品初加工、食用农产品与农副产品及谷物销售、农业生产托管服务、农作物病虫害防治服务，以及农产品生产、销售、加工、运输、贮藏等相关服务。

瑞安市存忠农机专业合作社在推动当地农业机械化服务方面至关重要，致力于加快农业现代化、提高农业生产效率。该合作社不仅提供农机租赁和作业服务，还涵盖技术培训和信息咨询等多元化服务，全面覆盖农作物种植的各个环节。同时，合作社的成员结构丰富，汇聚了当地农民、农机手以及农业技术专家。这种多元化的成员构成使得合作社能够从多个角度和层面为农业生产提供服务，形成了一支既专业又高效的农业服务团队。农民的加入保证了服务的接地气，农机手则提供了专业的机械操作，而农业技术专家则为服务提供了科学的指导和技术支持。

数据显示，瑞安市的国有农林牧渔场农业机械总动力在近年呈现出稳定增长态势，从 2020 年的 360474 千瓦增长至 2023 年的 380438 千瓦，这一增长趋势与存忠农机专业合作社的努力密不可分。合作社通过专业化的服务和高效的团队协作，不仅提升了农业机械化的水平，也为当地农业的持续发展注入了新的活力。

表1　　　　　瑞安市国有农林牧渔场农业机械总动力表

| 年份 | 国有农林牧渔场农业机械总动力（千瓦） |
| --- | --- |
| 2020 | 360474 |
| 2021 | 363894 |
| 2022 | 378238 |
| 2023 | 380438 |

数据来源：中经数据 CEIdata。

【"头雁"分享】效益分析

（一）全链条服务的深度与广度

存忠农机专业合作社整合各类农机资源，构建完备作业服务体系。从初期的土壤准备到作物最终收获处理，合作社能提供定制化解决方案。这

图 2  植保无人机工作图

种全链条服务模式，可确保农业生产各环节紧密衔接，提升整体作业效率。同时，其服务范围不局限于瑞安市内，更延伸至周边地区，实现了区域农业资源的优化配置。合作社配备多套现代化农机设备，覆盖从播种到收获的多个环节，实现农业生产全程机械化。在春耕、夏收等关键农时，农机设备高效运作，可大幅减轻农民劳动强度、提高作业效率，保障农作物及时种植与收获。精准操作农机设备可减少农药化肥过量使用，促进农业可持续发展。此模式为其他合作社和农户提供了相关经验，推动了区域农业向现代化转型。

（二）高效精准的技术应用

合作社在农机设备与技术引进上全力以赴。先进的国内外农机设备广泛应用于实际作业，这些设备集成了最新的科技成果。以智能喷洒农药无人机为例，使用无人机设备可大幅度提升作业速度：它不受地形、作物种类限制，能自主飞行并完成喷洒作业。农用植保无人机每小时作业量达40—60 亩，工作效率是人工 30 倍以上且支持夜间作业，大大提高了农业生产时效性。使用无人机还能节省人力成本，大幅减少人工投入，让农业生产更高效经济。而且无人机依靠高精度 GPS 导航和先进传感器，能稳定飞行和精确喷洒，比人工更均匀，可减少农药和化肥浪费与流失，节省30% 农药和化肥、90%以上水资源，降低成本且减轻环境污染。

此外，合作社还引进了无人驾驶旋耕机、播种流水线及输送设备，以及行车、叉车等辅助设备，育秧盘、托盘等生产设备及数字农机设备若干。农机作业服务可降低农户劳动力成本，通过科学管理和技术优化提升生产效率，减少资源浪费、提高利用效率，转化为农户经济效益，助力农业可持续发展

（三）国家政策扶持

在农业现代化浪潮中，农机专业合作社作为推动农业生产方式转变的重要力量，受到国家高度关注与全力支持，财政补贴与税收优惠是其持续健康发展的两大支柱。

在财政补贴方面，国家显著加大对农机专业合作社的支持力度。补贴品种从 7 个增加到 9 个，更有地方政府积极响应与创新，如瑞安市"农业'机器换人'高质量发展先行县示范项目"为当地合作社提供资金补助，用于农户新建库房和购买生产加工设备，提高作业效率和综合水平，充分彰显出财政补贴对促进农机装备更新换代、提升农业生产效率的积极意义。

税收优惠政策为合作社稳健运营提供重要保障。按相关政策，农民专业合作社免征增值税，直接减轻其税负压力，增强市场竞争力，极大地提振成员对绿色转型发展的信心，且有助于合作社积累发展资金，扩大生产规模、提升产品质量和加强品牌建设。财政补贴与税收优惠政策的双重助力，为农机专业合作社健康发展筑牢后盾，缓解资金压力，为其转型升级和可持续发展注入强大动力。


【资源链接】

浙江农林大学植物—土壤信息快速感知与处理技术及装备服务团队

应用领域：智慧农业

技术支撑部门：数学与计算机科学学院

应用场景:

土壤肥力及植物生长信息的智能感知及解析是种植业的关键环节,也是整个智慧化、信息化农林业的发展基础。利用光谱技术建立不同光温水肥条件下表型、生理指标与光谱特征的耦合关系,利用动态建模、情景模拟等技术,构建植物生长应用模型;同时基于多源光谱技术进行土壤多组分精准检测技术与策略研究,实现土壤肥力原位检测;综合集成开发多源信息感知同步的大规模分布式训练和知识化推理模型,构建星空地植物——土壤时空动态监测技术与装备。此技术体系可满足大田种植、智慧果园、无人农场、设施农业等典型场景数字化和智慧化需求,具有良好的技术应用和产业化前景,助力农林产业智慧化管理。

应用效益:

可节省劳动力和农资投入,提高产品质量和品牌效应,具有良好的社会经济和生态效益。具体来说,可节省肥料费用,节约土壤组分检测成本,提升作物产量,增加收入。

## 第二节 乡村治理中的数字化应用

【案例3】

### 山区农村的数字化转型

——访杭州市临安区天目山镇月亮桥村党支部书记助理 朱宇捷

**"头雁"简介**

朱宇捷,1999年出生,毕业于中国人民大学公共管理学院,硕士研究生,杭州市规划和自然资源局选调生,2023年受组织选派,赴杭州市临安区天目山镇进行为期2年的基层锻炼。在镇党政综合办公室工作,负责政务信息、专班重点项目督查、第五届世界生物圈保护区大会筹备等工作。担任月亮桥村党支部书记助理,协助村"两委"、驻村工作组开展村庄环境综合整治、基层村社党建联建、数字乡村建设、浙江省美丽宜居示范村创建等工作。浙江农林大学 2024 年度浙江千名乡村 CEO 培养计划学员。

**【案例要点】数字乡村**

（一）概念与价值

近年来，国家高度重视数字乡村建设，出台系列政策文件为其指引方向。2020 年中央一号文件提出，要依托现有资源建设农业农村大数据中心，加速物联网、大数据、区块链、人工智能、5G、智慧气象等现代信息技术在农业领域应用，并开展国家数字乡村试点。2021 年，《中华人民共和国国民经济和社会发展第十四个五年规划和 2035 年远景目标纲要》进一步强调了数字乡村建设的重要性，要求加快农村信息基础设施建设、推进智慧农业发展，提高农村数字化服务水平。2024 年中央一号文件再次指出，要"持续实施数字乡村发展行动，发展智慧农业，缩小城乡'数字鸿沟'"。随着数字技术的快速发展，数字化已成为推动农业农村现代化、农业强国建设的重要引擎，成为全面推进乡村振兴的重要突破口。

（二）临安区数字乡村建设

杭州市临安区是浙江全省唯一同时入选国家数字乡村试点和全国"互联网+"农产品出村进城工程的区县市，肩负着为全省在数字乡村建设方面先行探索的使命。因此，临安区紧抓全国数字乡村试点机遇，加快实施省级乡村振兴集成创新示范建设项目，落实杭州市数字乡村建设整体部署，围绕数字产业、数字服务、数字治理三个方面，全面推进数字乡村全国试点建设。坚持数字赋能、系统集成、多跨协同，构建了"天目云农"的总体框架，在终期评估当中获得了全国第 10 名的成绩。

目前，临安区基本完成"天目云农"一张网、数字农业 AI 分析展示、乡村 e 治理、"龙门秘境"数字景区集成创新示范区、太湖源天目雷笋"产业融合"集成创新示范区、於潜镇"耕织云图"数字田园集成创新示范区等数十个数字乡村集成创新项目。在数字乡村样板村建设层面，临安区每年安排 1500 万元用于打造区级样板村，每个村庄补助 150 万元，2021年创建完成 12 个，2022 年度完成 11 个，2023 年度完成 10 个。临安区通过近 4 年的试点，总结相关做法与经验，提炼了一批可复制可推广的试点成果，在省内外数字乡村建设领域形成了一定的影响力与美誉度。

**【"头雁"风采】杭州市临安区天目山镇月亮桥村**

（一）村庄基本情况

临安区天目山镇月亮桥村，位于天目山国家级自然保护区南麓，坐拥天目山秀美的自然风光，为天目山旅游必经之地，由陈家、陆家、金坞三个自然村组成，现有村民小组 10 个，农户 285 户，人口 836 人，党员 53 名，微网格 10 个。该村纳入大杭州一小时交通圈和长三角三小时交通圈，处在杭州与黄山国际旅游线的中端，杭瑞高速公路直达，交通便利，区位优势显著，地理环境优越。2023 年，月亮桥村实现村集体经济收入 141.88 万元，经营性收入 128.48 万元，村民人均可支配收入 50393 元。

近年来，借着"千万工程"的东风，月亮桥村华丽蜕变，环境、房屋、生活均大为改善，走出富美乡村发展之路。月亮桥村荣获全国文明村、全国乡村治理示范村、国家 AAA 级旅游景区、浙江省多种示范村、杭州市先进基层党组织等众多称号。2022 年，承办杭州市数字乡村建设现场会，创建省级未来乡村，获评浙江省数字乡村金翼奖百优村。

（二）数字乡村建设架构

月亮桥村数字乡村建设采用"1+3+N"的总体架构，即 1 个小组、3个示范、N 个应用模块。利用区、镇级平台及本村已有资源，根据月亮桥村产业发展、村民生活现状，量身定制、按需开展数字化场景应用建设。

1. 做好"1 个小组"统筹指导。月亮桥村成立了数字乡村建设领导小组，负责统筹协调数字乡村建设各项工作。领导小组由村支书担任组长，成员包括村"两委"成员、村务监督委员会成员、村民代表等。领导小组定期召开会议，研究解决数字乡村建设中的重点难点问题，确保各项工作有序推进。

2. 打造"3 个示范"建设目标。月亮桥村数字乡村建设重点打造了三个示范项目，分别是高融合的农旅融合示范村、高质量的民生服务示范村、高品质的民宿特色示范村。通过数字化手段，提升乡村旅游产业的吸

图 3 月亮桥村图

引力和服务水平，实现了日常民生服务的数字化、智能化，提高"月亮"系列高端民宿品牌的知名度和美誉度，促进村庄农文旅产业融合发展。

3. 拓展"N 个应用模块"。月亮桥村数字乡村建设实现 14 个政府部门数据全面打通，归集涉农数据上万条，对接数据接口 312 个，形成特色应用场景 32 个，涵盖多个应用模块，包括数字党建、邻里中心、康养中心、智慧路灯、垃圾分类定点收集等。

（三）数字乡村建设内容

1. 党建统领和数字党建。月亮桥村以数字驾驶舱、微信公众号等为建设端口，开发建设数字党建墙和党建数字化应用模块。在月亮桥村邻里中心东南侧，建设面积为 24.48 平方米的数字党建墙，实时更新展示村党组织建设动态。依托数字驾驶舱，集成应用党建数据统计功能、党员队伍管理功能、任务活动管理功能、服务管理功能、积分管理功能，提升了党员管理效率和服务质量。

2. 未来邻里中心——文化礼堂改造＋便民活动空间。月亮桥村将原2872 平方米（改造面积 342 平方米）文化礼堂改造成"未来邻里中心"，围绕"月亮"主题加以设计。改造村委大楼，融合未来球场、月影墙、数字党建墙、数字驾驶舱、未来乡村展示中心等功能，打造地标性邻里中心；拆除围墙、重组交通，串联空间场地与月亮客厅、乾隆月巷等景观节点，将邻里中心门前空地改造成便民篮球场，安装智慧传感路灯和音响（结合月亮设计，有灯光照明等多种功能）。

3. 未来康养中心——月乡云诊+智慧公厕+月乡食堂+月乡澡堂。月亮桥村在原有污水管道终端建成 1107 平方米（建筑面积 385 平方米）"未来康养中心"，包含智慧云诊、智慧公厕、月乡澡堂、月乡食堂、康养监测 5 个模块。智慧云诊配 1 台健康微诊室、1 台智慧云药房，通过视频连线为村民提供家庭医生团队线上问诊和 7×24 小时医疗服务。智慧公厕为村民和游客服务，有女卫、男卫、无障碍卫生间、救助报警按钮、环境监测设备、厕位占用监控等设施。月乡食堂位于康养中心 2 楼，面积约为 110 平方米，有 1 个阳光厨房展示屏、1 台彩色电视机、5 个监控机位和菜品投票应用，依据老人云诊数据为慢性病老人定制餐食，通过公众号为村民和老人提供餐食投票和配送服务。月乡澡堂约 23 平方米，有 4 个淋浴间、1 个卫生间、1 个更衣室、6 套一键呼救、6 个空位监测、线上排队等应用，老人可在家查看使用情况并线上排队。为村里老年人发放 55 张康养卡片、10 个康养手环，开设 50 个家庭一键呼救按钮，由卫健部门家庭医生团队提供服务，实现老年人跌倒报警、走失定位、数据监测等功能。

4. 数字产业服务：景区融合导览+民宿直播工坊。建设"天目月乡"村落景话数字导览功能，在村内出入口和景点投放景区公众号二维码，在公众号集成农特商城、景区景点、游记攻略、VR 游览、AR 导航、手绘地图等功能模块，帮助游客游览月亮桥村及周边 4 个村庄，实现点位指引、一图游览、实景导航、360° 观赏和农特产品线上购物。对 200 平方米天目民宿学院数字化改造，开发微信公众号民宿服务模块、乡村 e 治理 APP 数字教育模块，安装大屏、投影仪等教学设备，实现线下培训、线上学习、民宿预订等功能。在"月乡市集"共富风貌驿建有 3 个共享直播间，配有麦克风、直播声卡、直播支架、耳机、补光灯、无线打印机等数字化设备。

5. 全村区域数字化改造。月亮桥村在全村实施多项数字化改造项目。月乡智慧农田配高清智能球机、环境监测站、土壤监测站、水质监测站、农药残留检测仪等，保障农产品质量。智慧停车场覆盖 128 个停车场，安装地磁设备、智慧充电桩、设备网关、道闸等。智慧公交站配无线 4G 路由器、LED 显示屏、LCD 高亮屏等。在金坞水库建有 1 个水质监测站、5 个黑光水尺球机、3 个水尺。以露营营地为核心，在全村建有 15 处安防监控、15 处河道警戒监控、2 处人车抓拍监控、15 处应急广播。打造全域综合治安防控系统，配有 1 个高空 AR 球机、1 台视频综合算法服务器和数字化平台数据工单流转工作流程。

**【"头雁"分享】效益分析**

（一）高效运转基层智治场景

月亮桥村建成的集数字驾驶舱、党群服务中心于一体的"未来邻里中心"，极大方便了村民生活。通过积极探索"党建+网格"治理体系，落实党建统领网格智治机制，强化"微网格"建设，凝聚党员、网格员和平安志愿者的工作合力。打造"互联网+乡村治理"新模式，推行"乡村 e 治理"掌上应用，实现通知公告推送、村友圈共享、信用积分打造 3 个场景，打通基层治理"最后一公里"。推广应用"乡间议事厅"自治品牌，发挥"共享法庭"作用，开展律师进村服务，不断提升村民自治水平。通过浙里办"临农一件事"模块的 20 个"我要系列"线上办事入口，实现村民"办事家门口，服务不出村"的社会化服务集成服务。

月亮桥村依托城市大脑平台，打造一体化数字驾驶舱，通过党建引领夯实基层组织力量。全面融合综合执法、交通管理、消防管理、矛盾化解、警情处置、便民服务等各条块职能，整合数据流、信息流、控制流。位于月亮桥村未来邻里中心的数字驾驶舱，用大屏幕展示着整个月亮桥村的党建、生活、生产、医疗交通等信息，帮助工作人员实现全村资源的可视化管理。数字乡村数字驾驶舱按照村里实际情况，拓展了党建引领、图览全村和未来乡村 3 个模块，并贯通农业农村、气象、水利、政法、规资、应急、民政等 10 多个部门数据，实现了一图尽览林业资源、农村承包地、农房等信息数据，成为省区市镇打通基层工作的最后一站和落脚点。特别是在乡村治理方面，结合高空鹰眼球机和视频 AI 算法，村里的监控设备可以对全村域实现 24 小时自动巡查，提高村落治理数字化水平，让村民们安心居住、生活无忧。

（二）用心打造智慧养老场景

"我们村总共有 836 人，其中 60 岁以上老人近 230 人，老年人口占全村人口的 28%，因此养老成了我们着重关注的问题。"月亮桥村党总支书记张卫荣介绍。2022 年，月亮桥村被列入杭州市临安区三个未来乡村、数字乡村创建试点村之一，其数字化建设的重心就是打造"养老+医疗+生活"的智能化养老模式。2022 年，月亮桥村"未来康养中心"正式建成，配有月乡云诊、月乡食堂、月乡澡堂等功能区，能够满足村民养老、医疗、生活等各方面的需求。在养老中心的月乡食堂，厨师们会基于数据情报，为慢性病老人定制餐食；在月乡澡堂，通过排队等位应用，老人可以在家查看澡堂使用情况，参与线上排队，避免在现场长时间等待；此外，养老中心的公厕也有数字化应用，老年人们可以实时看到厕位占用情况，公厕里还有救助报警按钮和环境监测设备。

（三）严格落实耕地智保场景

月亮桥村坚持贯彻党中央"把饭碗牢牢端在自己手里"的要求，严守耕地红线，保障粮食安全，结合杭州市"空间智治"数字化改革攻坚任务，整合影像地图、空间框架、行政区划、耕地、永久基本农田、相关规划等全域耕地保护相关数据，集成"一库、一图、一朵云、一系统"，应用"耕地云"监管场景，实现农村耕地保护智慧监管和精准治理。耕地智保场景的应用，彻底解决了月亮桥村耕地保护的难题。"耕地云"提供了定位显示、拍照举证等智慧治理功能。打开"耕地云"，各级"田长"就有了耕地保护的掌上工具箱，可进行耕地相关信息查询、项目选址、规划编制、执法监督辅助分析等工作，工作人员无论走到哪，打开"耕地云"APP 随时随地都能比对基础信息情况、判断耕地上是否存在违法违规问题，有效提升耕地保护智慧化管理水平，牢牢守住耕地保护红线。

通过月乡智慧农田数字化设备以及杭州"耕地云"的应用，管理人员可以随时随地掌握各个点位上永久基本农田、耕地及相关规划情况；当遇到违规占用和破坏耕地的情况，基层干部和群众都可以拍照举证；结合卫星遥感影像和现场探测设备，可实现人工智能分析预警，对破坏耕地问题早发现、早制止、严查处。"耕地云"正是杭州市充分运用数字赋能，创新耕地保护源头智治机制的一次积极探索。

**【案例4】**

<h2 style="text-align:center">数字化赋能助力村庄经营</h2>

——访余杭区乡村职业经理人　刘松

**"头雁"简介**

刘松，1985年出生，无党派人士，毕业于浙江大学农业技术推广专业，余杭区余杭街道永安村农村职业经理人，以乡村振兴技艺师、高级农民技师等身份服务"三农"近15年，不懈探索乡村振兴新路径。其相关经验、做法向20多个省市、500个地方政府分享，获得中央电视台专题报道，被评为"杭州市新农匠"。

**【案例要点】数字乡村**

*概念与价值*

数字乡村建设是乡村全面振兴的战略方向，也是数字中国战略的重要内容。自2018年中央一号文件第一次提出实施数字乡村战略后，其概念逐渐清晰。2019年《数字乡村发展战略纲要》将数字乡村定义为伴随网络化、信息化、数字化在农业农村应用和农民信息技能提高而产生的农业农村现代化发展转型进程。2024年中央一号文件强调数字乡村发展，同年相关通知印发，数字乡村建设进入全面推进阶段，更注重可持续发展、与农业农村现代化深度融合及数字技术全面应用。

在此基础上，我国学者对数字乡村建设展开了深入研究。崔凯和冯献结合中国数字乡村建设整体框架的要求，将其定义为一个在数字化基础设施完善下可自我循环、可感知的持续运作系统，涵盖数字环境、经济、生活和治理等内容。刘灵辉在《县域数字乡村指数》中指出，乡村数字基础设施、经济、治理和生活数字化是主要方面，相互作用促进乡村振兴。吴合庆和陈桂生基于"技术—制度—信任"逻辑，认为多主体协作释放数字乡村合力，以共同体理念耦合自组织功能，放大数字技术效应，是共建共享"数字乡村建设共同体"的关键。① 张世贵和吴合庆认为，数字乡村以数字技术和数字平权作为动力引擎，集体共识作为行为调适，推进共同富裕。②

**【"头雁"风采】杭州市余杭区永安村**

（一）村庄基本情况

永安村位于杭州市余杭区余杭街道苕溪以北，紧邻良渚古城和未来科技城，距离杭州市中心25千米；全村区域面积7.092平方千米（其中农田5259亩、水域984亩、林地96亩），下辖30个村民小组，共有889户农户，总人口3158人，永安村是一个纯农业大村，耕保率达97%，基本农田5400亩，稻作文化久远。也正是受到基本农田和非常用蓄洪区的制约和影响，永安村以往仅仅依靠水稻种植，效益很低，基地经济和村民收入都比较薄弱。

永安村获得"2020浙江省AAA级旅游村庄""2020浙江省美丽乡村特色精品村""2020浙江省美丽乡村风景线""2021杭州市最强党支部""2022浙江省级未来乡村""2022浙江省乡村振兴示范村""2022浙江省特色文化礼堂""2022浙江省乡村文旅运营团队""2022杭州市优秀基层党组织""2022杭州市摄村""2022杭州市首批共富体""2022杭州市首批共富村""2023杭州市共富带""2023杭州市文化和旅游IP培育名单"

---

① 吴合庆、陈桂生：《数字乡村共同体建设困境及其进路》，《行政管理改革》2023年第11期。

② 张世贵、吴合庆：《数字乡村建设何以推进共同富裕——基于"赋能—调适"的分析框架》，《中国行政管理》2024年第2期。

"2023 年省级直播式电商共富工坊""2023 年市级第三批共同富裕试点"
等一系列荣誉称号。

**图 4　永安村"稻田小镇"图**

（二）"禹上稻乡"联合体项目

2018 年 10 月，余杭区农业局会同余杭街道办事处在余杭街道苕溪以
北区块落地实施"禹上稻乡"联合体项目，"禹上稻乡"项目选址余杭街
道苕溪以北基本农田保护区内，涵盖永安村、溪塔村、下陡门村、洪桐
村、义桥村、上湖村、仙宅村、竹园村等 8 个行政村，共占地 71.8 平方千
米，其中"禹上稻乡"项目规划面积达 3 万余亩。"禹上稻乡"项目以
"稻"为核心产业，一期建设主要位于余杭街道永安村，包括永安村 800
余亩基本农田及美丽乡村精品示范区。待永安村"禹上稻乡"项目建成出
效后，将以点带面逐步辐射至苕溪以北其他村，打造"禹上稻乡"地域品
牌，进而带动苕溪以北全域的产业发展，实现美丽乡村建设从"环境美"
到"产业美"的转型升级。

1. 品牌化经营提升产业价值。2019 年委托规划，提出"稻香小镇"
区域公共品牌及辅助口号"阿里以西十分钟"。在其基础上形成"禹上稻
乡"产品品牌，将相关品牌纳入体系，纵向延伸一产，开发衍生品，精深

加工提升附加值。

2. 数字化建设实现提质增效。以需求为导向启动"数字农业"建设，以数字技术赋能为粮食产业提质增效，推动"美丽乡村"向"美丽经济"转型升级。实施数字农业项目，应用水稻生长模型、智慧气象站等模块提高产量。与电商平台合作直播卖米。整合生产和营销，增加治理和创业模块，协同推动乡村创新创业。

3. 科技化助力实现质量兴农。充分发挥科技的作用，打好大学、村企"两张牌"，创新校地合作新模式，缩短科研成果转化链，助推永安村产品打响名气。与浙江大学签订协议，建立教学实习基地，聘吴殿星教授改良品种获"浙江好稻米"金奖。成立专家指导站，带动本地人才试验新技术，结合数字技术实现"质量兴农""效益兴农""绿色兴农"。

4. 功能化推进实现多元价值。"禹上稻乡"的核心是以一产为主的传统稻米产业，除了研发优质的品种，开发糙米、软香粳米、胚芽米等多类型的稻米产品外，还开发了米糕、米酒、粽子、青团等衍生品，实现了一产向纵深延伸，丰富了产品类型，提高了粮食产业的综合产值。在农文旅融合方面，创新认养农业模式，开发手机 APP。盘活闲置资产，引入企业，开创文旅新模式，拓展产业维度，促进集体和农民增收。

5. 组织化运营形成发展合力。为打造一二三产融合发展，永安村村集体成立了杭州稻香小镇农业科技有限公司，带动集体经济壮大和农民增收，植入现代经营理念。聘请在知名农业企业工作多年，拥有丰富实践管理经验的职业经理人，形成了"公司+大户"的农业产业化经营组织形态。发挥各方优势保障项目实施。街道通过全域土地整治、高标准农田提升、完善农田设施、提升生产条件，通过补贴和支持政策助力土地流转和规模化经营，实施"禹上稻乡"项目推动三产融合、积聚人气，还整合资源与院校、企业合作，为永安村带来新技术、新思路、新渠道，保障其稳定、健康、可持续发展。

**【"头雁"分享】效益分析**

2020 年 9 月，永安稻香小镇启动第一期数字农业项目建设。一是引进智慧农业系统，实现稻田认养数字化，通过智慧认养小程序，给客户提供专属管理体验。二是推进"农安码"应用，链接"田间"与"指尖"，确保粮食生产质量安全可追溯。三是依托阿里云、谷绿农品数字农业云平台，永安大米入驻盒马鲜生、京东、天猫等大型电商平台，以直播带货、书记代言等方式拓宽农产品营销渠道。四是建设智慧大屏，实现"一张图"全产业体系管理，实现稻田生产、农产品溯源、数字稻田营销等各类数据可视化。五是建立村域VLOG视频打卡点，借助自动短视频剪辑系统，为游客带来全新的短视频农旅体验。此外，还进行了5G信号塔核心区块的布置，使5G信号覆盖整个稻香小镇核心区域。

（一）数字化农业链接"田间"与"指尖"

以需求为导向，永安村启动"数字农业"建设，通过数字技术赋能粮食产业，推动"美丽乡村"向"美丽经济"转型。实施数字农业项目，应用水稻生长模型、智慧气象站等模块，提高产量。引进新机械与新技术，推广农业领域"机器换人"，制定全程机械化、标准化作业流程，提升农业自动化水平。依托"农安码"应用打造粮食质量监管的"指尖农业"体系，扫码即可准确掌握农产品从生产、加工、流通、仓储到销售等全过程信息，保障粮食质量安全可追溯，提升智慧监管水平。建设数字农业，提升生产管理水平，节约成本，减少污染，农产品销售实现全链路管理，还通过电商平台直播卖米。

创新认养农业新模式，使小镇成为城里人的向往之地。预留土地作为"农业认养"项目基地，开发"数字稻田认养"小程序，推出5款不同类型套餐和2种认养模式，游客下单租赁农田，可体验从作物播种到收获的全过程。通过田间高清摄像头，"租户"能24小时远程查看农作物长势，体验种植乐趣。目前，累计500多亩农田被55家企业和80个家庭认养，增加收入400余万。

（二）开创数字生活新服务模式

永安村第一期数字化建设为稻香小镇创建数字生活新服务工作奠定良好基础，充分利用阿里云、谷绿农品、浙江大学等创新企业和科研机构，以强大技术和智力支撑，专业化管理和运营团队保障数字化项目落地，还有政府政策支持和国家、省级发展机遇。

稻香小镇以数字乡村建设为重点，通过"数字农业二期"开展"杭州市数字生活新服务特色数字乡村"创建，以数字乡村建设为中心，以数字农业建设为基础，推动小镇数字商贸、文旅、出行、治理发展升级，打造全国样板。通过数字驾驶舱建设，可视化全村资源信息，提升村级治理水平和农业生产效率，也便于向游客展示。数字治理可及时发现异常情况、精准高效处置事件。智慧旅游建设能智能统计人流车流、管理核心区块、对重点区域3D建模，智慧分销系统能提升农文旅产品销售效率。

（三）集体经济拓源增收

稻香小镇公司通过专业化、平台化运营，围绕"现代农业、农业旅游、乡村社区"三大产业定位，同时运用数字赋能等手段，强村富民成效显著。永安村的村集体经营性收入实现了跨越式增长，由2017年的28.5万元跃升至2023年的557万元。由一个经济薄弱村变成了名副其实的共富村。余杭区余杭街道永安村以水稻产业为抓手，通过创新实践组织化创新、品牌化建设、数字化赋能的"三化互促"模式，完成美丽乡村到美丽经济的蝶变。

【资源链接】

浙江农林大学数字农业农村关键技术应用服务团队

应用领域：数字乡村

技术支撑部门：数字乡村研究所

专家顾问：夏芳

应用场景：

基于物联网、大数据、人工智能、数字孪生等技术，推进数字经济与现代农业全产业链深度融合，主要应用场景包括：配合省厅设计覆盖全省、上下联动、横向协同的"浙江乡村大脑"、负责全省数字农业农村评价及制定农业生产数字化行业标准（两项），参与建设一体化、全方位的全省数字乡村服务体系；推进农业全产业链数字化改造和应用，如葡萄"超级农场"、水稻"病虫害智能防控"等关键技术、杨梅"数字共言"术攻关和科技推广服务。

应用效益：

通过数字技术赋能农业产业链，提升农业要素资源使用率，降低农业生产成本，提高农产品质量安全，推进农业生态环境保护，保障放心消费；通过技术指导和组织科技培训提升基层干部、农业企业家与广大农民数字素养，促进全省数字乡村引领区建设，助推现代农业高质量发展。

# 第三节　农村电商助力农产品进城

【案例5】

## 电商织锦程，香茗焕新生

——访浙江茶香牧业有限公司高管　孟颖婷

**"头雁"简介**

孟颖婷，联合会常务理事，浙江日惠茶业有限公司、浙江神草农业有限公司、浙江陆羽茶业有限公司等公司股东，浙江茶香牧业有限公司、浙江日惠茶业有限公司、浙江神草农业有限公司等公司高管。家族三代人致力于推动茶叶产业发展，自幼耳濡目染父辈们的辛勤耕耘，孟颖婷继承了对茶叶的深厚感情，并在2020年新冠疫情导致茶叶销售受阻之际，带领团队积极开拓电商渠道，成功实现了松阳香茶的销售突破，不仅为当地茶农带来了收益，也为松阳香茶树立了崭新的品牌形象。

**【案例要点】电子商务**

（一）概念与价值

基于对电子商务的理解，学者们探讨了电子商务模式，认为其涵盖政府、企业和消费者在生产经营活动中的角色与功能。从构成上看，电子商务可以分解为若干相互关联的要素，经特定方式结合成模式。Rayport 认为，电子商务模式是在网络经济下，随着管理和技术进步，市场演变的新型商业模式。黄京华提出，电子商务模式是企业借助互联网盈利的方式。综合来看，电子商务模式是市场主体运用网络技术，细分市场、明确目标市场后，通过优化内部结构和流程，向客户提供商品和服务来获利的系统架构。电子商务涵盖了电子货币交易、供应链管理、电子市场、网络营销、在线业务处理、电子数据交换（EDI）等多个方面。在这一过程中，互联网、外联网、电子邮件、数据库、电子目录和移动通信等信息技术起到了至关重要的作用。

（二）茶叶电商市场发展现状

在乡村振兴以"产业兴旺、生态宜居、乡风文明、治理有效、生活富裕"作为总目标的背景下，产业兴旺是乡村振兴总要求之首，[①] 既是实现乡村振兴的经济基础，也是前提条件，因此尤为重要。中国是全球最大的茶叶生产国与消费国之一。根据最新数据，2023 年中国干毛茶产量达到333.95 万吨，同比增长 15.8 万吨，增幅 4.98%，呈稳定增长的趋势。其中，绿茶占据了绝大部分市场份额，而红茶、乌龙茶等类型也在不断增长中。

近年来，随着生活水平的提高及健康理念深入人心，茶叶因其独特的营养价值和保健功效越来越受到消费者欢迎。国内消费者对于茶叶品质要求的日益提高，促进了高端茶品市场的繁荣。中国茶叶远销世界各地，特别是在亚洲地区拥有稳固的市场份额。然而，面对激烈的国际竞争环境，如何进一步扩大海外市场成为中国茶叶企业面临的重要课题。

技术进步和现代化管理手段使茶叶生产标准化、机械化水平得以提高，成本降低且质量提升。当前市场中品牌效应显现，打造有内涵和故事的品牌是企业提升核心竞争力的关键。以互联网推动茶叶电商市场扩张，

---

① 唐任伍、许传通：《乡村振兴推动共同富裕实现的理论逻辑、内在机理和实施路径》，《中国流通经济》2022 年第 6 期。

智能终端的普及为其创造了巨大潜在消费群体，消费者可线上购物。人们对健康生活和品质的关注，以及线上商务发展和突发事件影响，让消费者更倾向在线购物。茶叶因具有健康益处而受青睐，电商平台的多样茶叶选择，进一步加速了在线茶叶市场的成长。

**【"头雁"风采】松阳香茶**

（一）松阳香茶介绍

在中国广袤的茶文化版图上，浙江省素以丰富的茶资源而闻名遐迩。位于浙南的松阳县，作为一个小县，却因一种独特的茶品——松阳香茶而备受瞩目。松阳香茶以独特的香气、清新的口感和卓越的品质，在国内外茶友中享有盛誉。松阳香茶的历史并不悠久，却在短短的几十年间迅速崛起。20 世纪 90 年代后期，随着市场需求的变化和技术的进步，松阳地区的茶农开始探索新的制茶工艺。经过不断的尝试与改良，松阳香茶逐渐形成了自己独特的风格，并在市场上占有一席之地。

图 5　松阳香茶产品图

（二）松阳茶产业分析

1. 松阳茶产业发展成就。松阳县被誉为"中国名茶之乡"和"中国茶文化之乡"，并荣获"中国绿茶集散地""全国十大特色产茶县""全国重点产茶县"以及"中国茶叶产业发展示范县"等多项称号。此外，全国绿茶的价格指数也在该地区发布。

2. 松阳茶产业发展的优势分析。松阳县位于浙江省西南部，超四分之三土地被森林覆盖，云雾多、阳光散射。这里属中亚热带季风气候，四季分明、降雨多、湿度大，年平均气温保持在 17.7°C 左右，全年 ≥10°C 的活动积温范围在 4453°C 至 5586°C 之间，无霜期大约为 206 天至 236 天，年均日照时数在 1600 小时至 1848 小时之间，年均降水量则在 1512 毫米至 1844 毫米之间，年相对湿度维持在 76% 至 83% 之间，这种气候让松阳成为浙江茶树生长理想区域。松古平原春季升温快，利于茶树萌芽生长，松阳茶叶开采时间比其他地区早，早熟品种农历正月就能采摘，比杭州早二十多天，这对抢占市场很关键。松阳茶品质优，被誉为"高山云雾茶"。

3. 初步形成产业企业群。据统计，全县共有各类茶叶加工企业 2600 多家，其中 4 家企业年产值在 5000 万元以上，1 家企业进入亿元产值行列；有 3 家省级农业骨干龙头企业，11 家市级农业龙头企业，4 家省级标准化示范茶厂；通过 QS 认证的茶叶加工企业 25 家。[①] 其中，浙江振通宏茶业有限公司 2009 年成功步入"中国茶业行业百强企业"行列；三年后，该企业名列百强榜第 31 名；这些茶叶企业有效地推动了松阳茶产业的发展。由此可见，松阳茶叶生产企业已然成为浙江省甚至全国茶业中的中坚力量。同时，全县 6000 多名散布在全国各地的"松阳茶师"，催生了一定规模的茶叶总部经济。

（三）新模式的运用

1. 数字化转型。孟颖婷顺应时代发展趋势，大胆尝试将传统的茶产业

---

① 国家统计局丽水调查队：《栽活一片绿叶子 铺就共富好路子——基于修正"钻石模型"的松阳茶产业发展情况分析》2023 年 4 月 13 日，http://zjzd.stats.gov.cn/ls/xxfx/fxyj/202304/t20230413_108880.shtml，2024 年 11 月 1 日。

与互联网结合，通过组建电商团队，利用多个线上平台（如天猫、抖音、快手等）成功拓宽了松阳茶叶的销售渠道，这不仅反映了她对于市场变化的敏锐洞察力，也体现了她敢于拥抱新技术、新平台的决心。

2. 团队协作与创新。在疫情期间，面对茶叶滞销的困境，孟颖婷没有固守旧有模式，而是积极寻找出路，组建专门的电商团队，在管理中注重团队的力量，并鼓励团队成员共同面对挑战，寻找解决问题的办法。

3. 品牌重塑。松阳县把"松阳银猴"作为松阳茶叶的代言品牌，每年都投入巨资进行品牌打造和培育。自2008年以来，松阳县已连续成功举办了十七届中国茶商大会，松阳茶叶的市场知名度和产品认可度不断升高。"松阳银猴"的品牌价值也得到了很大的提升，被誉为"最具影响力中国农产品公用品牌"。2023年，该品牌价值为30.82亿元，居全省第7位。孟颖婷也意识到品牌的重要性，并着手于松阳香茶的品牌重塑工作。她提出通过改善包装设计、提高产品质量及加强市场推广等措施来提升品牌形象，不仅关注短期的销售目标，更着眼于长远的品牌建设和市场定位。

**【"头雁"分享】效益分析**

（一）经济效益

孟颖婷通过电商平台成功拓宽了松阳茶叶的销售渠道，使原本滞销的茶叶找到了新的市场空间。她带领的电商团队不仅在天猫、抖音、快手等多个平台上开设了十多家店铺，取得了令人瞩目的业绩：仅2024年的订单量便达到了30万单，累计销售额突破1000万元。这一成果直接促进了当地茶产业的发展，同时也为松阳茶叶品牌在互联网市场的推广打下了坚实的基础。

电商策略不仅提升了销量，更重要的是，它带动了产业链上下游的协同发展。随着订单量的激增，茶叶加工、包装、物流等相关行业也得到了发展，形成了一个良性循环的产业链条。此外，电商平台的运作还降低了交易成本，提高了交易效率，使得更多农户能够参与到现代化的市场体系中来，享受数字经济发展带来的红利。

（二）社会效益

通过提供培训、技术支持以及资源共享等方式，帮助当地青年掌握电商运营技能，培育了一批具有互联网思维的新农人。这些年轻人不仅带回了先进的经营理念和技术，还在社区内传播了创新意识，促进了知识技能的交流与共享，形成了良好的创新创业氛围。

此外，孟颖婷还积极参与到松阳香茶品牌重塑的工作中，通过提高香茶品质、改进包装设计、强化市场定位等一系列措施，逐步改变外界对松阳香茶"低价低质"的刻板印象，进而提升了整个地区茶叶行业的社会形象和地位。

（三）文化效益

孟颖婷及其家族三代人致力于推动松阳茶文化的传承与发展，不仅将传统制茶工艺与现代营销手段相结合，还通过电商渠道让更多人了解到松阳深厚的茶文化底蕴。借助网络平台，松阳茶叶的故事得以广泛传播，增强了消费者对松阳茶叶的认知度和认同感。

在传承和发展茶文化的过程中，孟颖婷特别重视挖掘和保护非物质文化遗产。她组织了多次茶艺表演、品鉴活动，并在线上开展直播互动，让更多的网友体验到了松阳茶的独特魅力。这种文化输出不仅提升了松阳茶叶的品牌知名度，还加深了人们对当地风土人情的理解，增强了文化自信。孟颖婷所倡导的品牌重塑理念，不仅提升了松阳香茶的文化价值，更使它成为承载地域文化和历史记忆的载体。

【案例 6】

## "云"端淘金，"网"罗电商新财富

### ——访淳安县左口乡芳桥村村干部　李玉琴

**"头雁"简介**

李玉琴，1984 年出生，毕业于乐山职业技术学院，中专学历，淳安县左口乡芳桥村村支委、妇联主席，杭州淳安晓彬食品服务部（个人独资）企业法人兼董事长，淳安县左口乡晓琴副食品店法人，浙江农林大学2024年度浙江乡村产业振兴带头人培育"头雁"项目学员。"美丽乡村我代言"村姑，"最美村姑主播"，浙江省"百名数字新农人"，2020年全省农村女性带头人称号，淳安县最美家庭"庭院创意美家庭"，杭州市绿色家庭，2022年度十佳农创客，2022年度淳安县最美县人大代表。

**【案例要点】农村电子商务**

（一）概念与价值

农村电子商务是农村电子商务平台配合密集的乡村连锁网点，以数字化、信息化手段、通过集约化管理、市场化运作完成体系的跨区域跨行业联合，构筑紧凑而有序的商业联合体。

随着我国进入新的发展阶段，"三农"工作的重心已转向全面推进乡村振兴战略。电子商务与农业领域的深度融合，已从最初的销售端网络化转型，逐步向流通端以及生产端的数字化和智能化发展迈进。众多电商平台积极布局农产品供应链领域，加速了农业供给侧结构性改革的进程，并提高了精确度，确保了产销之间的紧密对接。同时，农村电商的活跃应用也有效促进了数字乡村的全面发展，推动了乡村三产融合，催生了大量新型乡村创业及就业机会，有力推动了乡村振兴战略的实施。①

（二）发展历程

2014年，"农村电商"被正式写入中央一号文件，成为推动农业农村经济发展新引擎、帮助贫困地区实现跨越式发展的重要手段。截至2022年底，5G网络覆盖所有县城城区，实现"村村通宽带""县县通5G"。《中国电子商务报告（2022）》指出：2022年全国农村网络零售额为2.17万亿元，占全国网络零售总额的15.74%，同比增长3.6%。

2024年中央一号文件强调："以学习运用'千万工程'经验为引领"，

---

① 马玲娜：《乡村振兴背景下农村电子商务发展的路径》，《全国流通经济》2024年第15期。

并首次提出:"实施农村电商高质量发展工程",这为推动县域农村电商高质量发展提供了实践遵循。2024 年 3 月,商务部等 9 个部门发布关于推动农村电商高质量发展的实施意见,计划用 5 年时间,基本建成设施完善、主体活跃、流通顺畅、服务高效的农村电商服务体系;在全国培育 100 个左右农村电商"领跑县",电商对农村产业的促进作用进一步增强;培育 1000 家左右县域数字流通龙头企业,传统商贸流通企业数字化、网络化、智能化转型取得阶段性进展;打造 1000 个左右县域直播电商基地,直播电商应用水平进一步提升;培育 10000 名左右农村电商带头人,农村电商就业创业带动能力进一步提高。①

(三)"互联网+农业+旅游"模式

"互联网+农业+旅游"模式通过互联网技术,利用直播的即时互动性和娱乐性,直接把农产品和旅游推向广大游客,可以增强消费者的购买意愿和参与度,缩短供应链条,降低中间成本,提高农产品的销售效率和价格竞争力,促进农业产业链的延伸和农业附加值提升,推动旅游业的创新发展,为农村经济发展提供了新的增长点,形成了全新的产业形态。

**【"头雁"风采】淳安县左口乡芳桥村**

(一)村庄基本情况

1. 地理位置与自然资源。淳安县左口乡芳桥村位于浙江省杭州市西部,地处风景秀丽的千岛湖畔,地理位置优越,自然资源丰富。芳桥村山清水秀,气候宜人,是农产品生长的理想之地,拥有丰富的农业资源,包括茶叶、金丝蜜枣、土核桃、黑芝麻、湖景蜜露水蜜桃等特色农产品,这些产品以其优质的品质和独特的口感在市场上享有较高声誉。

2. 社会经济状况。在电商促富模式实施前,芳桥村的经济结构相对单一,主要以传统农业种植和外出务工为主,农民收入水平不高,生活条件有待改善。随着电商时代到来,李玉琴抓住机遇,积极探索电商促富的新

---

① 商务部等:《关于推动农村电商高质量发展的实施意见》2024 年 3 月 5 日,https://www.gov.cn/zhengce/zhengceku/202403/content_ 6939283.htm,2024 年 11 月 1 日。

路径，逐步实现了经济结构的优化和农民收入的增加。

**图6　李玉琴与村民直播图**

（二）电商促富现状

1. 电商平台的建立与运营。在电商促富的道路上，以李玉琴为代表的"新农人"利用专业知识和实践经验，带头探索"互联网+农业+旅游"新型发展道路，逐步建立个人电商平台，包括微信公众号、淘宝店铺、抖音和微信视频号等，全网粉丝总量达到10万+。李玉琴利用各大平台的直播带货、短视频推广等方式将农产品推向全国乃至全球市场。

2. 农产品销售情况。在电商平台的助力下，李玉琴的农产品销售取得显著成效。通过"体验式消费+订单农业"的模式，五年时间内带动直播销售农产品20余种，年销售量达30余万元。金丝蜜枣、土核桃、黑芝麻等特色农产品更是因独特品质和良好口碑，深受消费者喜爱。为进一步促进产业发展，李玉琴与20多家民宿、农家乐开展合作，线上推广房间500余间，线上销售产值达20余万元；与当地多个景区开展合作，通过微信视频号、抖音直播推广当地旅游业,线上推广销售产值达 10 余万元。李玉琴的直播销售模式得到社会各界的高度重视和充分肯定,CCTV-17 农业农村频道、淳安电视台等各媒体对其进行了宣传报道。

(三)农村电商所需要的新技术

1. 电商平台建设与运营技术。农村电商需融入或自创电商平台,如淘宝、京东等主流渠道,以及微信小程序、专属 APP 等,掌握涵盖前端开发、后端架构、数据库运维在内的全方位技术,以保障平台顺畅运作与用户体验优化。运营层面,则需精通商品上架流程、定价策略、促销方案策划、订单高效处理及售后服务,提升运营效率,增强用户黏性,吸引并稳固消费群体。

2. 仓储与物流优化管理技术。鉴于农产品具有易腐特性,构建科学的仓储管理体系与高效的物流网络至关重要。采用仓储管理系统(WMS)实现农产品的精细分类、科学存储、有效保鲜,辅以实时监控与智能化管理策略,减少损耗,提升库存周转率。同时,依托冷链物流技术,确保农产品新鲜安全地送达消费者手中。

3. 网络营销与品牌建设技术。精通社交媒体营销、内容创意营销、搜索引擎优化(SEO)等策略,灵活运用社交媒体平台、短视频媒介、直播带货等新兴营销手段,增强农产品的市场曝光度与美誉度。实施品牌定位、视觉设计、宣传推广与品牌维护的综合策略,塑造独具地域特色的农产品品牌,提升其附加值与市场竞争力。

4. 农产品质量安全追溯技术。为保障农产品品质安全,引入条码扫描、二维码追溯等现代信息技术,构建全方位的质量追溯系统,覆盖农产品从生产源头到加工、运输的每一个环节,实现全程可追溯,增强消费者信任度。

5. 数据驱动决策支持技术。借助数据挖掘、深入分析及数据可视化工具,全面收集并解析电商平台运营、仓储管理、物流配送、质量控制等多维度的数据资源。基于精准的数据洞察,为农村电商的未来发展提供科学决策依据,助力策略优化与业务增长。

**【"头雁"分享】效益分析**

（一）经济效益

1. 提升农民实质收入。借助电商平台的农产品销售渠道，农民能够直接与市场需求对接，有效减少中间流通环节，实现农产品售价合理化，进而显著增加其经济收益。

2. 促进产业升级与结构优化。农村电商的蓬勃发展促使农业产业结构发生积极转变，加速了农产品的标准化、品牌化进程，增强了农产品的市场竞争力与附加值，推动着农业向更高层次、更高质量的发展。

3. 相关产业链条联动增长。农村电商的崛起如同催化剂，激发了物流、仓储、包装设计、创意营销等相关配套产业的活力，为农村地区构建了多元化的经济增长模式，创造了丰富的就业岗位，成为推动区域经济繁荣发展的重要力量。

（二）社会效益

1. 推动农民技能与素养现代化转型。农村电商的蓬勃兴起要求农民群体积极掌握互联网技术与电子商务知识，这一过程不仅促进了农民个体技能与综合素养的全面提升，还使他们能够更加自如地融入并引领现代社会的快速发展潮流。

2. 架构城乡交流与融合桥梁。农村电商以其独特的优势，成功打破了传统城乡之间的信息孤岛与物流瓶颈，不仅让农村优质产品能够畅通无阻地进入城市消费市场，同时也为城市居民提供了便捷渠道以选购到新鲜、安全的农产品，极大地促进了城乡间的经济文化交流与深度融合。

3. 助力乡村振兴战略实施。作为实施乡村振兴战略的关键路径之一，农村电商通过拓宽农产品销售渠道、提升农民经济收益、激发乡村多元产业活力等多元化途径，为乡村地区注入了前所未有的发展动力与创新活力，有力推动了乡村的全面振兴与繁荣。

（三）生态效益

1. 促进可持续发展。农村电商的崛起不仅引领了农产品向绿色生产模式的转型，还广泛传播了生态环保的核心理念，对于维护农村自然环境的纯净与促进农业的长远可持续发展起到了积极作用,进一步提升了农产品的生态价值与市场竞争力。

2. 优化资源配置与减少浪费。借助电商平台的强大数据分析能力,实施精准的市场营销策略与按需定制的生产模式,降低了农产品因信息不对称而导致的滞销风险及过度生产带来的资源浪费,提升了农业资源的利用效率与整体产业的运作效率。

(四)品牌效益

农村电商依托电商平台,积极开展品牌塑造与营销推广活动,培育出多个蕴含浓郁地方特色的农产品品牌,增强了农产品的品牌辨识度与价值内涵,极大提升了其在市场中的竞争力与吸引力。以淳安县为例,该地已成功孵化出如"千岛农品"等极具影响力的区域公用品牌,这些品牌在市场上赢得了广泛认可,为当地农产品的推广与销售开辟了更为广阔的空间。


【资源链接】

浙江农林大学农产品电商运营推广技术服务团队

应用领域:电子商务

技术支撑部门:数学与计算机科学学院

专家顾问:戴丹

应用场景:

以电子商务助力乡村振兴为目标,以健全农村电商服务体系、促进农村产品全网营销为方向,坚持农村电商与共同富裕相结合,壮大一批农村电商主体,打造一批特色网销品牌。充分利用电商运营的专业知识,指导乡镇利用电子商务扩大销售渠道,鼓励农户利用淘宝、拼多多、抖音等多平台开展多元化的线上销售,逐步开创农村电子商务新景象。聚焦乡村电子商务平台建设,联合省科技厅和依托单位,自主研发了"特食汇"特派员基地农产品线上销售平台,通过组织策划,以线上直播的方式帮助浙江省的所有特派员基地产品进行集中销售,把电商和当地的产业发展更有机地结合起来，产生了显著的经济和社会效益。

应用效益：

"特食汇"平台自正式上线以来，搭建了 10 多个校地、校企产学研合作平台；累计上线基地农产品 1 万多件，成交约 3300 份订单，直接经济效益超过了 100 万元，间接经济效益达 500 多万元，完成线上线下电商培训达 100 多场，取得了良好的社会效益，助力乡村振兴、实现新一轮跨越式发展。

# 第六章　种业技术：助力农业科技自立自强

## 第一节　绿色养殖，保障舌尖上的安全

【案例 7】

### 念活湖羊"共富经"羊倌成了"羊教授"
——访湖州咩咩羊牧业有限公司负责人　项继忠

**"头雁"简介**

项继忠，1969 年出生，毕业于湖州市现代农业技术学校，湖州咩咩羊牧业有限公司负责人，浙江农林大学 2022 年度浙江乡村产业振兴带头人培育"头雁"项目学员。浙江省羊业协会副秘书长，高级畜牧师。1992 年退伍后被安排到市文化局下属的电影发行放映公司工作，辞职后，从蹬三轮车到开出租车，再到修理汽车，甚至经营矿泉水门店和创办服装厂，涉足多个行业。2007 年，项继忠以卖掉服装厂的 10 万元加上申请的 5 万元创业贷款，凑足了启动资金，创办了湖州咩咩羊牧业有限公司，专门从事湖羊养殖。

**【案例要点】湖羊养殖**

（一）概念与价值

湖羊体格中等，公、母均无角，但有角窝，全身被毛为白色，世界上

唯一生产白色羔皮的绵羊品种，头部狭长而清秀，眼大突出，鼻骨隆起，多数耳大下垂；颈部细长，胸狭窄，腹部轻微下垂，背腰平直，四肢偏细而高；与母羊相比，公羊颈部短粗、体形较大，前躯发达、更有攻击性，而母羊性格较温顺，乳房发达，尾呈扁圆形，尾端略尖，有上翘、下垂两种，属短脂尾；被毛呈毛丛结构，腹部毛稀而粗短，颈部及四肢无绒毛。其养殖的基本特点如表 2 所示。

表 2　　　　　　　　　　　湖羊的养殖的基本特点介绍表

| 基本特点 | 描述 |
| --- | --- |
| 肉品质好 | 湖羊与其他绵羊相比，湖羊具有肉质细嫩、多汁、膻味轻的优点。湖羊的早期生长速度较快，是育肥羊的理想选择。通常情况下，成年公湖羊的体重介于 44 公斤至 55 公斤之间，而成年母湖羊则在 35 公斤至 46 公斤之间。在良好的饲养管理条件下，6 月龄公湖羊的体重可达成年体重的 87%，并且屠宰率可以达到 48% 到 59%。湖羊肉含有丰富的氨基酸，能够满足人体所需的营养成分，尤其是经过育肥后的湖羊肉，具有高瘦肉比、低脂肪含量、膻味淡以及易于消化吸收的特点 |
| 胆小温顺 | 在具体养殖的过程中，湖羊的养殖管理比较简单，因为湖羊的性格温顺，即使是长期圈养也不会出现互相打斗的问题，更不会跳圈，对规模化养殖非常有利 |
| 生长发育速度快 | 一般情况下，6 月龄的公羊和母羊的体重能够达到 30 公斤左右，湖羊的生长速度是比较快的，同时饲料的转化率比较高，通过较短时间的饲养就能够实现快速出栏 |
| 性成熟较早 | 一般情况下，6 月龄的湖羊可以参加配种，有些湖羊能够实现当年产羔，生育率比较高，比较适合规模化养殖。公羊一般在 5 月龄能够配种，培育成本比较低，能够进行种群繁殖操作 |
| 全舍饲喂 | 湖羊适应性强，尤其在湿度和温度变化较大的环境中表现出色，非常适合南方地区典型的高温高湿气候。如果采用舍饲方式进行规模化养殖，考虑到湖羊较强的耐受性和较少的疾病发生率，不必专门设立运动场。在确定养殖密度时，应依据自身养殖场的具体条件来合理规划。养殖湖羊的一大特点在于它既能有效控制饲料成本，又能简化羊舍的建设要求，从而降低整体的养殖成本 |
| 耐粗饲料性 | 在养殖湖羊的过程中，饲料选择比较多，可以使用青贮玉米秸秆，配合杂草喂食湖羊。其次，山羊吃剩的饲草也能够用于喂食湖羊，这做法能够有效节省饲料成本。需要注意的是，湖羊的养殖要求比较宽松，和山羊的饲养方法一致，养殖户可以结合自家的实际情况采取科学的喂养措施 |

资料来源：华经产业研究院整理。

（二）湖羊养殖的效益

1. 湖羊具有性成熟早、快速生长以及强大的繁殖能力。湖羊的早熟意味着它们可以在较短的时间内达到性成熟并开始繁殖，这有助于缩短生产周期，提高经济效益。此外，湖羊生长速度快，能够在较短时间内达到市场体重，减少了饲养成本和时间。湖羊还以繁殖力强闻名，母羊通常每年可以生育两次，每次产羔数量较多，这不仅增加了羊群的数量，也为持续的生产和收益提供了保障。

2. 湖羊具有较好的抗病能力和适应性，能够较好地适应多变的气候条件和不同的饲料。这对于养殖者来说是一个巨大的优势，不仅可以降低发生疾病的风险，并且简化了饲料管理的过程。

3. 湖羊具有广阔市场销路。随着人们生活水平的提高，市场对优质羊肉及其他羊产品的需求逐年增长。作为优质肉用绵羊品种之一，湖羊肉质细嫩，味道鲜美。近年来，我国的湖羊肉产量呈现上升趋势，到 2022 年达到了 14.71 万吨。与此同时，湖羊肉在国内羊肉总产量中的比重也从 2015 年的 2.01% 上升到 2022 年的 2.8%。因此湖羊还具有较好的市场销路。

4. 湖羊养殖产业具有优质、高效、节粮、绿色、低排放、全循环的特点，湖羊养殖一直是中国畜牧业发展的重点之一，也是我国畜牧业转型升级的重要内容。湖羊健康养殖体系可以通过合理的选址、科学的布局和羊舍设计、绿色饲料、适宜的环境、完善的防疫制度、无害粪污处理等措施实现羊群健康，促使规模化湖羊养殖向规范化发展。

**【"头雁"风采】湖州咩咩羊牧业有限公司**

（一）公司基本情况

湖州咩咩羊牧业有限公司始建于 2007 年夏，位于湖州市吴兴区埭溪镇联山村。占地面积约 35 亩，其中羊场占地面积 25 亩，配套种植面积 10 亩。现有标准化羊舍 16 幢。总建筑面积约为 7500 平方米。湖羊场布局合理，配套设施完备，管理制度健全，配备自动饮水、自动消毒、自动喂料设备。现有存栏湖羊 3500 头，分养殖区、办公区、生活区，三区分离。公司是国家湖羊保护区核心保种场，浙江省湖羊一级种羊场，国家肉羊标准化生产示范场，浙江省首批美丽牧场，浙江省现代农业科技示范基地，浙江大学动物科学院学生实训基地，浙江省农业科学院秸秆饲料化利用示范基地，浙江农民大学教学实训基地，浙江工商大学学生实训基地。

**图7　公司羊舍图**

（二）新模式打造

1. 生态循环养殖模式。项继忠的咩咩羊牧业有限公司采用"秸秆+湖羊+粪"的生态循环养殖模式，在这种模式下，湖羊的主要饲料来源于当地种植户手中的农作物秸秆，这些秸秆富含营养，能够满足湖羊的膳食需求。湖羊的粪便则被收集起来，经过处理成为优质的有机肥料，用于改善和滋养当地的农田。这样的闭环生态系统不仅减少了对化肥的依赖，降低了养殖成本，还提高了土壤质量和农作物产量，实现了经济效益与环境效益的双重提升。

2. 合作社模式。2009年，项继忠发起成立了"湖州众诚湖羊养殖专业合作社"，该合作社带动周边农户共同发展，形成了一种"基地+公司+农户"的三赢经营机制。基地负责提供技术支持和服务，公司则负责统一收购和销售产品，农户则根据标准化要求进行养殖。这种模式有效地整合了资源,提高了养殖效率,同时也保障了农户的利益,帮助他们稳定增收。

3. 科研合作。基于对科技创新重要性的深刻认识,项继忠与包括浙江大学在内的多家高等院校展开了密切合作,共同推进了一系列科研项目。这些合作不仅提升了湖羊养殖的技术水平和管理能力,还解决了许多实际养殖中的技术难题,加速了新技术的应用推广。通过与高校的持续合作,项继忠能够及时获得前沿的研究成果和技术支持,为其湖羊养殖业务的不断扩大提供了不竭动力。

【"头雁"分享】效益分析

(一)经济效益

公司注册了"咩咩羊"商标,并申请了无公害农产品认证。通过品牌建设和认证,不仅提升了产品的知名度,还增强了消费者对产品的信任度,从而在市场上获得了竞争优势。同时,公司实现了从单一养殖到全产业链发展的转变,包括养殖、加工和销售等多个环节,极大地提高了产品的附加值和市场竞争力。合作社的经济效益逐年攀升,预计年销售额可以突破 1000 万元,肉羊销售净利润连续多年以每年 20% 的速度增长,为农户提供了稳定的收入。另外,公司将探索农业与旅游业的结合,利用现有的自然生态资源,开发休闲观光项目。通过建设集科研、教育、休闲于一体的综合基地,丰富公司业态,增加收益。

(二)社会效益

通过"基地+公司+农户"的三赢经营机制,合作社的销售额得以显著增长,农户的收入得到了实实在在的提升。同时,公司建设科研基地、学生实训基地以及研学基地,为浙江大学动物科学学院等高校学生提供了宝贵的实习和学习机会,帮助学生将理论知识与实践相结合,为未来的职业生涯奠定坚实的基础。项继忠的合作社成为培养新一代农业人才的摇篮,为农业领域输送了大量具有专业技能和实践经验的人才,这对提升整个地区的农业技术水平具有重要意义。

（三）环境效益

生态循环养殖模式是一种可持续发展的农业模式，可以有效解决农业废弃物处理问题，促进资源的循环利用，减少环境污染。"秸秆+湖羊+粪"的生态循环养殖模式通过将秸秆作为湖羊的主要饲料，解决了农作物残余物的处理难题，减少了焚烧秸秆造成的空气污染。湖羊产生的粪便经过处理后变成有机肥料，用于改善土壤质量，减少了化学肥料的使用，保护了生态环境。这种模式不仅有助于农业可持续发展，还为其他农业企业提供了可借鉴的经验。

（四）管理效益

在企业管理上注重标准化和规范化，通过引入现代化的管理理念和技术手段，提高了养殖效率和产品质量。其严格执行标准化养殖流程，从湖羊的饲养管理到疫病防控，每一个环节都高标准操作，确保了产品的质量和安全。此外，不断加强羊场的软硬件设施建设，如采用离地平养、双层羊舍和自动饮水技术等，极大提高了养殖效率。

【案例8】

## 蛋鸭笼养的规模化生产之路

### ——访浙江常青树农业科技有限公司负责人　林杰

**"头雁"简介**

林杰，1982年出生，毕业于浙江树人大学，中专学历，浙江农林大学2023年度浙江乡村产业振兴带头人培育"头雁"项目学员。从事蛋鸭养殖行业近20年，目前担任浙江常青树农业科技有限公司、余姚市乡下宝农业科技有限公司、宁波旭丹农产品有限公司等公司法定代表人，宁波凡真教育信息咨询有限公司等公司高管。其父辈从20世纪80年代开始从事蛋鸭养殖，为宁波市有名的养殖大户，林杰从21世纪初开始继承父业，并将之发扬光大。

**【案例要点】蛋鸭笼养技术模式**

（一）概念与价值

蛋鸭笼养，是指将产蛋鸭全程饲养于笼中，配套使用自动化的养殖、粪污处理等设施设备，以实现规模化、标准化生产的一种养殖方式。该方式不仅能够有效控制蛋鸭养殖产生的污染，防止疫病发生，且能够通过实施标准化生产，保障鸭蛋产品食品安全，提升养殖效益，目前已在我国多地探索并推广实施。

蛋鸭传统养殖是地面平养，依水搭棚，利用自然光照，喂农副产品。传统养殖方式管理粗放，劳动生产率低，弊端多：一是易污染，鸭粪直排水体，密度大时会恶化水域环境；二是疫病防控风险大，开放式或半开放式平养易使疫病传播；三是鸭蛋质量安全难保证，易被粪便污染，用抗生素还会增加药物残留；四是生产回报率低，鸭蛋易破损、丢失，饲料利用和转化率低；五是受资源条件制约，需在优级水源岸边建场。

（二）我国蛋鸭笼养的现状

蛋鸭笼养的探索研究时间较长，真正投入生产是2010年在浙江田歌实业股份有限公司开展的三层阶梯式笼养，刮粪机刮粪，鸭粪用塑料管道输送到果园用于果树苗木施肥；2012年江西省、湖北省等地部分蛋鸭养殖企业跟进蛋鸭笼养生产试验，建有半封闭式鸭舍，三层阶梯式笼养，刮粪机刮粪，自动上料机上料，配备风机水帘等设备，每栋鸭舍可饲养蛋鸭7000—9000只；至2014年，蛋鸭笼养技术趋于成熟，可以规模化生产。2016年，湖北神丹健康食品有限公司在湖北安陆市建设多层全封闭笼养标准化鸭舍2栋，4层层叠式笼养，每栋饲养蛋鸭20000只，采用传输带出粪，配备风机、水帘、自动饮水、自动上料、自动集蛋等设备，这标志着我国蛋鸭笼养进入了一个新的阶段。

我国蛋鸭产业已进入了产量平稳提升、质量稳步提高、综合生产能力不断增强的新阶段。国家陆续新修订和出台了《环境保护法》《食品安全法》《土地管理法》《畜禽规模养殖污染防治条例》等法律法规，在资源占用、环境保护和食品安全等方面给蛋鸭产业发展提出了新的更高要求，多层面倒逼该产业加速转型升级，从主要追求产量和依赖资源消耗的粗放型经营，转到注重数量与质量效益并重、注重提高竞争力、注重科技创新、注重可持续发展上来。高产、高效、生态和友好型养殖是未来畜牧业的发展方向，而传统的蛋鸭地面平养方式已与当前大力推行的规模化、标准化、生态化、产业化趋势不相适应，严重制约了其可持续健康发展。统筹国家政策与产业发展，探索推行集生态、质量和效益于一体的新型养殖方式已势在必行。

**【"头雁"风采】浙江常青树农业科技有限公司**

（一）公司基本情况

浙江常青树农业科技有限公司成立于 2009 年 2 月 10 日，位于浙江省余姚市河姆渡镇小泾浦村。经营范围包括一般项目：技术服务、技术开发、技术咨询、技术交流、技术转让、技术推广；智能农业管理；初级农产品收购；肥料销售等。作为农业科技服务和相关产品销售平台，目前有阿章叔烤海鸭蛋系列产品和有机肥两大产品，同时相应的餐饮品牌和餐饮店也在筹建当中，旨在打通整个产业链。

经过十几年的发展，公司已和浙江省农科院、浙江农林大学、宁波大学、万里学院等科研机构和高校开展了卓有成效的合作，拥有 6 项相关专利技术，并有多项专利正在申报中。截至 2023 年，公司年产值突破 2000 万元，累计带动超过 20 户从事蛋鸭养殖的农户增产增收，创造了显著的经济效益和社会效益。同时，公司近期正在规划筹建一座 20 万羽蛋鸭笼养及相关配套生产的综合化养殖生产基地，力争成为宁波乃至全省的农业龙头企业。此外，余姚乡下宝农业科技有限公司作为蛋鸭养殖主体，目前有余姚河姆渡和奉化莼湖两大养殖基地，分别为余姚的 5 万羽蛋鸭笼养基地和奉化的 3 万羽蛋鸭散养及青年鸭培养基地，采用目前国内最先进的笼养养殖模式，在实现规模化养殖的同时，有效降低养殖成本，提升和控制产蛋率和鸭蛋品质。与此同时，该养殖模式还可以有效降低对环境的污染，符合国家的环保政策，实现了经济效益和社会效益的双丰收。

图8　公司养殖场图

（二）农场设施设备

1. 笼具。以表面光滑、耐腐蚀的优质低碳钢丝制成蛋鸭专用笼具，采用多层重叠式多列排放或多层阶梯式多列排放。各阶段常用笼具的相关参数见表3。

2. 环控设备。配备湿帘风机、加热设备及自动控制系统（舍内温度、湿度、$NH_3$ 浓度、$H_2S$ 浓度监测仪+传输装置+中央控制室+环控软件）。鸭舍南北两侧主体墙上安装铝合金或塑钢、双层中空玻璃、全开式窗户（窗台高 110—140cm、窗户高 100—150cm×宽 150—200cm，窗户总面积：舍内地面面积=1∶10—12）和横向通风换气窗（配套小型负压风机），东西两端山墙上分别设置安装 4—12 台轴流式负压风机和 40—60m² 湿帘与导流窗；天面上设置安装采光瓦、通风天窗及无动力风机；舍外适当位置安装2—6 台自动燃气或电力热风炉、每列笼架最底层设置 2 条 200 热风管、中间道路上方设置 1 条 350 热风管，风机和热风炉连接中央控制室环控感应开关，自动开启闭合。

表3 笼养蛋鸭各阶段专用笼具常用参数

| | 育雏笼 | 育成笼 | 产蛋笼 |
|---|---|---|---|
| 规格（mm） | 长 7000—15000 | 长 400—600 | 长 400—460 |
| | 宽 7000—10000 | 宽 460—500 | 宽 340—460 |
| | 高 2000—4000 | 高 380—390 | 高 80—390 |
| 笼底网直径（mm） | 12.5 | 15 | 2.2 |
| 笼底网坡度（cm） | 0 | 4.2—5 | 8.3—8.7 |
| 最低离地高度（mm） | 400—600 | 100—500 | 100—120 |
| 组合排列方式 | 层叠式，一组 3—4 层，1 笼/层 | 层叠式或阶梯式，一组 3—4 层，4 笼/层 | 层叠式或阶梯式，一组 3—4 层，5 笼/层 |
| 备注 | | | 底网外延与集蛋槽（带）相接 |

3. 光照设备。在过道中间和两侧墙上均匀、交错安装 3—9WLED 节能灯（灯泡间距为灯泡到笼底网水平面的距离的 1.5 倍）及光照探头，配备安装自动控制的、分别用于人工补光（常光照明）和夜间照明（弱光照明）的 2 套光照系统。

4. 其他自动化设备。自动供料设备：料塔及播撒式自动喂料系统。自动供饮水设备，包括清洁的水源及自动供饮水系统。每栋鸭舍供水前端配备水表和过滤器、加药器，每笼安装 1—2 个乳头式自动饮水器。自动清粪机：配备自动传送带（履带）式清粪机或刮粪板式清粪机。自动喷雾加湿与消毒系统：由供水管、水表、过滤器、加药器和电源控制器、电机、液体输送管道、安装在中间过道上方和两侧墙上的喷头等组成。

【"头雁"分享】效益分析

（一）蛋鸭养殖区域范围扩大

笼养蛋鸭不仅不需要室外包括陆上和水上运动场，也不需要垫料含发酵床原材料，因此不受水利条件、土地和垫料等资源的限制，可以在任何适养区内的荒山野岭或低岗丘陵地甚至相对平缓的山地上建场。而且笼养蛋鸭饲养密度高、温湿度等环境因子可控,不仅可以在气候寒冷(不受自然环境温度5℃以下蛋鸭产蛋停止的限制)地区和温暖地区,也可以在常年高温高湿的环境条件下进行笼养蛋鸭,可以取得良好的笼养效果。由此,蛋鸭养殖范围可以通过笼养突破地域和冬春严寒季节而无限向东西南北扩展,实现一年四季均衡生产。

(二)蛋鸭养殖效率提高

1. 笼养蛋鸭集约化程度高。笼养蛋鸭适合规模经营,占用空间少,提高了土地、鸭舍及其设施设备的利用率,同时养殖过程机械化(自动喂料、自动供水、自动清粪、自动集蛋)程度高,大大降低了劳动强度、节省了人力,提高了劳动生产率、降低了人工和管理成本以及固定资产使用成本,有利于获得规模效益。

2. 笼养蛋鸭全面改善了鸭只的生活生产环境条件。主要是通过主动调控鸭舍的温湿度等环境因素,加上不使用垫料和及时收集处理鸭粪而有效降低舍内湿度、尘埃及病原气溶胶和 $NH_3$、$H_2S$ 等有毒有害气体与空气悬浮物的浓度,克服了冬春季节低温高湿和夏季高温高湿对蛋鸭生产性能的不良影响,免除了冻雨冰雪、暴风骤雨、烈日酷暑等恶劣气候所致产蛋停止的忧患,阻断了鸭群与外界环境(包括粪便、飞禽候鸟)病原微生物接触感染的机会,便于观察发现异常鸭群、及时采取有效措施,有利于鸭只整体健康稳产。

3. 笼养蛋鸭提高了生产性能。笼养蛋鸭限制了蛋鸭的活动和争抢饲料的行为,减少了运动能量消耗及其他相关饲料消耗(含洒落浪费),节约了饲料;保证了蛋鸭采食均匀,提高了鸭群的体重与产蛋整齐度,有利于提高蛋鸭的产蛋率与蛋料比。

4. 笼养蛋鸭增强了鸭蛋市场竞争力。笼养蛋鸭集蛋方便,蛋壳干净,破损蛋少,减少了蛋制品加工贮存过程中的洗蛋工艺,较完整地保存了蛋壳外膜,延长了鸭蛋的保鲜和保质期。

（三）控制蛋鸭养殖污染

层叠式笼养蛋鸭产生的粪便直接掉落到粪便传送履带上，定时被输送到鸭舍外的封闭式鸭粪收集池中，阶梯式笼养蛋鸭产生的粪便先掉落到承粪板上。然后掉落到粪沟或粪便传送履带上，再由自动刮粪板定时清入封闭式鸭粪收集池中，最后集中作资源化利用，不用垫料，更不会将鸭粪直接排泄到水体中，从源头上控制了蛋鸭养殖污染。

【资源链接】

浙江农林大学畜禽全产业链重要危害因子检测关键技术服务团队

应用领域：绿色养殖

技术支撑部门：动物科技学院、动物医学院

专家顾问：陈中炜

应用场景：

围绕陆生和水生动物疫病病原、抗生素残留和霉菌毒素等一系列危害因子的快速精准检测以及畜禽产品质量全程控制和溯源等，建立了一系列危害因子的高特异、高灵敏和高通量的检测技术体系，可向用户出具 CMA认证或 CNAS 认可的检测报告，有效解决了养殖过程中重大动物疫病防控、抗生素滥用和冷鲜畜产品微生物污染防控技术难题。该技术体系获得农业农村部重大动物疫情监测计划首批授权开展非洲猪瘟第三方检测，助力2016 年 G20 杭州峰会食品安全保障和 2022 年杭州亚运会马术比赛无疫区建设等重大工作。

应用效益：

助力杭州无规定马属动物疫病区获欧盟和世界动物卫生组织认可，为杭州亚运会马术比赛的顺利进行提供技术支撑；助力畜禽绿色生态低碳健康养殖，已产生经济效益 3 亿元。

# 第二节  良种选育，新品种塑造新品牌

【案例9】

## 海拔千米高山上的"近自然"小香薯
### ——访遂昌洪鑫家庭农场负责人  唐昌荣

**"头雁"简介**

唐昌荣，1979年出生，中共党员，遂昌洪鑫家庭农场负责人，浙江农林大学2023年度浙江乡村产业振兴带头人培育"头雁"项目学员。主要经营家禽、家畜养殖、销售以及水果、蔬菜种植、销售。

**【案例要点】近自然种植**

（一）概念与价值

"近自然"的意义在于接近自然，指在满足人类需求的基础上，将人工种植的环境以模拟自然的手法建设成自然状态，通过营造和恢复生态环境获得高品质、高产量的作物。目标是在满足人类需求的前提下，同时保护或者创造环境的自然形态和生物多样性，从而实现可持续性发展。

（二）甘薯的特性与分类

甘薯属双子叶植物纲旋花科番薯属的一年生或多年生蔓生草本，是世界第六大作物，富含碳水化合物（淀粉、单糖和膳食纤维）和生物活性物质（胡萝卜素、花青素和抗坏血酸）等，作为能量和营养来源在人类饮食中发挥着重要作用，被视为营养平衡的优质食物资源。

中国是世界上最大的甘薯生产国，产量占世界总产量的60%以上，其栽培历史悠久，各地均有栽培，产量仅次于水稻、小麦和玉米。目前国内甘薯大多以农户种植，自产自销的生产经营模式为主。消费以鲜食和食品加工为主。

1. 甘薯的特性

（1）广适性：甘薯具有较强的适应性及高产稳产的特性，在中国广泛种植。其栽插和收获时间较灵活，可与其他作物错开生长期，能合理利用空间、时间、光能和地力，是良好的间作、套种作物。

（2）环境友好的低碳作物：抗旱、耐瘠、耐盐特性突出，同时具有提高土壤母质生物活性、增强土壤肥力的功能；具有低富集多种重金属的能力，即使在被污染的土壤中种植，甘薯食用部位也具有极高的安全性；抗农药残留污染，能保证其自身质量安全及其对污染土地的有效利用。

（3）营养全面均衡：淀粉含量高，氨基酸组成合理，不饱和脂肪酸占比高，膳食纤维丰富，多酚含量高，矿物质丰富，生物强化作用明显。

（4）保健功能显著：含有胡萝卜素、花青素、酚类、黄酮、绿原酸等功能性成分，具有抗氧化、抗菌、抗肿瘤、抗衰老、降血糖、降血脂、预防心脑血管疾病、预防夜盲症、预防便秘、预防肠道疾病、保护肝脏及免疫调节等多种疾病防控功能，是一种具有高营养保健价值的作物。

2. 甘薯的分类：根据用途可分为鲜食型、淀粉型、菜用型、加工型、色素型、兼用型；根据肉色可分为紫肉甘薯、橘肉甘薯、黄肉甘薯、白肉甘薯。

【"头雁"风采】遂昌洪鑫家庭农场

（一）农场基本情况

遂昌洪鑫家庭农场成立于 2014 年 4 月 1 日，前身为遂昌荣逸家禽养殖专业合作社，主要从事养殖业，所养殖的"九龙出海"牌土鹅荣获丽水市生态精品现代农业、生态精品农产品称号。2014 年，农场转型涉足种植业，种植蓝莓、小香薯及马铃薯等粮油作物。农场位于遂昌县黄沙腰镇大洞源村，基地海拔 800—1200 米，森林覆盖率超 90%，生态好、日照足、昼夜温差大。种植基地主要为梯田种植，坡度小，有机养分沉积多，土质疏松，多为红、黄黏壤土，重金属污染少，有利于生产高品质小香薯。农场所产小香薯品质优良，深受广大消费者喜爱，但交通不便，产品的销售仅限于本地区，限制了农场规模的扩大。

甘薯产业是遂昌西部的传统优势产业,农场于 2018 年引进小香薯种植,将近自然的方法与现代产业技术相结合,选育优质品种。农场所产小香薯品质优良、品相良好,迅速成为农场主要种植作物。2019 年农场成为浙江省农业科学院甘薯新品种试种基地且表现优异,2021 年又成为浙薯956 反季节育种试验基地,开展多种种植试验,力争 3—5 年内建成浙江省反季节育种基地。2023 年、2024 年与浙江农林大学现代农学院合作,推动小香薯高品质、高产、近自然种植技术发展,其种植、培育和田间管理方法得到该校教授高度认可。

(二)小香薯简介

小香薯又称迷你甘薯,指单个薯块重量为 50 克—150 克,外形美观,质地细腻,口感粉糯香甜,营养丰富,风味佳浓,质量符合无公害蔬菜安全标准的鲜食甘薯。肉色黄而均匀,口感粉甜,质地细腻,风味佳浓,纤维少。市场偏爱皮色紫红、薯皮光滑周正、细长(长 10cm—20cm,粗4cm—8cm)的薯块。

2003 年,在浙江省农业农村厅、浙江省农科院专家的帮助下,临安引入试种小香薯 0.667 hm$^2$,当年即取得了良好的社会和经济效益,之后该产业迅速发展,种植面积成倍增长。主要推广品种有心香、渝紫 263、浙6025 等。遂昌洪鑫家庭农场目前主要种植品种为从 2020 年金华全国番薯评比会上引进的徐薯 67,该品种在浙江省种植较少,是该农场的竞争优势之一。

(三)采用的新技术

国家甘薯产业技术体系在解析甘薯高产的群体结构、源库协调、光合产物分配等规律及根系生长发育等机制的基础上,研发了测土配方施肥、地膜覆盖、化学调控、水肥一体化等高产栽培新技术,取得了良好的效果。

1. 测土配方施肥。以土壤测试和肥料田间试验为基础,根据小香薯需肥规律、土壤供肥性能和肥料效应,在合理施用有机肥料的基础上,提出氮、磷、钾及中、微量元素等肥料的施用数量、施肥时期和施用方法。

**图9　小香薯图**

2. 地膜覆盖。用塑料薄膜覆盖地面的一种栽培措施。一般采用厚度为0.015毫米左右的高压聚乙烯透明塑料微薄膜，要求透光性好、导热性差、不透气，在低温易冻、热量不足条件下，可起增温、保墒、改善近地面气层的光热条件，促进土壤微生物活动，改善土壤理化性质，提高 $CO_2$ 浓度等作用。由此，可以促进小香薯的生长发育和产量及品质的提高。

3. 化学调控。甘薯的源库器官的形成和发育以及产量调控与其内源激素含量密切相关，内源激素作为一种信息物质使地上部分和地下部分有机结合成一个整体，不同时期对不同器官实施化学控制，对地上、地下器官产生影响，并最终影响作物产量。外源化学调控可通过改变甘薯内源激素系统的平衡来达到调控产量的目的，在大田生产中，化学调控是协调库源关系、提高产量的有效措施。

4. 水肥一体化。水肥一体化技术又称灌溉施肥，它是借助压力灌溉系统，将肥料配兑成肥液在灌溉的同时将肥料输送到甘薯根部土壤，适时适量地满足甘薯对水分和养分需求的一种现代农业新技术。

5. 小香薯双季栽培技术。为错开小香薯上市时间,并提高土地利用率和产出率,增加种植效益,需要采用双季栽培技术。即第 1 季在 2 月下旬开始育苗,4 月初移栽,6 月中下旬上市,第 2 季在 6—8 月移栽,9—10月上市。双季栽培法亦可在第 1 季甘薯采收前,在畦边套种薯苗,将第 1季甘薯采收时挖掘的泥土覆在薯苗旁即可成畦为第 2 季甘薯。

**【"头雁"分享】种植效益**

(一)生产效益

小香薯具有高产、稳产、营养丰富的特点,可以作为主粮供应的重要补充,食物多样化的重要种类,满足群众的粮食需求。小香薯块根的主要成分是淀粉,除直接作为粮食供应,也可用作食品加工和酿造工业的原料。

(二)经济效益

小香薯品质优良、风味类型较多,能够满足不同口味消费者的多样化需求,且适于微波炉整薯烘烤,具有食用方便、节能等优点,符合人们省时经济的消费观念,适合一次性消费和各年龄段消费。另外,通过精品包装,提高商品档次,在杭州、上海等地超市的售价比普通甘薯高 3—6 倍,按平均单产 $15000kg/hm^2$ 计算,一般产值达 45000 元/$hm^2$ 左右。

(三)环境效益

小香薯生长于地下,作为纯天然的绿色产品,在生长过程中受病虫害的危害极少,特别是农场采用近自然的种植方法,污染少,农药使用量对标欧盟,可实现生态环境的可持续性发展。

(四)营养价值

甘薯富含糖、蛋白质、纤维素、氨基酸和多种维生素,维生素尤以维生素 B、C、E 含量居多,氨基酸主要是赖氨酸,而大米、面粉恰恰缺乏赖氨酸,故甘薯与米面混吃可发挥蛋白质的互补作用,营养价值更高。同时,甘薯被列为 13 种食品最佳蔬菜冠军,是世界公认的价廉、味美、粮菜兼用,老少皆宜的健康食品。甘薯营养十分丰富,能和血补中、宽肠通便、增强免疫功能、防癌抗癌抗衰老、防止动脉硬化和保持人体酸碱平衡等。

**【资源链接】**

浙江农林大学薯类作物智慧农业栽培关键技术服务团队

应用领域：农业种植

技术支撑部门：现代农学院

专家顾问：吕尊富

应用场景：

围绕薯类作物提质增效，联农共富，充分发挥智慧农业和薯类作物栽培育种技术的优势，提出基于节能减肥的薯类作物提质增效关键技术。针对施肥过量导致的产量和品质降低，利用智慧农业遥感监测技术、智慧农业肥料优化技术以及优质种质等快速提升薯类作物生产力，选择优质高产耐逆的甘薯、马铃薯品种，采用鲜食玉米—甘薯—马铃薯等多熟制栽培模式，实现薯类作物节能减肥，产量和品质双提升，保障旱作粮食可持续高效生产。

应用效益：

有效降低肥料浪费，每亩地节约 10% 左右的肥料，降低肥料损失 500 元/亩。

**【案例 10】**

## 莓香长宁，绿色共富路
### ——访建德市杨村桥镇长宁村村党支部副书记　汪艺璇

**"头雁"简介**

汪艺璇，1996 年出生，中共党员，毕业于绍兴文理学院元培学院纺织工程专业，建德市杨村桥镇长宁村村"两委"书记，村党支部副书记，青年农创客，2024 年"浙江千名乡村 CEO 培养计划"浙江农林大学 2024 届学员。

**【案例要点】草莓种植**

（一）长宁村草莓特性

1. 得天独厚的生长环境。长宁村地处亚热带季风气候区，温暖湿润，雨量充沛，四季分明。年平均气温 17℃，年降雨量达 1504 毫米，年日照时数长达 1990 小时，无霜期长达 254 天。这些优越的气候条件为草莓种植提供了良好的光照、温度和水分条件。此外，长宁村草莓种植区的水源主要来自国家一级水体——千岛湖和寿昌江，水质清洁无污染，为草莓的生长提供了优质的水源保障。同时，长宁村草莓种植区分布在低于海拔 200 米的河谷平地，土壤以黄壤亚类的黄泥土和褐土为主，土壤肥沃且有机质含量较高，一般达到 3% 左右。土壤 pH 值在 5.5—6.5 之间，呈偏酸性，有利于草莓的生长和养分的吸收利用。

2. 优良的品质。长宁村积极使用草莓病虫害绿色防控技术，减少化学农药的使用量，保证了草莓的食用安全性和生态环保性。长宁村草莓品种繁多且各具特色，既有传统种植的红颊、章姬等优质品种，又有新引进的建德红、建德白露、奶油草莓等新品种。这些不同品种的草莓在果实大小、色泽、口感、风味等方面各具特点，满足了不同消费者的需求偏好。

3. 高效的产业链建设。长宁村草莓产业构建了从育苗、种植、冷链、销售等全产业链的现代化产业体系。通过加强产业链各环节之间的协作与配合，实现了草莓产业的规模化、标准化和品牌化发展。同时，建德市还积极引进优质企业和科研院所等创新资源，推动草莓产业的技术创新和转型升级。通过引进优质种苗和组培育苗技术，采用基质栽培、肥水同灌、清洁化栽培等现代化农业技术手段，提高草莓的种植水平和品质保障能力。

（二）草莓的分类

1. 红颊草莓：红颊草莓又称红颜草莓，是建德市传统种植的主要品种之一。其果实呈圆锥形，色泽鲜红亮丽，果肉多汁，甜度高，口感细腻，深受消费者喜爱。红颊草莓的适应性强，易于栽培管理，产量高且稳定，是建德市草莓品种中的佼佼者。

2. 章姬草莓：章姬草莓又称牛奶草莓，果实长圆锥形，果面平整光滑，色泽鲜艳美观，果肉细软多汁，香味浓郁，甜度适中，带有牛奶般的口感，因此得名。章姬草莓品质优良，市场认可度高，是建德市乃至全国知名的草莓品种之一。

3. 建德红草莓：建德红草莓是近年来建德市培育的草莓新品种，具有结果早、果实大、甜度高、风味浓郁等特点。其果实色泽鲜艳，硬度适中，耐贮运，适合长途销售。建德红草莓的种植技术要求较高，但产量和品质表现优异，成为草莓产业的新亮点。

4. 建德白露草莓：建德白露草莓是近年来成功种植的高品质草莓新品种。其果实呈白色或淡粉色，口感清香，软糯多汁，与普通红色草莓相比具有独特的风味和口感。建德白露草莓售价较高，市场需求旺盛，为莓农带来了可观的经济效益。

5. 奶油草莓：奶油草莓是一种果实表面带有淡奶油色泽的草莓品种，口感细腻，甜度适中，带有浓郁的奶油香味，深受消费者喜爱。奶油草莓的种植技术要求较高，但产量和品质表现出色，是建德市草莓品种中的高档品种之一。

**【"头雁"风采】建德市杨村桥镇长宁村**

（一）旅游业：从零散到集聚的华丽转身

长宁村，坐落在建德市杨村桥镇的心脏地带，自古便是连接周边地区的交通要道。村庄四周环山抱水，自然风光秀丽，生态资源丰富。然而，在乡村振兴战略实施之前，长宁村的发展受限于传统农业模式，产业结构单一，农民收入增长缓慢，村庄面貌急需提升。近年来，随着乡村振兴战略的深入实施，长宁村依托自身资源，抓住机遇，大胆创新，探索农旅融合新路径，实现了经济快速增长与社会全面进步。

长宁村深入挖掘农业资源潜力，创新开发旅游产品，推出草莓采摘

**图 10　杨村桥草莓展示图**

园、蓝莓观光园、玉米迷宫等多元化旅游项目，并举办特色文化节，增强游客体验。同时，注重项目精品化，提升服务质量，确保游客在自然美景中享受高品质服务。通过注册商标、申请绿色食品认证等方式，不断提升农产品的品牌知名度和美誉度。同时，与电商平台合作，拓宽销售渠道，将特色农产品推向全国及海外市场。利用微信、抖音等新媒体宣传推广，吸引更多游客前来观光体验。

此外，为提高旅游接待能力和服务水平，长宁村大力加强基础设施建设。新建游客服务中心、停车场等配套设施，完善旅游标识和道路交通系统，强化环境卫生整治和绿化美化工作。这些举措为游客营造了便捷、舒适的旅游环境，也为长宁村旅游业的可持续发展奠定了坚实基础，让长宁村在经济发展与生态保护之间找到了平衡，实现了全面进步。

（二）特色种植业：从传统到现代的蜕变

在乡村振兴之前，长宁村的草莓、蓝莓、玉米等特色种植业同样面临着诸多挑战。传统种植模式依赖于自然条件和经验积累，缺乏科学管理和技术支持，品种单一且老化，病虫害防治能力有限，导致农产品产量低、品质差、竞争力弱，农民收入提高难。

在乡村振兴战略的推动下，长宁村特色种植业迎来发展机遇，实现了从传统向现代农业的蜕变。一是引进智能温控大棚、水肥一体化等设施，精准控制种植环境，高效管理生产，与科研机构合作，推广优良品种与先进技术，提高产量和品质，建立病虫害防治和技术服务体系，为农户提供全程指导。二是注重品种优化和品牌打造，引进并改良优质品种，培育出有自主知识产权的新品种，口感好、营养高、竞争力强，还通过注册商标、绿色认证等提升品牌知名度，参加展销会等扩大影响力和占有率。三是不仅优化种植环节，还延伸产业链，融合加工、销售、旅游环节，建立加工基地和物流中心，以深加工和精细包装提高附加值，利用电商和线下渠道拓宽销售网络，结合旅游打造体验馆和展示区，实现农产品销售和旅游收入双增长。此外，长宁村重视人才支撑，通过办培训班、请专家指导提升农民技能，引进技术和管理人才，为特色种植业发展注入活力，助力乡村振兴。

**【"头雁"分享】效益分析**

（一）农业产业升级显著

长宁村的农业产业实现了从传统种植向现代化、标准化、品牌化的转型升级。在草莓种植方面，建德市杨村桥镇先进的种苗繁育技术发挥了重要作用。通过建设组培育苗中心和基地，保持种源优势，为莓农提供技术支持，使得长宁村种植户能轻松获取高质量种苗，为草莓高产优质筑牢根基。

在草莓种植过程中，积极推广清洁化、节水化栽培技术，肥水同灌、清洁化栽培等模式在提高草莓产量和品质的同时，减少了化肥和农药用量，保护了生态环境。而且，随着科技进步，草莓种植朝着自动化、智能化迈进。比如利用智能温室控制系统调控温室内温度、湿度、光照等环境参数，为草莓营造最佳生长环境，利用智能灌溉系统实现精准灌溉，提升水资源利用效率。

此外，长宁村依托肥沃土地和优越自然条件发展生态农业，种植有机蔬菜、水果和特色农产品。游客能参与采摘、耕作、种植等农事活动，体验农耕乐趣，感受田园生活的宁静美好。

（二）旅游业快速发展

近年来，在村委会的带领下，长宁村积极拥抱数字化浪潮，以党建为引领，不断探索乡村振兴新路径，形成了"田园隐居、长寿长宁"的品牌特色，走出了一条村强民富、乡村善治的新路子。村干部充分利用长宁村山清水秀、自然资源丰富的优势，以"田园隐居、长寿长宁"为主线，大力发展乡村旅游。自2019年以来，村干部制定全域旅游规划，通过成立"农业农产、旅游康养、寻味美食、电商产业"四个新时代互助组，打造"互助长宁"品牌，先后举办了多届乡村游活动，如"野樱花游""红色长宁"农耕游等，吸引了大量游客前来观光旅游。同时，村干部还注重挖掘乡村文化内涵，提升旅游品质，将乡村旅游与红色文化、农耕文化、民俗文化等相结合，形成了独具特色的旅游品牌。

（三）农民收入持续增长

长宁村的支柱产业是草莓种植业，建德市素有"中国草莓之乡"的美誉，而长宁村对于草莓种植也有着四十多年的历史。从长宁村的草莓种植模式来看，建德市杨村桥镇积极探索草莓标准地建设模式，通过政府主导、国企主建、乡村主管、主体主营的方式，推动草莓产业的高质量发展。长宁村作为杨村桥镇的一部分，也受益于这一模式，实现了草莓种植面积的扩大和标准化生产。标准地建设遵循适度规模经营原则，将土地流转给村集体或国有公司，统一规划、统一建设、统一管理，然后出租给草莓种植户。这种模式有效解决了土地碎片化、利用率低的问题，提高了草莓种植的规模化和标准化水平。长宁村在草莓种植过程中，创新了利益联结机制，探索了"镇+村+企业+农户"的合作模式。镇政府提供政策支持和引导，村集体组织土地流转和资源整合，企业负责技术指导和市场营销，农户则负责具体的草莓种植工作，实现了资源的优化配置和利益的共享共赢。

**【资源链接】**

浙江农林大学植物—土壤信息快速感知与处理技术及装备服务团队

应用领域：农业种植

技术支撑部门：园艺科学学院

专家顾问：徐凯

应用场景：

适应浙江水果产业高水平发展新要求，满足长三角对精品水果的旺盛需求，针对杨梅、柑橘、猕猴桃等水果产业链中存在的技术短板，充分发挥团队在果树优质安全生态化栽培和设施栽培方面的技术优势，研发集成基于良种选择、抗性砧木筛选、果草羊循环生产、肥水耦合管理、避雨网室防病虫、省力化整形修剪的杨梅、柑橘、猕猴桃等水果精品高效生产模式，实现果品绿色高效可持续生产。

应用效益：

实现亩均增收 3000 元以上，比传统水果生产投入产出比提高 35% 以上。

# 第三节　种养结合，立体式农业新场景

**【案例 11】**

## "芝"音绕梁，"季"遇良田

——访龙泉市龙三秀生物科技有限公司董事长　季丁福

**"头雁"简介**

季丁福，1973 年出生，龙泉市龙三秀生物科技有限公司董事长，龙泉市灵芝协会副会长，四川省广元市昭化区瞻凤农业开发有限公司创始人，丽水市高级农商师。2019 年度东西部扶贫协作科技扶贫"先进个人"，并荣获 2019 年度科技扶贫"突出贡献奖"; 2020 年 9 月荣获浙江省制定灵芝铁皮石斛国际标准创新贡献奖; 2020 年 9 月荣获浙江省标准创新贡献奖; 2022 年被聘为省级林业乡土专家, 主导制定灵芝、铁皮石斛国际标准; 2021 年 10 月参与制定灵芝(赤芝)及其孢子粉质量规范团体标准; 2023 年 1 月参与制定灵芝子实体团体标准。1991 年开始从事灵芝生产加工销售, 20 多年来一直坚守、探索和发展龙泉灵芝产业, 为龙泉市灵芝产业提升发展、农民的增收作出一定贡献。

**【案例要点】立体农业与灵芝产业**

(一)概念与价值

立体农业生产模式, 亦称为层状型农业, 是为应对气候变化背景下的粮食安全挑战提出的。该模式通过高效利用水资源、肥料、光照、热量和空气等自然要素, 根据不同作物生长周期的时间和空间差异, 实现水上、地面、前后以及空中的多维度种植。这种农业模式基于不同生物间的相互关系, 通过科学配置达到趋利避害的效果, 重组各类生物种群, 形成多层次、多物种共存的系统, 促进物质和能量的多级循环利用, 从而达到立体种植、立体种养或立体养殖等多种形式的高度集成, 以获得最大化的经济效益。

立体农业强调种植业、畜牧业与加工业有机结合, 形成了综合性经营体系。其特点主要体现在四个方面: 一是"高效", 即最大限度地开发光能、水资源、土地和热量等自然条件, 提高人工辅助能源的利用效率; 二是"集约", 即强化土地的集约化管理, 整合劳动力、物资、技术和资金等要素; 三是"安全", 即注重环境保护与食品安全, 倡导经济发展与生态保护相协调的理念; 四是"持续", 即通过提升农业质量和生态环境水平, 增强农业可持续发展的潜力, 提高土地生产力。

(二)灵芝产业分析

龙泉市的灵芝产业已经形成了一定规模, 未来将继续向高质量、高效益、可持续的方向发展。浙江省龙泉市是中国灵芝的主要产地之一, 被誉为"中华灵芝第一乡"。近年来, 随着人们对健康的重视和对灵芝产品认知度的逐渐提高，龙泉市的灵芝产业也得到了快速发展。2022 年以来，龙泉市加快推进灵芝食药物质管理试点工作，从产品质量、知识产权、标准建设等方面为灵芝产业发展赋能，并启动制定"地理标志产品"龙泉灵芝、龙泉灵芝孢子粉两项标准，全链条助力龙泉灵芝产业高质量发展。

**【"头雁"风采】龙三秀生物科技有限公司**

（一）公司基本情况

龙泉市龙三秀生物科技有限公司成立于 2015 年，其前身是 2008 年创立的龙泉市仙草谷灵芝专业合作社。公司专注于中药材和食用菌的种植、收购与销售，并致力于生物科技的研发。成员们拥有超过 15 年的种植经验，严格遵循有机栽培的标准，以确保产品的高质量。

公司位于龙泉市大沙工业园区，拥有厂房及办公用房建筑面积 3000 多平方米，建有保健食品 GMP 车间生产线一条，质量保证实验室一个，获得"国家健备字号批文"6 个，2021 年通过了 ISO9001 质量管理体系认证和保健食品生产认证。主要产品有龙三秀牌破壁灵芝孢子粉和养身健牌破壁灵芝孢子粉。公司有食药用菌规范化 GMP 种植基地，原料全部来源于自己公司基地。公司可破壁灵芝孢子粉前期处理，半成品加工及保健食品破壁灵芝孢子粉产品生产等。

2018 年，公司成为龙泉市政府与四川广元市政府食用菌产业扶贫结对县市唯一签约单位。先后在昭化区晋贤乡道角村、新华村等地建立占地面积 600 多亩的灵芝基地和 108 亩的香菇产业园，成功注册"瞻凤"商标。2019 年 12 月"瞻凤牌段木灵芝孢子粉"荣获四川省食用菌行业十大品牌；2020 年 5 月公司被评为龙泉·昭化东西部扶贫协作"万企帮万村"《爱心企业》；2022 年浙江省科技型中小企业。

（二）灵芝孢子粉

灵芝孢子粉是从灵芝孢子中提取的天然保健品。灵芝是一种历史悠久的药用真菌，在传统中医中应用广泛。灵芝孢子是灵芝成熟后从菌盖下释放的微小生殖细胞，富含多糖体、三萜类化合物、蛋白质、氨基酸、微量元素等生物活性成分，有多种健康益处。

图 11　灵芝基地图

其特点如下：一是营养价值高，含多种营养成分；二是生物活性强，能增强非特异性免疫、体液免疫和细胞免疫水平，具有抗氧化、抗炎作用。灵芝孢子细胞壁坚硬，需经破壁技术处理，以便于人体吸收。

灵芝孢子粉的主要功效有：增强免疫力、抗氧化、调节血脂、抗疲劳、改善睡眠，部分研究显示其某些成分可能有抗肿瘤作用。多糖体可增强机体免疫，抗氧化物质能清除自由基，减少氧化应激损害，还有助于调节血脂，降低心血管疾病风险，提高身体能量、减轻疲劳、改善睡眠质量。

1. 龙三秀牌破壁灵芝孢子粉。龙三秀牌破壁灵芝孢子粉的特点包括高效吸收、纯正来源、严格控制和全面检测。其原料来源于公司自有 GMP 种植基地，确保了原料的质量和纯度。从种植到成品的每一个环节都遵循高标准的品质控制体系，产品经过严格的全面质量检测，以确保安全可靠。

2. 养身健牌破壁灵芝孢子粉。养身健牌破壁灵芝孢子粉同样采用了高效的破壁技术，选用优质灵芝孢子为原料，不含任何添加剂或化学成分，确保了产品的天然健康特性。该产品经过 ISO9001 质量管理体系认证和保健食品生产认证，得到权威机构的认可。养身健牌破壁灵芝孢子粉适用于追求健康生活方式的人群日常保健。

（三）运用新技术

1. 国际标准制定。季丁福先生 2022 年 12 月至 2024 年 12 月连续获得 ISO9001 标准质量管理体系认证，该标准涵盖了灵芝的分类、品质指标、检测方法等方面。这一标准的出台有助于统一全球灵芝产品的质量标准，促进了国际贸易的便利性，增强了中国灵芝产品在国际市场上的竞争力。除了灵芝之外，季丁福先生还参与了铁皮石斛国际标准的制定工作。铁皮石斛是一种珍贵的中药材，具有很高的药用价值。通过制定国际标准，可以确保其品质的一致性和可靠性，有利于铁皮石斛产业的长远发展。

2. 行业团体标准。季丁福先生参与制定了灵芝（赤芝）及其孢子粉的质量规范团体标准，明确了灵芝产品的质量要求和技术指标，为灵芝产业的规范化和标准化生产提供了依据。季丁福先生还参与了灵芝子实体的团体标准制定，对于保证灵芝子实体的产品质量、促进灵芝子实体产品的贸易具有重要意义。

3. 技术创新与专利。季丁福先生与其团队在 2022 年至 2023 年间共获得了 6 个实用新型专利，涉及灵芝种植技术、加工设备等多个方面，为灵芝产业的技术革新和产业升级提供了支撑。

【"头雁"分享】效益分析

（一）经济效益

1. 扩大产能与市场竞争力。通过建立大规模的灵芝基地和香菇产业园，公司显著提升了灵芝孢子粉及其他相关产品的产能，满足了日益增长的市场需求。除了灵芝孢子粉，公司还开发了一系列相关产品，如灵芝孢子油、灵芝切片等，丰富了产品线，吸引了更广泛的消费群体。凭借高品质的产品和良好的品牌形象，龙三秀牌破壁灵芝孢子粉和养身健牌破壁灵芝孢子粉在市场上享有较高的知名度和口碑，在国际市场上具有较强的竞争力。

2. 技术创新与品牌建设。公司不断投入研发，获得了多个国家级保健食品批文，这标志着其产品得到了国家层面的认可，有助于进一步拓展市场。质量管理体系：通过ISO9001质量管理体系认证和保健食品生产认证，公司确保了产品的高品质和安全性，赢得了消费者的信任度，促进了销售额的持续增长。公司注重品牌建设，成功注册了"瞻凤"商标，通过参加各种展会和宣传活动，提升了品牌知名度和影响力，吸引了更多消费者的关注和支持。

3. 公司以灵芝产业为核心，采取"公司+基地+农户"的管理模式。通过建立现代化的灵芝GMP保健食品车间生产线和产品质量实验室等，大幅提升了产品质量和附加值。这种模式不仅有助于提高灵芝产品的标准化程度，还能够确保产品符合国内外市场的高标准要求。

（二）社会效益

龙三秀生物科技有限公司积极参与东西部扶贫协作项目，被评为"万企帮万村"爱心企业，并在科技扶贫方面作出了突出贡献。通过参与产业扶贫项目，公司不仅解决了当地农民的就业问题，还通过传授种植技术和提供销售渠道等方式，提升了农户的自我发展能力，促进了农村经济结构的优化升级。

公司通过与地方政府的合作，为当地提供了更多的就业机遇。在2018年至2022年间，公司带动了800多名当地居民就业，其中60多户为贫困户，为当地提供了大量的工作岗位，促进了劳动力市场的活跃。为实现共同富裕作出了积极贡献。

（三）文化效益

在推动产业发展的同时，公司也注重企业文化和社会责任的建设。秉承"质量是企业的生命，服务是企业的希望"的经营理念，强化品质管理意识，完善质量管理体系，注重品牌建设，不仅增强了员工的企业归属感，也促进了企业文化的发展。

通过参与东西部扶贫协作项目，公司不仅帮助贫困地区实现了经济上的脱贫，也在一定程度上促进了文化的交流与融合。公司积极参与地方文化建设活动，通过开展各类公益活动和培训项目，传播正能量，增强了社区凝聚力，为构建和谐社会作出了积极贡献。

## 【案例 12】

# 蛙声里的新"丰"景

## ——访遂昌雨航家庭农场负责人  李小华

**"头雁"简介**

李小华，1981 年出生，毕业于浙江开放大学，大专学历，遂昌雨航家庭农场负责人，遂昌县柘岱口乡柘岱口村党支部书记，柘岱口村团支部书记，曾任遂昌县柘岱口乡第十七届人大代表。2019 年获得丽水市最美残疾人提名，2020 年荣获柘岱口村疫情防控优秀个人，2021 年荣获柘岱口乡年度先进工作者。

**【案例要点】"鱼—蛙—稻"共生立体生态种养模式**

（一）概念与价值

"鱼—蛙—稻"共生立体生态种养模式是一种特殊的农业发展模式，通过实现蛙鱼共处、鱼稻共生，以养促种，种养结合，具有立体、生态、共享、集约、环保、增粮、节地、节水等优点，见效快、风险低、收益高，是一条发展绿色生态农业、促进农民发家致富的有效途径，现代渔业走"产出高效、产品安全、资源节约、环境友好、循环高效"的发展道路。

利用鱼、蛙、稻共生模式构建一个循环共生生态系统，不仅能实现鱼、蛙与水稻共同收获，还能同时提高三者的产量。在共生系统中，无须投放化学农药即可实现生态平衡，因此，对种植放养技术要求较高。该共生系统不多占用农田，不多消耗水量，在田里种稻，水里养鱼和蛙，有利于水稻治虫，减少病害发生，同时鱼（蛙）排泄的粪便又是水稻的优质有机肥。鱼（蛙）还能起到改善土壤通透性、除草、灭虫的作用，鱼蛙稻相互利用，相互促进，达到以稻养鱼（蛙），以鱼（蛙）护稻，以鱼（蛙）促稻的目的。

（二）"鱼—蛙—稻"共生立体生态种养模式效益分析

1. 经济效益。"鱼—蛙—稻"共生相较于水稻单种模式，水稻的株高、有效穗及穗粒数没有明显差异，但在"鱼—蛙—稻"共生种养模式下水稻的千粒重和结实率更高，产量更高。此外，共生模式下生产的稻米和水产品通常具有更高的品质，如稻米具有更好的口感和营养价值，水产品则因生态养殖而更受市场欢迎。

2. 生态效益。"鱼—蛙—稻"共生可以除草、防虫、防病。鱼、蛙可吃掉杂草、浮游植物，减少稻田养分损失，起到保肥作用。水稻的害虫是鱼、蛙的天然饵料，鱼和蛙能够吞食落到水面上的稻纵卷叶螟、稻飞虱、稻螟蛉、稻叶蝉等，减少水稻病虫害的发生，减少农药使用。同时，鱼、蛙的排泄物中氮、磷等养分非常丰富，可增加稻田土壤养分，促进水稻生长。鱼、蛙在稻田中的活动有助于土壤疏松，增加土壤的透气性。

3. 社会效益。"鱼—蛙—稻"共生立体生态种养模式经过规划和设计，在促进农业与旅游、文化等产业的融合方面能够发挥较大作用，从而拓展农业的多功能性，增加农业的附加值。

**【"头雁"风采】遂昌雨航家庭农场**

（一）农场基本情况

遂昌雨航家庭农场成立于 2015 年，位于浙江遂昌县柘岱口乡柘岱口村，主要从事水产养殖、水产品零售等业务。

1. 筹备与学习。2011 年，在外务工的李小华因意外导致左手残疾，回到家乡柘岱口进行疗养。养伤期间，他得知食用石蛙有利于伤口恢复，萌发了养殖石蛙的想法。他了解到，石蛙作为一种新兴的食材，在浙江及周边地区市场广阔，销量很好，经常供不应求。当时，在柘岱口乡及周边地区已有 6 家石蛙养殖场，李小华经常跑到这些养殖场取经，阅读专业书籍，学习养殖知识。

2. 起步与发展。2012 年，李小华在柘岱口乡陈坑自然村建起了厂房，引进了 200 对种蛙和 4000 只幼蛙，开始养殖石蛙。前期养殖规模较小，照搬别人的养殖经验，效益增长缓慢。2015 年，养殖场终于能自己产出蛙苗，形成初步的养殖循环，并正式挂牌成立遂昌雨航家庭农场。此后，李小华的养殖场步入了快速发展阶段，规模不断扩大，设备不断完善，效益不断提高。

3. 挫折与重建。2017 年，柘岱口乡因洪灾损失惨重，雨航家庭农场也未能幸免。洪水过后，农场破坏严重，损失了大批的石蛙。李小华一度想放弃，最终，他选择迎难而上、奋勇向前，迅速收拾好心情，一边向县残联申领补助，另一边加紧重建场房，并借此机会对农场基础设施进行更新换代。2018 年中，基本完成了雨航家庭农场的重建工作。

4. 现代化发展。2023 年，遂昌雨航家庭农场作为立体养殖试点，从浙江清华长三角研究院引进新设备，建起一套占地 10 平方米的三层石蛙立体化养殖箱。此外，李小华还对石蛙进行批量包装，将石蛙以斤为单位装进特制礼盒，打造"高山石蛙"品牌，并成功注册"雨航"商标，提高农场石蛙的品牌效益，进一步提高了利润。如今，雨航农场的石蛙售价已达每斤 120 元。

2018 年，遂昌雨航家庭农场石蛙产量为 800 公斤，2020 年产量达到 1100 公斤。在实行鱼蛙共生的模式后，2021 年，农场石蛙产量突破 2100 公斤，其中最高亩产更是接近 1000 公斤，农场收入近 40 万元。李小华个人的成功也带动了全乡石蛙养殖业的发展。石蛙市场供不应求，他带领其他农户一同养殖石蛙填补市场空缺。他向乡里有兴趣养殖石蛙的农户传授经验，分享养殖心得，开展经验交流，传授石蛙繁殖新技术。人工石蛙养殖规模的扩大填补了市场空缺，打击了野味市场，推动了野生石蛙的保护工作。

（二）石蛙绘就乡村共富好"丰"景

1. 越乡跨省成就"共富之蛙"。李小华在基地建设初期，就考虑带动农户共同发展养殖业，把育种场加大，每年种蛙的产出远大于养殖场的需

图 12 石蛙养殖基地图

要,为调动柘岱口周边有条件从事养殖业的农户做准备。如今,柘岱口已经发展出 14 个石蛙养殖基地。

石蛙致富的故事很快就传到了相邻的福建,福建村民前来学习,柘岱口养殖户跨省当"农业指导员",如福建浦城县际洋村季园英常向李小华讨教育苗经。

柘岱口乡与际洋村地处浙闽交界,山水相依,生产生活共存共融。两地党委和村党支部依"属地管理,互联共建"原则形成"六联共建"工作机制,在此基础上以党建联建探索共富路径,发展特色乡村产业,生态石蛙产业成为最佳选择,由此开启了跨省互促新模式。

2022 年 4 月初,柘岱口乡邀两地石蛙养殖专业户开展交流座谈,提升技能,构建统一生产标准,连通销售渠道,推进品牌共创、技术互通。为化解资源浪费和竞争问题,两地以基地共建、技术共享、产业共谋方式互联共建 3 家石蛙养殖基地,搭建产销合作平台,形成黄粉虫饲料供应、优质黄粉虫生产、石蛙生产销售产业链,节约成本,扩大规模效应,带动群众生态养殖致富。

2. 创新赋能实现提质增效。柘岱口乡石蛙养殖以传统仿生态平面养殖为主，受土地、水源等自然条件制约，产能有限。2024 年 3 月，该乡依托山海协作平台，与浙江清华长三角研究院谋划合建石蛙现代化养殖产业园项目。

现代化养殖产业园实现采购立体化、养殖智能化，将传统单层养殖改为多层立体养殖，增加养殖面积。雨航家庭农场作为立体养殖试点，建有 10 平方米三层石蛙立体化养殖箱。经过半年多实践，李小华改进功能设计，扩大进水口、更换不锈钢网门、添置智慧监测系统。

养殖箱内设备可精准监测水温与环境，数据异常时手机 APP 会报警。按经济利益计算，4 月投幼蛙、11 月售成蛙，一套养殖箱可产出商品蛙 225 公斤，每公斤出货价最低 240 元，第一年纯收入 12450 元，第二年纯收入 24450 元。

养殖屋外稻田有 3 个长 10 米、高 4 米遮阳棚，是稻—鱼—蛙共生试验田，1500 平方米稻田预计养 7500 只石蛙。"鱼—蛙—稻"共生模式能生产优质稻谷和生态石蛙，增加农民收入，改善农田生态，减少农业面源污染，带动水稻产业升级，提高农田综合效益。

新模式实现产业增效，激活乡村振兴"新引擎"。柘岱口乡立足石蛙特色打造区域性品牌，统一成品蛙质量标准、商标和外包装提升附加值，还谋划举办石蛙文化节，丰富产业文化内涵。

【"头雁"分享】石蛙养殖困境

（一）缺少资源保护和良种选育意识

由于近 30 年石蛙野生资源人为过度采捕、栖息地丧失和气候变迁，种群分布范围和数量急剧缩小，野生资源已呈枯竭状态，被世界自然保护联盟（IUCN）评估为易危种（VU）。这严重影响了石蛙各地理群体的分化和适宜生境的科学性研究，对后续种质资源收集和养殖模式优化造成严重阻碍。由于缺少石蛙的遗传背景和最适生存环境等方面的研究资料，石蛙养殖和繁育多采取野外采捕，进行"原住性"的就地养殖和繁育，这势必降低了繁育亲本群体的多样性，造成子代出现生长缓慢、适应性差等近交衰退的性状，也无形中造成石蛙种质资源的退化。

（二）苗种规模化繁育技术推广不足

在人工养殖环境下，石蛙从蝌蚪培育成种蛙需要3年，许多养殖户出于规避养殖风险和追求"短平快"投资效益的目的，往往不会进行种蛙的人工培育，种蛙数量无法得到有效补充。根据丽水地区种蛙繁育经验，种蛙每年产卵500粒左右，但在人工养殖环境下，雌雄亲本无法同步发情，严重影响了石蛙子代的受精率。因此，亲本数量无法有效补充和受精率低成为石蛙苗种规模化繁育的技术问题，也是石蛙养殖产业的"卡脖子"问题。

（三）缺少驯饵技术和专用饲料

由于石蛙的人工驯饵技术尚不成熟和缺少专用饲料，养殖过程中多以生物活饵作为主要饵料。由于天然活饵无法保量供给，常常在石蛙养殖基地配建生物活饵培育车间，这极大地增加了劳动力和养殖成本，制约了石蛙养殖产业的推广扩面。由于石蛙对活饵的选择偏好性，长期投喂活饵会造成石蛙营养失衡，出现花斑肝或黑肝等营养缺乏症状，造成石蛙养殖减产，进一步压缩石蛙的效益。

（四）健康养殖技术标准执行不到位

目前丽水石蛙养殖主体多为个体养殖户，缺少科学的养殖标准，加之资金投入有限，无法做到对养殖环节的有效技术监控。养殖过程中不注重养殖场和生物饵料培育环节消毒，造成养殖病害频发，也阻碍了绿色品牌的创制。由于养殖场多依据石蛙喜阴好静的生活习性及取水条件建于山区林间，规模和设施配备多因选址环境不同而造成极大的差异，这也使石蛙养殖标准实现统一增加了难度。

（五）缺少多样性的终端产品

石蛙兼具食用和药用价值，受制于养殖端"小、弱、散"的经营方式，销售模式也以初级的"提篮小卖"为主，这极大地削弱了销售附加值的提升。此外，现阶段的销售多以鲜活石蛙为主，其保健功效尚未凸显，进一步限制了产业的可持续发展，也降低了抵御由消费变动和价格变化带来的市场风险的能力。

（六）石蛙品牌建设不足

2018 年，中国野生动物保护协会授予丽水（龙泉）"中国石蛙之乡"的美誉，这既是赋予丽水的荣誉，也是区域品牌建设的强力支撑。受制于消费习惯、养殖区域分散、精深加工技术研究不足和加工企业缺失等原因，石蛙销售以成品活蛙为主，尚无相应的生态产品和保健品问世，其品牌建设局限于认知层面，品牌红利无法释放。

# 第七章 体制创新：发展乡村集体经济新模式

## 第一节 解锁文旅新密码，打造美丽经济

【案例 13】

### 扎根泥土"造村记"

—— 访杭州欣宇农业科技有限公司董事长 方泳

**"头雁"简介**

方泳，出生于1981年，现任杭州欣宇农业科技有限公司董事长、临平区运河街道新宇村职业经理人，曾获浙江省级乡村振兴指导师、浙江省乡村经营"十大教头"、浙江大学"头雁"优秀导师、杭州市级乡村工匠等称号。

**【案例要点】新宇村的实践与成效**

（一）"文旅结合"概念与价值

2009年，《文化部、国家旅游局关于促进文化与旅游结合发展的指导意见》首次提出了文旅结合的概念。直到2018年，随着文化和旅游部门的整合，"文旅融合"这一术语才真正进入公众视野。随着中国经济进入高质量发展阶段，中央政府高度重视文化和旅游融合发展，凸显了通过文化和旅游的深度融合促进地方经济和社会发展的战略意义。这两个行业之

间存在着自然的互补关系，文化是旅游业稳健发展的基石，而旅游则充当了文化传播的重要媒介，并为文化的繁荣提供了推动力。文旅融合不仅有助于改善游客体验，从而推动旅游业的发展，而且还有助于提升大众的文化意识。近年来，在各类旅游业的相关论坛上，文旅融合的重要性得到了反复强调。只有从文旅融合的角度来审视文化和旅游的问题，才能加速理论创新与发展模式革新，从而更有效地促进旅游业的质量和效率提升。尤其是在当今数字化技术蓬勃发展的背景下，文旅融合正在经历内容创新和产业升级的新阶段。①

在新时代背景下，中国文化自信的展示与推广变得尤为重要。作为文化传承与创新的重要载体，精品文艺演出不仅能够丰富国民的文化生活，还能在国际上展现中华文化的独特魅力与深远内涵。在"文化+旅游"模式中，"联起来"只是第一步，"融起来"才是关键所在。《只此周庄》的成功上演便是一个典型的实践案例，它通过新业态掀起了文化传承的新浪潮，点燃了文旅消费的新引擎，并引领了跨越发展的新赛道。②

（二）莲藕产业分析

在"十三五"期间，荷花产业取得了长足进步，不仅在种植领域实现了规模化发展，而且在深加工和文化旅游方面也展现出强劲的增长势头。莲藕作为荷花产业的重要组成部分，其深加工产业日益壮大，产生了多种高附加值产品，极大地拓宽了市场范围。

数据显示，截至2022年，中国莲藕的产量和需求量分别达到了1268万吨和1265万吨。受益于市场需求的增加及产品价格的上涨，中国莲藕产业的市场规模在2022年达到了658.03亿元人民币。中国莲藕已成为我国人民普遍喜食的水生蔬菜，莲子、莲藕及其加工产品还是我国传统的大宗出口商品，在国际市场上较为畅销，价格也高。品牌建设和网络营销已成

---

① 齐骥、陈思：《数字经济时代虚拟文化旅游的时空特征与未来趋向》，《深圳大学学报》（人文社会科学版）2022年第4期。

② 汪宏胜、忽艳：《江苏昆山周庄：新质生产力引领文旅产业融合发展》，《消费日报》2024年8月30日第1版。

为推动莲藕产业发展的重要策略。

随着生活水平的提高，人们对莲藕的营养价值和药用保健功能有了更深的认识，进一步推动了莲藕消费市场的增长。未来，莲藕加工市场的发展前景十分广阔。除了传统的食用和药用价值外，莲藕的应用领域还拓展到工业和生态领域，例如用于纤维素生产、废水净化及土壤修复等。

此外，莲藕产业与旅游业的深度融合为乡村经济发展注入了新的活力。围绕荷花种植基地开发的旅游项目吸引了大量游客前来观赏荷花、体验农事活动，促进了乡村旅游的发展。各地举办的荷花节、摄影大赛等活动不仅提升了荷花文化的影响力，还增强了社会公众对荷花的喜爱。

（三）青年人才的引入与培养

2021年，方泳成为新宇村的职业经理人，为村庄带来了新的活力。他通过整合资源，引入了"1314520公路"、麦田咖啡、路亚垂钓等新业态，使新宇村成了一个以荷花美景著称的网红村。2023年，新宇村接待游客超2万人次，村集体经营性收入由2021年的99万元涨到了273万元。

为了进一步促进乡村发展，方泳还创建了"科技小院""红领直播间"等空间，培育孵化返乡青年、大学生等新农人。这些空间不仅为年轻人提供了学习现代农业技术和市场营销技能的机会，还帮助村民销售农产品，拓宽了销售渠道。目前，"红领直播间"粉丝量已达200余万人，农产品销售额接近400万元，有效带动了季节性用工180名，实现"在家门口就业"。

**【"头雁"风采】杭州欣宇农业科技有限公司**

（一）公司基本情况

杭州欣宇农业科技有限公司成立于2018年。公司主要致力于农业技术推广与农业生产经营相关的技术指导，并通过线上线下渠道销售鲜活水产品、初级食用农产品（除食品、药品）、鲜肉、蔬菜、甲鱼、莲藕、水果等产品。此外，公司还从事甲鱼和水产品的养殖以及莲藕、蔬菜、果树和农作物的种植。

（二）"藕鳖套养"的立体循环养殖模式

位于杭州市临平区运河街道的新宇村，在2015年面临了一个重要的转折点。长期以来，新宇村依赖黑鱼和甲鱼养殖作为支柱产业，但这种养殖方式导致了严重的环境污染问题，尤其是黑鱼养殖产生的尾水直排运河，对周边水系的生态健康构成了威胁。在这种背景下，新宇村必须做出选择：要么继续沿袭传统的黑鱼养殖模式，承受环境恶化带来的后果；要么寻求新的发展模式。最终，新宇村选择了后者，全面关停了"两鱼养殖"产业，并转向种植荷花和发展莲藕产业。

这一转型不仅解决了环境污染问题，更为新宇村带来了新的发展机遇。新宇村探索出了一种名为"藕鳖套养"的立体循环养殖模式，不仅提升了经济效益，还保护了生态环境。"藕鳖套养"模式是一种创新的生态农业模式，该模式通过在荷花池中养殖甲鱼，实现了水体资源的有效利用。具体而言，该模式的优势体现在以下两个方面。第一，水质净化。甲鱼在生长过程中会摄食池塘中的浮游生物和有机碎屑，从而净化水质，减少有害物质的积累，保持水体的清洁。第二，生态平衡。甲鱼的活动可以刺激荷花根系的生长，进而促进荷花的生长，形成良性循环。同时，甲鱼的存在也抑制了有害生物的滋生，维护了池塘生态系统的平衡。通过实施"藕鳖套养"的立体循环养殖模式，新宇村不仅成功解决了环境污染问题，还实现了经济效益和社会效益的双重提升，为村庄带来了新的发展机遇。这一模式也为其他地区提供了可持续发展的范例，展示了高效生态农业的巨大潜力。

（三）新技术新模式的运用

1. 科研团队进驻。新宇村与浙江农林大学等高校合作，引进科研团队和技术专家，特别是博士团队，进入科技小院进行长期驻点研究。这些团队为村民提供技术支持和咨询服务，帮助他们掌握现代农业技术。同时，设立科技小院创新机制，吸引研究生级人才加入，进行为期约120天的实习实践，为当地提供新的技术方案和支持。此外，通过与省农科院等科研机构的合作，研发和应用新技术，如预冷技术、保鲜技术等，以提高农产

图 13　新宇村千亩荷塘图

品的质量和市场竞争力。

2. 藕鳖套养模式。采用"藕鳖套养"模式，即在荷花池中养殖甲鱼，不仅提升了甲鱼的品质和售价，还充分利用了空间资源，实现了资源的高效利用。这种模式减少了化肥和农药的使用量，同时提高了经济效益。

3. 农业生产技术改进。新宇村重视土壤的可持续利用，通过采用先进的土壤修复技术，如微生物改良、有机物质添加等方式，改善土壤结构和肥力，减少化学肥料的使用，提高土壤的可持续生产能力。此外，采用生物防治、物理防治等绿色防控措施，减少化学农药的使用，有效控制病虫害的发生，保护生态环境。针对莲子种植，新宇村引入了预冷技术和保鲜技术，确保莲子在采摘后能够迅速冷却，延长保存期限，保持新鲜度和品质。莲子采用 100 克的小包装形式，方便消费者购买和携带，同时也提升了产品的附加值。对于水稻种植，利用现代化农业机械进行水稻种植管理，提高种植效率和管理水平。通过采用节水灌溉、病虫害监测预警等技术，减少资源浪费，提高水稻的产量和质量。

表4                                        藕鳖套养模式表

| 主要作物 | 莲藕 | | |
|---|---|---|---|
| 辅助养殖 | 鳖（甲鱼） | | |
| 生态益处 | 鳖可以吃掉田间的害虫和杂草，减少农药使用；鳖的排泄物作为有机肥料促进莲藕生长。 | | |
| 种植方法 | 栽植田藕时，田间保持3—5厘米的浅水，并按预定的行株距及鞭藕的走向，将种藕分布在田面上。边行离田埂1—1.5米，栽植深度为10—15厘米。要按种藕的形状用手扒沟栽入，并以不漂浮为原则。一般采取斜植的方式，即藕头入泥深，最后节微翘出泥面，前后与地平面成20°—30°的倾斜角（如下图所示）。如此不仅可有效地防止地下茎抽出时露出泥外，而且可使藕身接近阳光提高自身温度，促进早发。如果土壤黏重，藕头栽植以后地下茎伸长较为困难，则宜平植。<br><br> | | |
| 管理要点 | 鳖的数量控制 | 根据池塘大小合理投放鳖苗。定期检查鳖的数量，防止过量导致莲藕受损。 | |
| | 害虫与杂草管理 | 利用鳖捕食池塘中的害虫和杂草。必要时人工清除有害生物，避免使用化学农药。 | |
| | 水质监测 | 定期检测水温、pH值、溶解氧等指标，保持适宜的生长环境。 | |
| | 饲料管理 | 合理投喂鳖所需的饲料。避免过度投喂，防止水质恶化。 | |
| 市场优势 | 生态产品更受市场欢迎，可以卖出更高的价格。 | | |

4. 农文旅融合发展。在农文旅融合发展方面，新宇村开发了具有特色的研学游项目，如"小候鸟"假日课堂等，吸引了大量家庭和学生团体参与。同时，村里还建设了咖啡吧、路亚垂钓基地和高端露营等休闲娱乐业态，为游客提供了丰富的旅游体验。通过这些技术创新和模式探索，新宇村不仅提升了农业生产水平，还促进了乡村经济的多元化发展，为当地居民创造了更多的就业机会和收入来源，实现了经济效益与生态保护的

双赢。

**【"头雁"分享】效益分析**

（一）经济效益

新宇村的转型始于 2015 年，当时该村全面关停了传统的黑鱼养殖业，转而发展荷花种植和莲藕产业。这一转变不仅解决了环境污染问题，还带来了显著的经济效益提升。通过"藕鳖套养"的立体循环养殖模式，新宇村实现了"一水两用、一田双收"，使得每亩地的利润从原来的 3000—10000 元提升到了 12000—15000 元。此外，新宇村还开发了特色农产品，如水果莲子等，并通过与盒马鲜生等大型零售商建立合作关系，实现了订单农业，确保了产品的稳定销售。

（二）社会效益

新宇村的转型吸引了大量青年人才返乡创业。方泳通过创设"科技小院""红领直播间"等空间，打造全景直播基地，建设"三大共富工坊"，培育孵化了一批返乡青年、大学生、农创客、直播村民。其中，"红领直播间"的粉丝量达到了 200 余万人，农产品销售额近 400 万元，带动季节性用工 180 名实现了"在家门口就业"。此外，新宇村还打造了乡村创客基地，提供政策解读、陪跑指导、市场对接等服务，为新农人成为乡村发展的"领头羊"提供了有力支持。

（三）文化效益

新宇村通过发展乡村旅游，不仅吸引了大量游客，还促进了当地文化的传播与交流。例如，"麦田咖啡·有风小屋"成为游客争相打卡的"网红点"，不仅为游客提供了休息和品尝当地特色饮品的机会，还成为展示乡村文化和创意的窗口。

此外，新宇村积极开发研学课程，通过亲子研学等活动，不仅吸引了大量游客，还为学生提供了学习的机会，促进了教育事业的发展。例如，"小候鸟"假日课堂等项目，让学生在游玩的同时，也能了解当地的农业知识和传统文化，培养他们的实践能力和创新思维。结合当地的农业资源和文化特色，开发了具有针对性的研学课程，如荷花观赏、莲子采摘等，增加了家庭游客的参与度和体验感。通过与学校和教育机构合作，建立教育实践基地，让学生有机会亲身参与到农业生产中，提升他们的实践能力和综合素质。

## 【案例 14】

## 解锁文旅新密码，共做自由"森活家"

### ——访杭州森活文化旅游发展有限公司创始人　郭建

**"头雁"简介**

郭建，1987 年出生，中共党员，毕业于中共哈尔滨市委党校经济企业管理专业，大专学历，桂林半山云水精品民宿酒店、桂林观澜精品民宿、浙江省白金级民宿品牌云端觅境、杭州森活文化旅游发展有限公司、杭州事柒传媒有限公司、金华森活文化旅游发展有限公司创始人，"浙江千名乡村 CEO 培养计划"首批学员。

**【案例要点】文化旅游**

文化旅游是指人们为了满足自身的文化需求而前往日常生活以外的文化景观所在地进行的非营利性活动。文化旅游涉及旅游的各个方面，旅游者从中可以学到他人的历史和遗产，以及他们的当代生活和思想。

党的二十大报告对繁荣发展文化事业和文化产业作出重要部署，提出"推进文化和旅游深度融合发展"。党的二十届三中全会通过的《中共中央关于进一步全面深化改革、推进中国式现代化的决定》提出，"健全文化和旅游深度融合发展体制机制"，为文旅领域进一步全面深化改革提供了根本遵循。

中国文化旅游可分为以下四个层面，即以文物、史迹、遗址、古建筑为代表的历史文化层；以现代文化、艺术、技术成果为代表的现代文化层；以居民日常生活习俗、节日庆典、祭祀、婚丧、体育活动和衣着服饰等为代表的民俗文化层；以人际交流为表象的道德伦理文化层。在我国，发展旅游业，开展文化旅游相当重要，它不仅可以增强产品吸引力，提高经济效益，还可大力弘扬中国文化，让世界了解中国。

**【"头雁"风采】杭州森活文化旅游发展有限公司**

（一）公司基本情况

森活文旅由一群怀揣对乡村文化复兴、空间重塑、产业升级深切理想的新时代上山下乡的建筑师创立，致力于探索"现代中国乡村美学"课题，潜心扎入田园村落，持续在乡村策划规划、乡土建筑设计、村落景区运营、村落特色空间投资运营等方面匠心实践，不断推动城乡融合与乡村振兴。森活文旅的项目遍布浙江的美丽乡村，包括嘉兴泾尚小镇、浚县泥塑小镇、磐安乌石村运营、嵊州泉岗村运营、松阳云端觅境、莫干山云端觅境等多个标志性项目。每个项目都紧密结合当地特色，通过精准定位和精心规划，实现了文化与旅游的深度融合。森活文旅项目曾获浙江省乡村文旅运营"五百计划"十佳案例、首届中国（浙江）乡村运营榜"运营先锋企业"、首届中国（浙江）乡村运营榜"新锐乡村运营师"、浙江省乡村经营"乡村运营十大教头"、2023 中国乡村运营商能级榜单"上榜企业"、临安区 2023 年度"十佳运营师"等荣誉。

（二）特色模块

公司旗下现有三大板块，分别是致力于乡村空间美学的策划、规划设计与营建，致力于整体村落的综合运营，致力于乡村特色空间和精品民宿的投资、运营，乡村闲置资产盘活平台搭建及自媒体运营的森活家品牌系列。

1. 觅境空间

森活文旅规划设计团队涵盖策划、规划、建筑、室内及景观一体化设计，立足国内中小城镇与乡村，聚焦城镇复兴和乡村文旅休闲度假产业，秉持空间再生、内容再造、文化再现三位一体理念，旨在构建城乡互构的城镇新图景与新旧交融的乡村新美学，为政府、企业提供策划、规划与设计服务，为中高端乡村度假酒店和民宿等乡村文旅度假产业提供一站式综合设计服务。

团队在精品酒店、民宿、古建筑、特色小镇设计规划方面经验丰富，为未来乡村九大场景开发设计提供专业咨询。参与开发建设时，整合资本投资、产品业态等资源，结合项目招商与运营需求，编制招商、投融资、空间落地规划。前期调研后，综合农村山水、发展、人文、旅游等因素及当地条件与规划，开展未来乡村建设、村庄风貌、农房和农村特色风貌规划设计咨询，提供产业布局、建筑风貌、景观和室内设计及施工方案。

2. 乡村运营

以整村性、系统化、多维度为乡村运营理念。通过村庄的前期调研制定村庄发展定位、策划规划、资源整合、平台搭建、业态培育、推广营销、运营培训。转换村落的发展模式，驱动村落产业升级，盘活村落闲置资源，提升村民和集体收入，以形成生产美产业强、生态美环境优、生活美家园好的乡村振兴新图景。

（1）开展资源调查，对当地区位、人文、历史、村庄人口结构、乡民特长、经济状况、乡村农业资源、旅游资源、闲置资源，进行精准深入调研分析。

（2）依据调研分析结果，对乡村整体发展进行整体定位，拟定策划方案。依据定位策划方案，制定产业规划、空间规划、旅游规划。

（3）全方位开展对乡村的推广营销及招商工作，依据规划"引凤筑巢"，在完成招商的同时，完成规划的落地实施。

（4）对当地村委或运营商开展乡村运营培训，让当地具备一支常态化实施乡村运营工作的中坚力量，最终实现乡村振兴和村民的共同富裕。

3. 森活品牌

（1）云端觅境品牌民宿：目前在运营的项目有松阳店、莫干山店、江郎山店。2018 年云端觅境获浙江省白金宿评级，2019 年作为浙江省三家民宿之一参评全国首批五星级民宿。

（2）数字平台搭建：通过微信小程序，搭建乡村闲置资产展示平台，让城市居民找到创业、康养物业空间，给乡村集体及村民发布闲置资产的渠道。打通城乡物理空间。

（3）自媒体运营：通过自媒体平台，帮助乡村及乡村业态建立媒体矩阵，更好地推广乡村资源。

（三）典型项目——临安洪村运营

临安洪村项目是森活文旅规划设计+整村运营模式的典范。

1. 村庄详情：洪村坐落于径山南麓，三面环山，多有山溪石潭，形成了幽静深远的一片山谷，其间分布高低错落的几个自然村落，便似世外桃源。洪村还具备丰富、悠久的历史文化资源。目前村内的普庆寺石塔为元代遗存（国家级文保单位），唐宋时期的径山古道更是鉴真大师东渡日本传戒律时从余杭径山寺到临安白马寺走过的山路，因径通天目山而得名。从康熙十四年记载的临安县志《径山图》可见洪村周边寺院林立，亭台遍布，俨然一幅充满东方禅意的山水画卷。

2. 总体策划：洪村南北借势，将洪村径山南麓的文化村落作为主要部分，总体定位为高端企业团建、会务，互联网创业，禅修康养圣地，打造"径山阳坡"休闲度假区。通过梳理闲置资源，挖掘利用村庄闲置房屋，引进新业态，打造"径山驿"养生馆、森活家乡村会客厅、风笑岭 FC 露营地、来隐咖啡馆、一夜二草短视频创业团队等新业态，为村集体、村民增收开辟新渠道。

3. 整村运营：成立独立主体的乡村运营商，通过摸底调查、动员引导、引入新村民，和已有村民一起，进行村落共建，创新闲置物业、激活村落内生动力。运用市场化的手段，数字化乡村运营平台，对乡村内外部资源要素进行整合、配置和经营，打造乡村产业，带动村民共同致富。

（四）运营创新与优势

1. 策略创新与优势。森活文旅注重资源整合和平台搭建，引入新业态和新模式，通过前期深入调研和精准定位，制定符合当地实际的发展规划；从品牌发展的角度出发，以"成功冷启动，成为并守住品类冠军"为阶段目标制定投放策略。

2. 内容创新与优势。以目标为导向，切入细分赛道，挖掘产品卖点，精准选择人群和场景，找到合适的展现形式。通过精心设计的乡村空间和民宿产品，为游客提供独特的文化体验和休闲度假享受。

3. 投放创新与优势。在内容策略的指导下，森活文旅与阿里巴巴、携程、飞猪、抖音、小红书等达成合作，链接丰富的乡村旅游、互联网、新媒体行业合作资源，高校学术资源和行业协会资源。通过提供一站式的投放服务，快速响应和迭代；通过数字平台搭建和自媒体运营等手段，实现有效投放，将乡村资源和产品推向更广阔的市场，吸引更多游客和投资者关注。

4. 技术创新与优势。森活文旅规划设计团队基于建筑师的本职专业，在乡村、古村落、精品酒店、民宿等设计规划方面具备较强的技术实力，扎根乡村，向上打通市场研究和营销策划能力，向下打磨乡村各种业态的运营能力，融会贯通，一切从市场出发，一切围绕着运营成效，系统性地开展长链条工作，并形成闭环。简墨自研开发的技术系统也对合作方开放项目管理功能，实时监控投放过程和数据变化，从而提升乡村运营效率和智能化水平。

**【"头雁"分享】效益分析**

（一）经济效益

森活文旅依托整村运营模式及精品民宿等创新举措，成功激活了地方经济，促进了农业、林业及手工艺品制作等多元产业与旅游业的深度融合，丰富了旅游产品体系，延长了产业链条，提高了附加值，并进一步增加了对劳动力的需求，为当地居民开辟了更为广阔的就业渠道。同时，旅游业的繁荣还加速了人才与知识的流动，进一步提升了当地劳动力的专业素养与综合能力。

（二）社会效益

森活文旅致力于乡村文化复兴和空间重塑，注重挖掘和展示当地的文化资源，通过旅游活动促进文化的传承与创新，提升乡村的知名度和美誉度。游客在沉浸式的文化体验中，不仅可以深刻感受当地文化的独特韵味，更有机会亲身参与文化活动，成为文化交流的桥梁与文化传播的使

图 14　临安洪村品牌图

者，促进了文化的广泛传播与共享。

（三）生态效益

森活文旅秉持绿色发展理念，在保护生态环境的前提下进行旅游开发，通过科学规划和合理管理，确保旅游活动对生态环境的影响最小化；注重旅游业的可持续发展，积极倡导绿色旅游与低碳旅游，减少旅游活动对环境的负面影响；为游客提供了接触自然、了解生态的窗口，有效提升了公众的生态文明意识与环境保护责任感。

【资源链接】

浙江农林大学乡村产业农文旅融合发展模式服务团队

应用领域：农业文旅

技术支撑部门：园艺科学学院

专家顾问：祝彪

应用场景：

浙江各地受自然资源禀赋和经济发展阶段的因素的限制，农业产业规模都较小，仅凭传统意义上的农业一二产很难实现乡村共同富裕的目标。除农业产业外，浙江乡村普遍还有优质的自然环境景观、美丽的田园风光、悠久的农耕文明等资源。在有限的土地上做大做强农业产业，挖掘乡村的生态、旅游、文化价值，构建"农业+文化+旅游"的发展模式，是当前促进乡村发展的关键。促进农文旅的深度融合，推动农业转型升级，成为我国经济发展进入新常态，农业发展步入新阶段的重要特征。现代乡村发展要依托科研力量，做好产业规划，为产业发展定好位；发挥科技优势，破除产业瓶颈，为产业发展护好航。用创新的理念推动要素融合、产业融合，用创新的思路谋划产业结构布局，用新的科技手段激活农业产业发展，用艺术方法将绿水青山转化为文旅精品，推动农业产业链不断延伸、由"单一化"向"全链条"转变，推动农业多功能不断拓展、由"独角戏"向"大合唱"转变，推动农村新业态不断涌现，打造第一、第二、第三产业融合发展的现代产业体系。

应用效益：

帮助省内多地落地乡村农业产业融合发展示范点 10 余个，大大推进了地方经济发展和农民增收。

## 第二节 传承农业新技艺，振兴乡村文化

【案例 15】

### 良渚陶器烧制技艺助力乡村文化产业发展

——访杭州鱼丸文化艺术有限公司董事长 沈佳俊

**"头雁"简介**

沈佳俊，1996 年出生，中共党员，毕业于中国美术学院，本科学历，杭州鱼丸文化艺术有限公司董事长，良渚陶器烧制技艺非遗传承人，良渚陶器烧制技艺非遗传习基地主理人。杭州市工艺美术大师、中级工

农业新质生产力与"头雁"实践

艺美术师、中国民间文艺家协会会员、中国工艺美术协会会员、中国民协中国五大名窑专业委员会研究员、杭州市余杭区民间文艺家协会秘书长。2019年，被评为美院杯"全国优秀指导教师"，2020年，加入中国民间文艺家协会，加入中国民间文艺家协会五大名窑专委会任研究员，被杭州市余杭区人力资源社会保障局授予"余杭区技术能手"称号，被杭州市文学艺术界联合会授予"杭州市民间工艺师"称号，被杭州市余杭区文学艺术界联合会授予"最美文艺志愿者"称号，多项作品获奖并被各类博物馆收藏。

**【案例要点】乡村文化产业**

（一）概念与价值

文化产业既是发挥乡村文化"精神生产力"和"物质生产力"以生产和提供精神文化产品的重要活动，也是在乡村文化振兴中赓续乡村文明和增强乡村文化影响力的有效途径之一。在乡村文化振兴中，文化是资源，产业是基础，文化产业的高质量发展则是乡村文化振兴的精神载体和物质保障。《关于推动文化产业赋能乡村振兴的意见》明确了创意设计、演出产业、音乐产业、美术产业、手工艺、数字文化、其他文化产业和文旅融合等八个文化产业赋能乡村振兴的重点领域。总的来看，学术界对我国乡村文化产业与乡村振兴的研究，主要从以下几个方面展开：

1. 乡村振兴视角。胡建南指出，在乡村振兴战略下需促进乡村文化创意产业发展，将乡村文化资源转化为经济价值，利用传统文化、手工艺品、民俗风情等开发有竞争力的文化产品与服务，增加居民收入和就业机会，提升乡村文化经济价值。李康化和秦鹿蛟[1]认为，艺术创新是乡村振兴的新路径，以艺术为载体，可以助推乡村经济增长，要通过设计参与和共同创造的方式促进当地的文化及产业创新，用乡村产业推动社会发展，形成村民、资本和社会间的良性互动，最终实现乡村经济的内生式、可持续性发展。杨一和李俊文指出，在乡村振兴的背景下，艺术乡村建设对推

---

[1] 李康化、秦鹿蛟：《艺术创生：乡村振兴的文化实践》，《福建论坛》2021年第4期。

· 234 ·

动乡村文化建设和经济增长有积极推动作用，要通过艺术创作和活动展现乡村文化特色与魅力，提升其文化品位和艺术氛围，带动乡村旅游、艺术品销售等产业发展，增加居民收入，促进乡村经济繁荣。

2. 乡村文化艺术产业视角。孟春羊[①]基于文化艺术产业功能并结合乡村振兴实际，探讨其推动乡村振兴战略实施的路径：一是建立乡村文化艺术产业基地，注入创意活力；二是挖掘地方文化元素，发展乡村文化旅游，打造特色文化体验；三是建设文化艺术创意产业园区，实现产教融合、艺术与生活融合，从营造氛围、提升水平等方面为乡村发展赋能，提出文化艺术产业助推乡村发展策略。张惠敏[②]认为，特色文化艺术产业是乡村振兴的重要力量，提出通过加强政策支持、人才培养、宣传推广等策略，可以实现特色文化艺术产业与乡村振兴的良性互动，促进乡村经济的繁荣和社会的和谐发展。

3. 基于乡村文化艺术资源产业化发展助力乡村振兴的视角。充分挖掘乡村文化艺术资源可以提升乡村的文化品质、促进乡村产业升级，从而带动乡村的文化振兴、产业振兴。郝英良[③]以朝阳市为例，认为要发掘地方特色的乡村文化艺术资源，传承乡村传统技艺，对乡村文化艺术资源进行合理配置，加强特色品牌的建设，打造"一村一品、一村一特色"，发挥乡村文化艺术资源的优势，实现以特色文化艺术资源—文化品牌—文旅产业建设助力乡村振兴的发展。邢晗[④]认为，文化艺术资源是乡村振兴的重要基础，阐明了文化艺术资源助力乡村振兴的优化路径，通过加强文化艺术资源的保护和传承、打造文化艺术品牌、推动文化艺术与科技融合、加强文化艺术人才培养、完善文化艺术产业政策等路径，可以实现文化艺术

①　孟春羊：《新时代背景下文化艺术产业赋能乡村振兴——以川音艺谷为例》，《新楚文化》2023 年第 32 期。

②　张慧敏：《乡村振兴背景下大运河文化带宿迁特色文化小镇建设研究》，《水文化》2023年第 8 期。

③　郝英良：《乡村文化艺术资源助力朝阳市文化旅游产业发展研究》，《辽宁师专学报》2022年第 3 期。

④　邢晗：《黑龙江乡村艺术资源开发助推乡村振兴研究》，《时代报告》2023 年第 6 期。

资源产业化，促进乡村经济发展、增加农民收入、推动乡村文化建设、提升乡村形象等。

（二）乡村文化产业的发展在乡村振兴中的意义

1. 有利于促进农村经济增长。发展乡村文化产业，通过培育文创、乡村旅游和农产品加工等新兴产业，可以发展一系列与传统农业相互融合的产业链，带动农村产业结构的多元化，提高农村经济的稳定性和抗风险能力。

2. 有利于提高村民文化素质和生活品质。发展乡村文化产业能够为村民提供更多参与各种文化艺术活动和创作各种文化艺术形式的机会，如戏剧、音乐、舞蹈和美术等，满足村民的审美需求，丰富他们的文化知识和体验。

3. 有利于保护和传承优秀乡村文化遗产。农村地区通常拥有丰富的传统文化资源和乡村文化遗产，通过组织相关活动，如传统节日庆祝、民俗展示等，展示乡村的独特魅力，提高人们对乡村文化的关注度，推动对乡村文化遗产的保护。

**【"头雁"风采】杭州鱼丸文化艺术有限公司**

（一）公司基本情况

杭州鱼丸文化艺术有限公司专注文化艺术领域的乡村运营发展，以弘扬乡村文化、推广艺术美学为宗旨，为乡村注入文化艺术新活力，推动其文化产业繁荣。公司重视挖掘与传承乡村文化，将之与现代艺术结合，打造独特乡村文化艺术景观，与村民、文化机构合作开展活动，传承文化，展现乡村文化魅力。

公司团队专业、高效且富有激情，成员有丰富乡村运营经验和深厚文化艺术背景，致力于融合乡村自然风光、人文历史与文化艺术，打造特色乡村文化艺术品牌。同时，公司注重团队建设和人才培养，定期培训学习，提升专业素质和创新能力，奉行优秀团队是打造优质乡村文化艺术项目的关键的经营理念。

公司采用"政府引导、企业运营、村民参与"模式，联动政企民三方保障项目顺利推进。作为中间桥梁，与政府紧密合作，依乡村特色和底蕴共制文化艺术发展规划，积极引入社会资本投入建设运营，鼓励村民参与，共同促进乡村文化产业繁荣发展。

**图 15　鱼丸艺术基地图**

（二）艺术项目展示

1. 乡村艺术节：定期举办乡村艺术节，邀请艺术家、文化名人等前来表演、交流，展示乡村文化艺术的风采。

2. 艺术驻村项目：邀请艺术家入驻乡村，与当地村民共同生活、创作，打造乡村艺术工作室，推动乡村艺术与当地文化的融合。

3. 乡村文化体验活动：开展各类乡村文化体验活动，如农耕体验、手工艺制作、传统民俗表演等，让游客在体验中感受乡村文化的魅力。

（三）未来发展规划

公司将继续深化乡村文化艺术领域的发展与合作，进一步挖掘和传承乡村文化，推动乡村文化产业的创新与发展；将加强与政府、企业、文化机构等的合作与交流，共同打造更多具有影响力的乡村文化艺术项目；将不断提升团队的专业素质和创新能力，为推动乡村文化艺术发展贡献更多的力量。

**【"头雁"分享】非遗技艺应用的成功案例**

陶器是我国重要的历史文化象征之一，良渚陶制品在烧制工艺上有着非常突出的特点。以余杭街道中南村为例，杭州鱼丸文化艺术有限公司从地理文化和历史传承入手，把非遗项目良渚陶器烧制技艺与乡村结合，通过引入非遗"良渚陶器烧制技艺"和创意设计，在中南村建立了小型乡村博物馆"良渚陶器烧制技艺非遗传习基地"，将其打造成了一个具有鲜明特色的文化艺术乡村。公司以集展览、教学、研学活动、旅游、产品研发于一体作为运营模式，在开展丰富多彩的艺术项目，如艺术驻村、乡村文化体验等，吸引了大量游客前来观光体验。同时，公司通过与当地政府合作，共同举办了多场乡村艺术节和文化交流活动，提升了乡村的知名度和美誉度。如今，中南村已经成为一个备受瞩目的文化艺术乡村典范。

在良渚陶文化创意产业的发展中，文创产品作为能够挖掘文化主题深层内涵的重要组成部分，实现良渚陶瓷文化的创新式传承、多元化应用及价值转化，存在多种发展策略。

（一）自主开发

即非遗"良渚陶器烧制技艺"项目中拥有大量的非遗传承人从事文创设计开发工作，需要大量文创设计人员，进行自主设计。其优势是可以省去设计过程当中的沟通过程。文创设计师本身就是非遗传承人，对良渚陶器的文化有非常详细的了解，缺点是成本过大。这样的运营模式大大地增加了人员成本，需要项目领头人、运营数据分析人、设计师、调研员等团队成员。在非遗传承人中很难培养出这样的人才，可能会让良渚文化文创团队的综合压力过大。

（二）跨界合作

即"良渚陶器烧制技艺"项目中的文创板块从研发设计到生产的过

程都聘请其他产品设计生产团队来做，但很容易造成"良渚陶器烧制技艺"文创产品的大众化、世俗化。如果设计师对良渚文化本身不够了解，则会产生对良渚陶器的刻画符号、表达手法、皮壳特征、象形运用等良渚特有的语言不够熟悉等问题。这样就需要"良渚陶器烧制技艺"的非遗传承人与设计团队、生产团队经常性地沟通，在沟通过程中不断改进产品。不断地与合作商沟通良渚陶器特有的文化属性，以便更好地生产出有良渚文化特质、符合良渚文化气韵、富有当代网红爆款活力的新时代文创产品。

（三）基于"非遗进校园"的合作发展

"非遗进校园"合作发展模式是指非遗传承人将"良渚陶器烧制技艺"与新时代陶艺教学模式相结合，与中小学和高校开展非遗课程，并在课程中大量推广该技艺的文化内涵、制作技法、作品特征等，使学生了解其特点，从中挑选培养优秀设计人才。良渚文化资源和非遗教学功能可丰富学生生活，中小学非遗课程能为高校输送创新人才，高校人才可参与良渚文化文创产品开发。这既可以让大学生了解中华优秀传统文化，又可以弥补非遗项目设计人员单一问题，有利于解决非遗项目文创设计团队缺乏、中小学课程丰富度不足、高校人才与社会脱节等问题。针对良渚陶瓷文创产品现代化设计中存在的问题，可充分利用"非遗进校园"的优势。

1. "非遗进校园"为"良渚陶器烧制技艺"非遗项目提供新人才。非遗传承人在推广技法时为学生传授非遗文化，学生在实践中增加创造性思维，为项目提供人才和思维支持，减轻项目文化价值开发压力。不同阶段学生对同一文化内容思考角度不同，可从教学成果中选优。而且学生群体最懂新时代流行元素，将校园文化融入文创开发能使作品更迎合潮流。

2. 助力校园培养非遗创新人才。"非遗进校园"模式可为学生提供更多兴趣爱好和就业可能，校园可依靠该项目为学生营造非遗活态传承的良好氛围，通过项目与校园文化的相互影响产生共鸣，为弘扬非遗文化注入新的活力。

【案例 16】

# 非遗制香：宋韵香局，让古法熏香点亮乡村文化
## ——访杭州百藏源国学文化传播有限公司总经理　汪彬彬

### "头雁"简介

汪彬彬，1990 年出生，毕业于景德镇陶瓷大学陶艺专业，本科学历，杭州百藏源国学文化传播有限公司总经理，2024 年"浙江千名乡村 CEO 培养计划"浙江农林大学 2024 届学员，资深香道师，非遗文人制香传承人，国家二级茶艺技师，国家三级评茶员，国家三级花艺师，余杭区乡村工匠，余杭区文化能人。

### 【案例要点】非物质文化遗产

（一）概念与价值

"非物质文化遗产"概念源于 1950 年日本通过的《文化财保护法》，当时被称为"无形文化财"，后历经"无形文化遗产""民间创作""口头非物质遗产"的演化，于 2003 年 10 月以"非物质文化遗产"概念在世界范围内逐步被人们所接受和认可。联合国教科文组织在其制定并颁布的《保护非物质文化遗产公约》中将非物质文化遗产分为五大类：一是口头传说和表达；二是表演艺术；三是社会习俗；四是传统手工艺；五是自然界的知识和实践。中国学术界对"非物质文化遗产"的概念有两种代表性的观点：一种观点认为"非物质文化遗产"是由各种传统的文化形式紧密结合而成。另一种观点则认为"非物质文化遗产"是一种文化遗产，它由口传心授，代代相传。根据联合国教科文组织的界定，以我国 2005 年颁布的《关于加强我国非物质文化遗产保护工作的意见》为标准，可将非物质文化遗产定义为：被社区、群体和个人视为其文化遗产一部分的社会实践、概念、知识、技能和相关工具、物品和场所。我国非物质文化遗产内容涵盖范围包括 6 大组成部分，如下表所示。

表5 中国非物质文化遗产涵盖的范围

| 组成部分 | 涵盖内容 |
| --- | --- |
| 口头传统 | 民间流传的口传文学、故事、神话、诗歌、谣谚等文学形式，以及相关濒危的民族或地方文化语言载体等 |
| 传统表演艺术 | 民族传统或民间流传的戏曲、音乐、舞蹈等 |
| 风俗活动、礼仪、节庆 | 反映某一民族或区域风俗习惯的重要节日、礼仪、游艺活动、庆典活动等 |
| 自然界和宇宙的民间传统知识和实践 | 自然、地理、人文、天文、医药等方面的相关知识和实践等 |
| 传统手工艺技能 | 世代相传、技艺精湛、具有鲜明的民族风格和地区特色的传统工艺美术手工技艺等 |
| 表现形式相关的文化空间 | 集中展现某种特定文化传统的场所及区域，如古街古镇、传统文化保护区等 |

（二）香文化

香文化发源于春秋战国时期，是中华民族在长期的历史进程中，围绕各种香品的制作、炮制、配伍与使用而逐步形成的能够体现出中华民族的精神气质、民族传统、美学观念、价值观念、思维模式与世界观之独特性的一系列物品、技术、方法、习惯、制度与观念。

隋唐时期香文化成熟，香品用途分类完备细致，如会客、卧室、修炼用香等各不相同。宋元明清是香文化繁盛普及期，宋代后，佛、道、儒提倡用香，香也成为百姓日常生活的一部分。这时期合香配方增多、工艺精良、造型丰富，除常见香品外，广泛使用印香，印香还可作计时工具，宋代五大官窑制作过大量香炉。

晚清以来，基于战争频发、政局不安和西方思潮冲击，中国传统社会体系受前所未有的冲击，香文化发展艰难。一方面，香是"奢侈品"，社会动荡影响香贸易和制香行业发展，也使人们没了熏香闲情；另一方面，近现代中国科技、军事落后西方，引发对传统文化怀疑，香文化受牵连。

现当代，化学香精成制香主要原料，但仍有天然香料香品，一类是单品香（保持原态或制成线香、盘香等形状），另一类是调和多种香料的合香（多为线香、盘香等形状）。如今随着人们生活水平的提高，越来越多的人喜欢品香、用香，对香品质要求提高，也有更多爱香懂香之人致力于香文化的继承与弘扬。

**【"头雁"风采】杭州百藏源国学文化传播有限公司**

（一）公司基本情况

杭州百藏源国学文化传播有限公司成立于 2019 年，目前"百藏源""宋韵香局"为自主品牌，公司将宋代的书法、绘画元素融入包装设计中，结合竹子制作工艺，依照宋代的典籍记载还原古代香品，目前制作了二十三款不同的熏香。作为"90 后"的文人制香传承人，汪彬彬将"审美长大自己的心巴上"作为研发产品的目标。将传统与现代元素进行融合，同时注重香薰的药用性与养生价值，使不懂香的大众群体能感受到香文化的魅力、渐渐将熏香作为生活品质的最佳伴侣。

创始人在香行业深耕十三年，从学陶瓷艺术专业转到中式熏香领域，在香薰历史、香方典籍、制香技法上颇有心得。公司成立初期，汪彬彬通过调研发现很多人不了解香文化甚至有误解，于是宋韵香局规划了一条香文化发展路径：挖掘—学习—体验—宣传—推广—运用文化。同时近年不断探索传统文化与农业融合的文创产品开发，在尊重和传承传统文化基础上，将文化元素与农业产业结合，开发有内涵的创意特色产品，提升农产品附加值，促进传统文化传播、推广与保护。

（二）产品服务

1. 原创文人熏香产品

公司将传统和时尚巧妙结合，深度挖掘宋代文化的独特魅力，将宋代的一些小品名画、书法以及关于香的诗词，独具匠心地运用在包装设计上，从而原创设计出了众多令人惊艳的文人熏香产品。

（1）宋代香方类产品。在宋代香方类产品的原创设计中，公司研发团队投入了大量时间和精力，深入研究宋代的香方古籍，精心挑选出具有代表性的香方进行重新演绎。每一款香方产品都经过反复调试和优化，力求在香味上最大程度地还原宋代的优雅气息。包装设计更是别具一格，选取宋代小品名画中的经典场景，如细腻的花鸟图、宁静的山水画卷等，通过

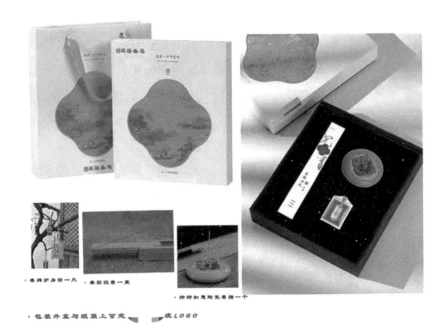

**图16　公司原创产品图**

高清印刷技术将其呈现在包装上。同时，搭配宋代书法作品中的优美诗词，以古朴的字体书写在包装的一侧，不仅增添了文化内涵，更提升了产品的艺术价值。

（2）手工香牌。设计师们从宋代的服饰、配饰中汲取灵感，设计出造型精美、寓意深刻的香牌款式。每一块香牌都是由经验丰富的工匠手工制作而成，选用优质的香料和天然材料，经过多道复杂工序的精心打造。在包装上，则采用与香牌风格相呼应的宋代元素，或是一幅精美的宋代花鸟画，或是一首优美的宋词，让香牌不仅是一种香薰产品，更是一件值得收藏的艺术品。

（3）手工香包。香包布料选用传统的丝绸、棉布等，质感柔软，色彩淡雅。图案设计上，融入了宋代的花卉、瑞兽等吉祥图案，寓意美好。香包内填充的香料经过精心调配，散发出清新宜人的香气。包装设计简洁大方，充满了宋韵风情。

（4）香类衍生产品。径山绿茶养生香枕，采用优质的天然材料制作而成，枕芯中填充了经过精心挑选的径山绿茶和具有安神助眠功效的香料，散发出清新怡人的香气。径山茶艾草养生手工锤的锤头由径山茶和艾草等天然材料精心制作而成，具有舒缓疲劳、促进血液循环的功效，另外还有宋代香球挂件、手工香珠耳环、手工香珠手串、衣柜香包等衍生产品。

（5）宋韵香局定制香薰文创礼品。无论是节日礼品还是商务定制礼品，都能根据客户的需求进行个性化设计。客户可以选择喜欢的宋代名画、书法作品或诗词作为包装的主题，搭配专属的香料配方，打造出独一无二的香薰礼品。对于节日伴手礼定制，公司也根据不同的节日特点，设计出相应的包装和香料组合。

2. 香文化活动

公司开展过百余场"香道小课堂""文人制香"课程，以杭州为中心，在湛江、宣城、无锡、台州、福建、厦门、福州、苏州、建水等地开展香文化讲座。与余杭径山寺、坛石禅寺、台州广化寺、上海玉佛禅寺等进行过香文化交流。

（1）宋代香道表演。香，为宋朝贵族阶层的风流雅事，烧香、点茶、挂画、插花，四般闲事，不许戾家，熏香便是宋代文人的"四般闲事"之首。香于生活细微处增添风雅韵事，低调中蕴含奢华，简洁中不乏高雅，此种精丽雅趣的生活品位正是宋代士人不断追求的时代风尚。现在香道被广泛运用到生活中，通过识香、熏香、制香，起到洁净身心、养生等功效。香道可以展现古代的熏香礼仪，通过缜密有序的步骤，让人肃然起敬，并细细品味香之趣味。香道分为篆香与隔火空熏。

（2）宋代香道体验——印香。香印是在香盘上用香模打香，其形似烙饼用的平底锅，点燃后加盖，缕缕青烟由镂空盖飘起，造型较笨拙，器具较散落。宋代熙宁年间，出现了一种更为科学的"午夜香刻"："时待次梅溪始作百刻香印以准昏晓，又增置午夜香刻如左：福庆香篆，延寿篆香图，长春篆香图，寿征香篆。"宋人把印香做成各种图形，将一昼夜划分为一百个刻度，用香计时，其中还寄寓了对生活的美好期待与祝愿。

（3）宋代香道——隔火熏香。宋代士人品香多用埋炭隔火熏香，爇之而无杂烟，能嗅到香药本真的气味。隔火熏香的方法在唐代就有，在宋代又有了进一步发展。两宋士人对焚香有了更高要求，"焚香必于深房曲室，矮桌置炉，与人膝平，火上设银叶或云母，制如盘形，以之衬香，香不及火，自然舒慢，无烟燥气"。文献记载"蔡京一日宴执政，以盒盛二三两许，令侍姬捧炉巡执政坐，取焚之"。

（4）古法香牌手作。宋人重合香，合香重视"君臣佐使"和"七情合和"的医方理论，或以炼蜜制成丸状，或以印模脱泥成饼，以软香、香珠、佛手香为佩带香，散末用以印香焚烧。香牌在中国悠长的历史中，是人们生活中的重要珍品，人们要了解香的用途与价值，更可以通过手工制作香牌，弘扬宋代制香文化。

（5）古法香方手作香包。香包味道依照古方君、臣、佐、使的原则，由香料调制而成。人们可通过拼配香方，手工缝制，定制一款专属的香包。其具有安神、驱邪避障、驱虫等功效，可挂在车内、包包、衣柜等地方。

（6）香毬挂件的编串。宋代香毬是一种香具中的神器，被称为"香毬""卧褥香炉"或者"香囊"，能放在被中、衣物里的袖珍香炉。香毬的奇特之处在于无论怎么倾覆，香毬内部焚香的碗口均朝向上方，香灰不会洒漏，也不必担心会引燃衣物。用金属或绳将香毬编成串，可做车挂、包挂、手机挂件等。

（7）古法口脂。口脂朱赤色，涂在嘴唇上，可使口唇更为鲜艳，给人一种健康、年轻、充满活力的感觉，所以自古以来就受到女性的喜爱。

**【"头雁"分享】效益分析**

（一）文化效益

传承与保护传统文化。非遗制香蕴含着丰富的历史记忆。香文化在中国有着悠久的历史，可以追溯到数千年前。从古代的祭祀礼仪到文人雅士的生活雅趣，香都扮演着重要的角色。非遗制香技艺传承了古人的智慧和审美，每一道工序、每一种香料的选择都有着特定的历史背景和文化意义。通过传承和发展非遗制香，我们能够触摸到历史的脉搏，感受古人对生活的热爱和对精神境界的追求。这种历史的延续性，可以让我们在快节奏的现代生活中找到与过去的连接，增强民族文化的认同感和归属感。同时，非遗制香对于传统文化教育也有着重要意义。宋韵香局通过线上线下举办各类香道文化展示、体验活动让人们亲身体验传统文化的魅力，增强对传统文化的认知和理解。

在精神文化层面，非遗制香具有独特的疗愈作用。香气能够影响人的情绪和心理状态，不同的香品可以带来不同的感受，如放松、宁静、愉悦等。在现代社会，人们面临着各种压力和挑战，非遗制香为人们提供了一种舒缓压力、放松身心的方式。同时，香文化中的哲学思想，如"和静清寂"等，也能够引导人们追求内心的平静和精神的升华。

（二）经济效益

非遗制香产业能够直接创造经济收入。在制香过程中，需要用到各种天然香料，如沉香、檀香、龙涎香等，这些香料本身就具有较高的经济价值。随着对高品质生活的追求以及对传统文化的热爱，人们对优质香品的需求不断增加。非遗制香产品具有较高的附加值，从手工制作的高端香品到适合大众消费的日常香薰产品，市场潜力巨大。公司通过销售宋代香方类产品、手工香牌、手工香包、香类衍生产品以及宋韵香局定制香薰文创礼品，获得了可观的经济收益。

（三）社会效益

非遗制香产业有力地推动了农村经济的繁荣。公司的发展为农村地区带来了就业机会，许多农民可以在家门口实现就业，不必再远离家乡去城市打工。从香料的种植、采摘到香品的制作、包装等各个环节，都需要大量的劳动力。这不仅增加了农民的收入，还促进了农村社会的稳定。同时，许多香料植物是重要的农业资源，农民可以通过种植这些香料植物，如薰衣草、薄荷、茉莉等，增加收入。与传统农作物相比，香料植物通常具有较高的经济价值，而且市场需求相对稳定。这不仅提高了土地的利用效率，也为调整农业产业结构提供了新方向。公司与种植香料植物的农户实现订单式生产，与农户建立合作关系，确保了农产品销售渠道的稳定，降低了市场风险。同时，种植香料植物往往需要较少的化肥和农药，对环境更加友好，符合可持续发展的理念。

## 第三节　乡村运营新理念，丰富乡村业态

【案例 17】

### 智慧兴农，天成良"李"
——访宁波智慧天成品牌策划有限公司总经理　李娇文

**"头雁"简介**

李娇文，毕业于中央司法警官学院信息管理与信息系统专业，宁波智慧天成品牌策划有限公司合伙人，中国蔬菜流通协会农业品牌促进委员会副会长，宁波鄞州区农创客发起人之一，宁波职业技术学院工商管理学院供应链管理专业指导委员会委员，宁波鄞州区侨联"玉茗荟"协会秘书长，2017 年全球食品包装设计金食奖评委，新疆阿克苏农产品品牌扶贫大使，正大集团卜蜂国际贸易（中国）有限公司农业品牌顾问，"百联邻里"生鲜连锁超市联合创始人，"涌鹅"品牌联合创始人，"拾物恋平台"联合创始人，"大块头"食品品牌合伙人，"维里国际置业"合伙人。获第十届国际标志双年奖金奖，CCII 国际设计全权会员，第二十一届浙江省金桂杯广告创意大赛铜奖、优秀奖，甘肃省玉门市绿色食品推广奖。

【案例要点】**农业品牌**

（一）概念与价值

农业品牌是农产品生产及经营者获得质量认证后的商标权，可提升市场认知度和社会声誉。实践证明，建立和发展农业品牌，对农产品进行精细化包装与营销策划、制定地域品牌相关政策、整合同质化弱竞争力品

牌，能打造出高知名度和强竞争力的农产品品牌，保障优质农产品生产和质量，提升销量。

农业品牌有以下特点：

1. 自然环境依附性：虽然现代农业技术降低了依赖程度，但地理、气候等自然条件对农产品品质仍有重要影响，如牡丹江市的黑木耳、响水大米和猴头菇品牌受当地自然环境助力。

2. 塑造主体多样性：建设模式从政府主导转向市场和企业主导、农民和农业合作社共同参与的多元化模式。

3. 内在价值统一性：不仅要提升农产品市场价值，还要体现其历史文化和内在价值，实现经济与文化双重增值。

4. 品牌认定规范性：注册和认定受严格法律法规约束，从生产到流通环节都有明确标准，保障消费者健康安全。

5. 消费导向引领性：随着生活水平的提高，消费者对食品质量的要求也随之提升，农业品牌对引导市场消费趋势有重要作用，可以抢占品牌建设先机即掌握市场话语权。

（二）农业品牌建设现状

中国是农业大国，农产品产量居全球首位，但很多优质农产品缺乏广泛认可与传播。国际农业强国往往也是品牌建设强手，强大的农业品牌体系对提升农业产业竞争力意义重大，缺乏有力品牌，农业产业就会处于弱势。我国农产品品牌建设发展迅速，区域性公共品牌渐趋成熟，农业企业品牌建设也在加强，但整体品牌农业体系和影响力仍需提升，有市场竞争力的品牌数量有限。若将中国农业看作一个复杂系统工程，品牌是贯穿其中的关键纽带，能从消费者需求角度优化生产环节。宁波智慧天成品牌策划有限公司致力于打造农业区域公用品牌，通过专业服务帮助多地实现品牌逆袭，提高了当地农产品的社会认知度和市场占有率。

【"头雁"风采】宁波智慧天成品牌策划有限公司

（一）公司基本情况

宁波智慧天成品牌策划有限公司成立于 2006 年，专注于农业与乡村品牌策划，致力于农业区域公用品牌、农业品牌及食品餐饮品牌的顶层设计。其前身是宁波海曙智慧天成广告有限公司，专注品牌策划、设计与策略顾问服务。智慧天成深耕食品、农业、餐饮、流通等领域，提供从品牌策略、定位、视觉规划到执行落地的一体化服务，涉及传统品牌策划与设计、品牌建立、形象推广设计、形象管理等。公司从品牌发展角度考虑战略、形象、传达等问题，以创造品牌价值、提升市场竞争力。此外，公司积极参与 17 次招投标项目，成功助力 1000 多品牌荣膺佳绩，潜心打造多个区域品牌典范和行业标杆，其自有品牌如百联邻里生鲜超市、涌鹅卤鹅饭、大块头熟食等，具有较高知名度，为当地农民创造了较多就业机会。

（二）产品介绍

智慧天成品牌策划有限公司在多年的发展历程中积累了丰富的品牌策划经验，尤其在农产品品牌化方面取得了显著成就。公司为"蟹大人"设计的品牌标志采用了毛笔字手法，赋予了品牌一种传统与现代相结合的独特气质，既展现了青蟹的威猛霸气，也凸显了品牌的文化底蕴。此外，"蟹大人"的包装设计同样精妙，它巧妙地结合了互联网元素与传统文化，通过色彩沉稳的插画传达了产品的生长环境，增强了消费者对品牌的认知度和好感度。

智慧天成除打造"蟹大人"品牌外，还参与了众多农产品区域公用品牌的创建。如"沙米"这一品牌，将沙漠大米产品推向市场，提升了农产品价值，促进了当地农业经济的发展；"崇水山田"是江西崇义县农业品牌项目，经智慧天成专业策划，短期内销售额突破千万，成为定制众筹农业新典范；"柴达木"品牌聚焦中华枸杞祖源地，借品牌之力弘扬特产文化，提高了枸杞产品知名度和附加值。

这些成功案例不仅证明了智慧天成在农产品品牌策划方面的专业能力，同时也显示了其在帮助地方政府打造区域特色品牌、提高农业经济效益方面的显著效果。智慧天成品牌策划有限公司的工作不仅获得了市场的良好反响，也赢得了业界及政府部门的高度认可，为推动地方农业发展和乡村振兴贡献了力量。

图 17  "蟹大人"品牌图

（三）新模式的运用

1. 专业化品牌策划。智慧天成公司拥有专业的品牌策划团队，针对不同地区的农业特点，设计并实施了一系列品牌策划活动。比如，该公司策划推出的"姜茅山"品牌，围绕"姜山如画，物语农耕"的主题，在各种场合进行推广，极大地提升了该品牌的社会影响力。这一成功的品牌推广案例不仅让"姜茅山"成为区域内的知名品牌，还带动了周边相关产业的发展。

2. 提升农产品附加值。通过对农产品的系统性品牌策划，智慧天成品牌策划有限公司有效提高了农产品的附加值。例如，"太白滴翠"茶叶区域公用品牌的推出，重塑了鄞州茶叶的品牌价值，帮助茶产业实现了品牌逆袭。农产品由于缺乏品牌化和特色化，往往价值感较低，许多农民尽管辛勤劳动一年，收益却并不理想。智慧天成品牌策划有限公司通过专业的策划和设计，让这些农产品获得了更高的市场认可度，从而提升了农民的收入水平。

3. 拓宽销售渠道。除了品牌策划之外，智慧天成品牌策划有限公司还积极帮助农业企业打造品牌，提升其市场效益。公司为农业企业对接终端零售渠道和采购渠道，通过打造自有零售终端品牌，如百联邻里生鲜超市、涌鹅卤鹅饭、大块头熟食等，不仅为农户和农业合作社提供了更多的销售渠道，还整合了1000多个社群、10万名会员以及10余个宁波高端物业资源，形成合力，促进农产品销售。此外，通过自主运营的"拾物恋"平台，实现了线上与线下的无缝对接，进一步拓展了农产品的销路。

4. 数字化管理与运营。在运营过程中，智慧天成品牌策划有限公司结合数字化手段，打造了数字农业园区和订单农业模式。通过数字化手段，智慧天成品牌策划有限公司构建了农业产业平台，激活了村里的闲置资产，促进了农业产业的发展，进而提升了村庄的经济价值。在数字乡村品牌建设方面，在岐下洋村，智慧天成品牌策划有限公司结合数字化工具打造了数字第一乡村品牌，这不仅有助于提升乡村的品牌形象，也有利于实现更高效的资源配置。在乡村治理水平提升方面，智慧天成品牌策划有限公司推动了乡村的数字化转型，利用先进的技术和管理方法改善了乡村治理水平，使得乡村运营更为高效和有序。通过这些数字化措施，智慧天成品牌策划有限公司不仅提高了乡村管理效率，还促进了乡村产业的发展，为乡村带来了实质性的改变。

**【"头雁"分享】效益分析**

*(一) 经济效益*

智慧天成品牌策划有限公司通过品牌策划和市场推广，成功帮助多家农业企业和农民增加了收入。例如，通过策划推广"姜茅山"品牌，不仅提升了该地区农产品的附加值，而且显著增加了农民的收益。此外，智慧天成品牌策划有限公司帮助农产品对接终端市场，拓宽销售渠道，提高了农产品的销售量，如通过打造自有零售终端品牌，整合社群和高端物业资

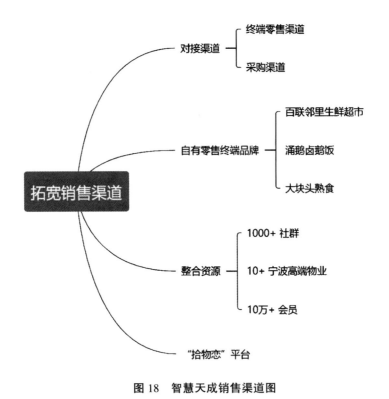

图 18 智慧天成销售渠道图

源,以及运营"拾物恋"平台,实现了线上与线下的无缝对接,进一步增强了农产品的市场竞争力。

(二) 社会效益

智慧天成品牌策划有限公司利用其在品牌策划领域的专长,积极投入解决农业销售难题的社会实践中,为提升农产品附加值和拓宽销售渠道作出了显著贡献。例如,在鄞州瞻岐镇,面对西瓜滞销的情况,李娇文及其团队寻求企事业单位的帮助,最终联系到万华宁波氯碱公司,该公司以高于市场价的价格采购大量西瓜作为员工福利,不仅帮助瓜农解决了销售难题,还提升了瓜农的收入。智慧天成品牌策划有限公司还参与了许多其他形式的公益助农行动,例如与宁波市物联网智能技术应用协会进行合作,发动更多会员企业参与到助农活动中来，共同为解决农民的销售难题贡献力量。

（三）环境效益

智慧天成品牌策划有限公司倡导可持续发展理念，鼓励使用环保材料和技术，减少了农业生产对环境的影响。在品牌策划的过程中，智慧天成品牌策划有限公司注重推广绿色生态农业，如通过品牌文化输出，提倡生态友好的种植和养殖方式，减少化学肥料和农药的使用，保护土壤和水资源，提升农产品的品质，满足消费者对健康食品的需求，同时减少对自然环境的破坏。

（四）管理效益

智慧天成品牌策划有限公司通过数字化手段提升乡村管理效率，如打造数字农业园区、订单农业等，优化了乡村资源配置，提升了乡村管理效能。例如，在运营岐下洋村的过程中，结合数字化手段，打造了数字第一乡村品牌，通过数字化工具，如外来务工人员管理平台和农业产业平台，盘活了村集体闲置资产和农业产业，提升了集体价值。此外，智慧天成品牌策划有限公司还推动了乡村的数字化转型，通过先进的技术和管理手段，提升了乡村治理水平，使得乡村运营更加高效有序。

【案例 18】

# 溪谷郎家村庄经营奏响田园牧歌

## ——访杭州市临安区南山南营地主理人 程淑敏

**"头雁"简介**

程淑敏，1993 年出生，毕业于浙江旅游职业学院旅游规划系，大专学历，杭州市临安区南山南营地主理人，临安区青山湖街道郎家村运营团队成员，"浙江千名乡村 CEO 培养计划"第二期学员。

【案例要点】村庄经营

（一）概念与价值

村庄经营是乡村建设发展的新理念、新模式，突破了主体单一和以农业为主导的传统格局，经营主体与业态多元化，成为乡村发展重要驱动力。2006 年，习近平总书记提出要结合整治和经营村庄。现有研究中，"村庄经营"常与"经营农村""乡村经营"概念混用，指用市场化、企业化运作方式经营农村社区资源，实现资源最优配置和效益最大化①，即在一定的区域内整合特色资源，经科学筹划运营，以最优投入整合产业、环境、乡村治理、生产方式变革等，提炼核心竞争力，为区域长期稳定可持续发展提供内生发展动力。

其功能定位是利用开放市场实现乡村资源价值，提高乡村综合竞争力。我国"大国小农"的具体国情决定了农户和家庭经营模式具有局限性，"村庄经营"模式要在坚持农民农业主体地位的同时，合理运用组织形式和制度安排，延伸农业产业链和价值链，构建复合型现代农业经营体系。村庄经营实践性强，于 20 世纪 50 年代产生，之后在不同阶段演化出不同形态和特征。

（二）我国村庄经营的发展历程

我国的村庄经营本质上经历了从经营企业到经营土地再到经营生态的转变，村庄经营的产业基础由工业到现代农业再到以农业农村为核心的产业链延伸与三产融合，村庄经营的模式从由乡镇企业主导转变为政府与资本的联合主导再到社会多主体合作建设。村庄经营的发展历程反映了我国发展战略的演进过程，即从"工业化、城市化"到"以工补农、以城带乡"再到"城乡融合、互促共进"。

1. 乡村工业化时期的村庄经营。我国村庄经营实践最早可追溯至 1958 年人民公社等兴办的集体所有制企业，当时在农业集体化中，将部分资源转至工业生产。20 世纪 80 年代后，农村双层经营体制提升了农户生产积极性，乡村工业在当时背景下蓬勃发展。这一时期村庄经营以乡镇企业为主体开发集体资源发展工业，即便 20 世纪 90 年代乡镇企业改制，本质上都是以村庄资源发展乡村工业实现资产增值。

---

① 蒋长流、吴怡：《共同富裕目标驱动的村庄经营方向和对策研究》，《山东农业工程学院学报》2024 年第 1 期。

2. 城市化推进过程中的村庄经营。20 世纪 90 年代我国确立社会主义市场经济，工业化重心向城市转移，乡镇企业发展困境日益显露，农村出现诸多问题。21 世纪初，我国开始注重统筹城乡发展，启动新农村建设，缓解"三农"问题。这一时期村庄经营沿海和中西部表现虽有不同，但本质上都是"经营土地"，沿海地区村民和村集体自行开发土地转让获取增值收益，中西部地区则是地方政府联合外部资源推进土地流转经营村庄①，不过大部分村庄因无发展基础仅靠国家投入建设，因资源配置低效而饱受争议。

3. 三产融合发展驱动的村庄经营。新时代，城市中等收入群体追求高品质绿色生活，乡村生态空间价值潜力显现，乡村特色资源可转化为生产力。村庄经营的核心资源是乡村生态空间及其物产、生态和文化，围绕特色挖掘、激活、推介乡村资源，打造产业品牌。

**【"头雁"风采】临安青山湖街道郎家村**

（一）村庄介绍

郎家村地处临安青山湖街道北部山区，既有延绵不断的青翠林木，又有亘古流淌的清澈溪流，背依径山，碧水穿村。村庄历史人文积淀深厚，山水胜迹底蕴丰富。过去的郎家村是个经济相对落后的山村，许多村民靠外出打工谋生，土地抛荒现象十分严重，村集体经济几乎为零。2019 年"非粮化"整治后，郎家村充分发挥"因地而兴、因水而美"的自然资源禀赋，抓住村落景区及未来乡村规划建设的机遇，把农业与生态、文化充分结合起来，以一二三产业融合发展为核心，大力发展"美丽乡村+旅游休闲"产业，充分运用信用、信贷、资金互助多种支持措施，将资金投入农旅融合发展领域，围绕"青山湖秀水圈"IP 开发，走出了一条以村落景区市场化运营助推农旅、文旅融合发展的乡村振兴新路径，被评为 2022 年临安区"幸福村社"之一。

---

① 张伯宸、刘威：《经营村庄：权责视野下的基层政府经营行为研究——以陈村"土地增减挂钩"项目为例》，《浙江社会科学》2020 年第 8 期。

图 19　郎家村图

（二）主要内容

1. 开展资源调查、文化挖掘并加以推广。做好村庄运营须从乡村资源调查入手，利用山水文化资源助力乡村振兴。郎家村位于径山附近，曾是一个无名小村庄，但历史文化底蕴深厚，但因未被深入挖掘整理而鲜为人知。运营团队对郎家村的历史、古迹（苏轼登临、徽宗朝圣、罗隐隐居、释空传灯、闯王遗迹、古法造纸等）以及径坞古道山水景观、名胜古迹、庙宇庵堂遗址等进行了系统性的挖掘整理，加以推广并提出恢复历史人文资源、建设打造溪谷郎家村落景区的具体设想与发展思路。

2. 举办油菜花节，打造溪谷郎家 IP 品牌。郎家村原来是一个经济薄弱村，没有知名度。运营团队为扩大郎家村的知名度，于 2023 年 4 月 1 日策划举办了首届"溪谷郎家油菜花节"，通过《人民日报》等众多媒体全覆盖报道、十几家外省官方网媒实时转载。溪谷郎家油菜花节活动报道浏览量达 1 亿+，吸引 1.8 万余名游客，带动本村多种经济增收超 30 万元，使郎家村成为"明星村"，打造出溪谷郎家品牌 IP。

3. 推进田园业态项目建设，开展市场营销工作。借"油菜花节"成功举办的东风，运营团队根据郎家村的自然景观打造田园农旅综合体，在郎家村田园内注入了田园小火车、土灶头、烧烤露营等业态项目。利用村集体原先建成的田园餐厅、龙虾养殖区等，开发了田间餐饮、钓龙虾等经营业务。随着这些业态经济的形成，在不到三个月的时间里，已接待2000多名游客，各项消费营收超过12万元。同时运营团队正在紧锣密鼓地投资建设白水溪水上亲水乐园项目，为暑期游客提供一个清凉避暑戏水的场所，也为田园业态经济配套增加一个游客引流的吸引点。

4. 振兴本土美食，厨娘队推出"簸箕宴"。村庄经营可助力乡村振兴，振兴本土特色美食是重要途径之一。运营团队为提升郎家村厨娘服务水平和经济效益、积极性，加强厨娘队伍建设，结合其特点与自身营销优势打造"田园长桌宴"，高峰时一天接待100余人。同时，团队挖掘郎家水岸文化，开发本土特色文化宴席，经厨娘试烧、游客品尝、老人回忆、名师指点，创新推出"溪谷郎家簸箕宴"及仪式流程，吸引了众多游客，已制作30余个宴席，吸引400余人参与品尝。2023年6月22日端午节举办的"鸣锣开宴"仪式更是吸引大量游客前来体验，成为郎家村乡村旅游的品牌亮点。

5. 推行"稻田认领"模式，助力村集体经济增收。郎家村"共富稻田"首期集中整理出248亩田地，由村集体统一经营，种一季水稻一季油菜，收入集体提留后农户分红。运营团队与村委为提高收益推出"稻田认领"农旅新模式，2023年推出每亩3800元（大米500斤）供企事业单位和个人（家庭）认领的稻田，通过市场推广营销，已有80多亩稻田被认领。同时运营团队还协助村集体销售今年自产的土菜籽油1000余斤，创收32万余元。目前团队正策划一亩以下针对游客市民家庭的"稻田认领"促销新举措，促进多样化发展。

6. 帮扶农家乐提升经营，帮助推广引流客源。郎家村有6家农户开办的农家乐，运营团队入驻前仅3家正常经营，游客少、效益差、接待服务水平低且无统一标准。2023年田园农旅经济发展和市场宣传使郎家村知名度提升、游客增多，6家农家乐都正常开业。运营团队对农家乐逐个走访登记、组织培训、给予指导，还组织考察学习，采集素材通过公众号和视频号加以宣传。下一步将制定统一服务标准，要求领办特许经营证件，按旅游接待标准提档升级。

7. 整合村内闲置资产，推进招商引资工作。继郎家村成功引入网红小院（妙哉田园）之后，运营团队已对村内所有闲置资产进行了梳理登记。村内的闲置房屋，由村集体逐步收购，交由运营团队根据资产不同属性着手策划编制自投或招投手册，对外发布相关信息，或组织村里乡贤优先介入，按照网红小院（妙哉田园）模式逐个打造乡居网红打卡项目。村内的山塘水库鱼塘等由运营商打包通过自投或招投纳入农旅休闲项目产品进行开发提升。

**【"头雁"展望】未来发展**

郎家村将以打造当今"田园中国"农旅风向标为目标，做好基于田园综合体模式的乐田、乐水、乐山、乐文这"四乐"文章。

（一）依托田园资源，做好"乐田"文章

依托郎家村自然田园资源，打造集花园、田园、果园、菜园、乐园于一体的近都市未来乡村公园，形成农文旅融合产业综合体。先完成600多亩土地非粮化整治，引入乡村运营师团队，于村委大楼前240亩核心区块打造"溪谷郎家"农旅项目基地，吸引城里人体验农田生活，拓宽集体和农户增收渠道，让落后山村蜕变成美丽村落景区。郎家村做好"稻田文章"，打造多功能田园，2021年村集体收入超80万元，2022年超120万元。具体举措包括流转集体稻田，部分打造成"共富稻田"供企业或市民认领并参与农事，获取统一耕种的新米，成立农机服务队，提升本村机械化水平并承接周边村镇收割业务。

（二）依托郎溪资源，做好"乐水"文章

郎家村白水溪穿村而过，河道宽阔，水源充足，水体清澈，常年白鹭齐聚。历史上曾经因连接径山古道在郎家白水溪段设置水路上岸码头，积淀了深厚的禅文化和茶文化资源。为传承千年历史古村落文化和径山寻源古水岸码头传统，近年来，郎家村着手对白水溪进行整治，对分级河道平湖水面开展景观式河堤基础改造，计划修建沿溪绿道、文化广场、圃育中心等，开发白水溪亲水项目，打造与郎家村田园景观协同发展的白水溪景观。村集体还收购了 10 余幢闲置农宅，并将其纳入古水岸码头文化一并加以开发改造。该项目作为临安东部青山湖景区、白水涧景区延展组合产品，对区域性旅游经济的带动作用极大。

（三）依托古道资源，做好"乐山"文章

郎家村径坞古道连接径山，沿途风光秀丽，有径坞水库、龙潭瀑布、鹰窠石、棋盘石等胜景 10 余处。特别是龙潭瀑布直挂足有七八十米长，雨季水量充足非常壮观，这是目前临安自然山水的一大标志性景观。目前村庄建设已完成了径坞水库的景观化升级改造，开通了径坞峡谷至龙潭瀑布景观的道路，该道路的进一步拓宽及沿线景观节点开发正在逐步实施当中。径坞龙潭景点的开发既是临安东部青山湖山水景观的升级延伸，也可填补临安东部区域"自然山景"不足的短板，并为未来"溪谷郎家"升格成为国家 A 级旅游景区及旅游组团进入华东游线奠定了基础。

（四）依托人文资源，做好"乐文"文章

郎家村始建于汉建安十六年（211），郎稚后裔即在此繁衍生息，成为临安最早建县创始者。人文资源还有径山寺开山祖师法钦结茅处，郦道元、苏轼、宋徽宗、李自成、罗隐、释空禅师等历史名人印记及遗迹。还有百梅寺、古云庵、留云庵、松源房、梅谷房、弥陀庵、罗隐石等人文古迹。有古法毛竹造纸作坊传承工艺及横畈豆腐干作坊传统工艺。文化是一个村庄发展的"灵魂"，也是一个村庄最有辨识度的标志。近年来，郎家村非常重视对古村落遗存文化的挖掘与整理，先期完成了村志的修编，启动实施文化资源开发利用工作。对一些历史遗留的人文古迹进行了保护，将人文景观节点的修复改造列入村落景区、未来乡村建设规划。

**【资源链接】**

浙江农林大学乡村文旅开发与运营服务技术服务团队

应用领域：文旅产业

技术支撑部门：风景园林与建筑学院

专家顾问：蔡碧凡

应用场景：

基于当下乡村振兴和共同富裕战略目标，围绕乡村文旅高质量与第一、第二、第三产业深度融合发展，充分发挥团队前期策划规划及后期运维管理的专业优势，为各地乡村、农业园区提供策划、规划、运营和管理等大项技术服务。针对当下美丽乡村向美丽经济、风景向钱景转化存在的路径及实践困境，通过技术服务，解决项目落地难、盈利难、运营难、可持续发展难等现实问题，探索和总结了临安"村落景区市场化运营"、余杭农村职业经理人、淳安姜组团发展模式，实现部分村落文旅产业的高质量发展，并向安徽黄山、河南洛阳等地推广实施乡村市场化运营。

应用效益：

指导临安龙门秘境、古韵河桥等成功创建 AAA 级景区村庄，临安区成功创建全国首批休闲农业重点县。

# 第八章 产业融合：全链条提升农业生产效率

## 第一节 农产品深加工，高效拓展农业经济

【案例 19】

### "醉"美新篇 高粱酒与乡村振兴的奇妙碰撞
#### ——访开化上安梯田农业开发有限公司负责人 余霄鸽

**"头雁"简介**

余霄鸽，中共党员，退伍军人，开化上安梯田农业开发有限公司负责人，专注于本村农产品的宣传推广，致力于将家乡的优质农产品推向更广阔的市场，带动当地农业产业发展和农民增收。浙江农林大学2022年度浙江乡村产业振兴带头人培育"头雁"项目学员。

**【案例要点】红高粱酒**

（一）概念与价值

红高粱酒以红高粱为主要原料酿造。红高粱在我国北方广泛种植，又称赤谷、蜀黍，籽粒饱满、色泽鲜亮，富含淀粉、蛋白质和多种微量元素，是优质白酒理想原料。红高粱酒在酿造时精选原料、科学配比，结合传统与现代技术，经发酵、蒸馏、陈酿等复杂工序。

红高粱酒历史悠久，随农耕文明发展而兴盛。古代红高粱因耐旱、高

产成为北方重要粮食作物,酿酒传统也随之产生。红高粱酒地域性强,地区气候、土壤等条件不同,红高粱品质有别,风味各异。

在中国传统文化中,酒有丰富文化寓意和象征意义,红高粱酒作为优质酒承载着人民对美好生活的向往。红色在中国文化象征着热情、喜庆、吉祥,红高粱酒的鲜艳酒色和醇厚口感正契合这种寓意,在丰收、婚嫁等喜庆场合常成首选,用于表达喜悦和美好祝愿。

1. 特性

(1)酿造原料与过程。红高粱酒的核心在于其酿造原料——红高粱。红高粱与白高粱的主要区别在于表皮上的红色素,这种红色素虽然会在酿造过程中染红锅里的水和金属壁,但并不影响最终酒体的颜色,在视觉上依然保持清澈透明或淡淡的黄色。红高粱因淀粉含量高、脂肪与蛋白质均衡以及果实结构特殊,成为酿造优质白酒的理想原料。红高粱中的单宁不仅赋予酒体独特的芳香,还能有效抑制杂菌的生长,确保酒的纯正与高品质。

(2)香气与口感。红高粱酒的香气与口感因酿造工艺、原料种类及陈年时间的不同而呈现出多样性。其香气独特且浓郁,既有高粱特有的香气,又融合了发酵过程中产生的各种复杂香气。在口感上,红高粱酒往往表现出醇厚、协调、回味悠长的特点,这与高粱中丰富的淀粉及支链淀粉在发酵过程中的转化密不可分。此外,红高粱酒还因其不同的酿造工艺和发酵时间而分为多种类型,如清香型、浓香型等,清香型红高粱酒以香气温和、口感清爽著称;而浓香型红高粱酒则以香气浓郁、口感浓烈见长。

2. 分类

(1)清香型红高粱酒。清香型红高粱酒以香气温和、口感清爽著称。这类酒多采用特殊的优质红高粱和小麦等原料,经过联曲发酵、蒸馏等工艺精心酿制而成。其发酵期相对较短,一般在12天左右,以确保酒体清爽不腻。清香型红高粱酒的度数较为适中,不易使人醉倒,广受消费者喜爱。例如,红高粱原浆系列(清香型)和红高粱东北王系列(清香型)便是此类酒的代表。

（2）浓香型红高粱酒。浓香型红高粱酒以香气浓郁、口感浓烈见长。这类酒通常采用优质糯红高粱为原料，大曲为发酵剂，经过长时间的发酵蒸馏而成。其发酵期较长，一般在 15 天以上甚至更长时间。浓香型红高粱酒的度数一般较高，口感浓烈且富有层次感，是白酒爱好者追捧的对象。例如，高粱香系列（浓香型）、窖藏香系列（浓香型）以及红高粱芝麻王系列（浓香型）等均为此类酒的代表。

（3）凤香型红高粱酒。凤香型红高粱酒是红高粱酒中较为独特的一种类型。其酿造技艺极为精湛，确保了酒体的质量和口感。凤香型红高粱酒的香气独特且复杂多变，既有高粱的清香又有发酵过程中产生的独特香气；口感醇厚且协调性好，深受人们的喜爱。

**【"头雁"风采】开化县大溪边乡上安村**

（一）村庄基本情况

上安村位于风景秀丽的开化县，拥有丰富的自然资源和独特的地理环境，是传统农业大村。上安村历史悠久，文化底蕴深厚。据史料记载，该村始建于明朝末年，历经数百年风雨沧桑，至今仍保留着许多明清时期的古建筑和民俗文化。四周群山环抱，溪水潺潺，四季分明，气候宜人。这里拥有丰富的自然资源，尤其是肥沃的土地和适宜的气候条件，为农业发展提供了得天独厚的优势。然而，过去由于交通不便，通往外界的道路崎岖难行，信息闭塞成为制约上安村发展的最大瓶颈。村民们世代以耕作为生，主要种植水稻、玉米等传统作物，生活水平长期难以提升。近年来，在国家乡村振兴战略的引领下，上安村逐步探索出一条适合自身发展的道路，余霄鸽先生便是这一过程中做出重要努力的人物之一。

（二）高山菜籽油

上安村为弥补高粱未成熟时的产品空缺，利用紧邻杭州千岛湖的自然优势种植大片油菜田。这里水质常年达Ⅰ、Ⅱ类标准，空气质量优，近年，油菜种植面积稳定在 500 亩以上，有连片梯田油菜田，构成壮丽田园画卷，菜籽饱满，为高品质菜籽油生产打下了坚实基础。

在上安村，菜籽油的榨取工艺历史悠久，传承至今已有六七十年。从

图20　高粱酒图

纯人工到机器辅助，虽技术革新，但对品质坚守如初。传统榨油包括晒干、打落等多个环节，每个步骤都要精心操作。如今科技进步，机器取代部分人工，榨油更高效便捷，但榨油师傅对火候的掌控和对细节的追求未变。

上安村榨取的多是为低芥酸菜籽油，与普通菜籽油相比，其饱和脂肪酸含量更低，而酚类物质含量更高，营养成分更丰富、健康功能更好。它可满足日常烹饪需求，还有助于降低胆固醇、软化血管、延缓衰老、增强免疫力，是现代家庭餐桌的理想选择。

上安村的菜籽油产业不仅为村民们带来了可观的经济收入，还促进了当地农业和旅游业的融合发展。每年春天，油菜花盛开时节，上安村的梯田就成了一片金黄色的花海，吸引着大量游客前来观赏。而到了榨油季节，榨油厂的机声欢鸣、油香阵阵，更是成为一道独特的风景线。此外，上安村还积极引进新技术、新设备，不断提升菜籽油的品质和市场竞争力，如低温压榨工艺和设备，使菜籽油更纯净、营养价值更高。

上安村将红高粱与菜籽油等特色农作物结合，打造出了"春赏油菜花、秋看高粱红"的美丽田园景观。夏种高粱、冬种油菜的轮作模式不仅提高了土地的利用率和产出效益，还带动了乡村旅游业的快速发展。近年来，上安村连续举办油菜花节和红高粱节等活动，以花和酒吸引游客，丰富村民文化生活，促进经济繁荣。

**【"头雁"分享】效益分析**

（一）经济效益

上安村在农产品销售与加工方面多管齐下。油菜籽销售走高品质路线，以非转基因、绿色生态种植保障优质安全，与企业合作引入先进技术工艺，产品大受欢迎，带来可观收入。红高粱销售则灵活调整策略，既直接售卖，也发展产品深加工，通过多元渠道提高经济效益。同时，上安村深知仅靠原料销售难以长远发展，积极引入相关设备对油菜籽和高粱进行深加工，打造品牌商品、提供优质原料、开发特色产品，以科技赋能推动产业升级转型。

上安村利用自身优势打造"春赏油菜花、秋看高粱红"旅游品牌，春秋美景吸引大量游客，促进农产品和手工艺品销售。为提升游客体验和消费意愿，上安村完善观光步道、停车场、游客中心等基础设施和农家乐、民宿、餐饮娱乐等配套服务。农业旅游为上安村带来了可观的经济收益，促进了文化传承发展和人与自然和谐共生。

（二）生态价值

传统农业单一作物连种模式常致土壤养分过度消耗、病虫害加剧和结构破坏等问题，影响作物生长与产量，而上安村油菜与高粱轮作模式可规避这些问题。油菜是冬季浅密根系作物，能够改善土壤结构，增强通气性和保水性，其生长吸收的养分成为高粱种植的"养分库"；高粱作为夏季深根系作物，可吸收油菜残留养分和深层水分，充分利用土壤资源且避免养分流失，这种轮作模式可以让土地保持活力，实现资源可持续利用和高效循环。

油菜籽榨取的菜籽油因品质高、芥酸低，在健康饮食观念增强的当下备受欢迎，上安村通过优良品种和科学管理保障油菜籽高产优质，为村民带来稳定收入。红高粱口感独特、营养价值高，在酿酒、饲料等方面应用广泛，上安村通过种植红高粱丰富了农产品种类、拓宽了销售渠道，满足了市场的多元化需求。此外，油菜与高粱轮作可减少病虫害，因不同作物抗性不同，轮作可破坏病虫害生存环境，降低农药用量，保障农产品安全和品质。

(三) 营养价值

红高粱酒不仅具有独特的风味和口感，还蕴含着丰富的营养价值。红高粱本身富含淀粉、蛋白质、膳食纤维以及多种维生素和矿物质，这些成分在酿造过程中部分转化为酒精和风味物质，但仍有一部分保留在酒体中，具有一定的保健作用。适量饮用红高粱酒，可以促进血液循环、增强新陈代谢、缓解疲劳等。此外，红高粱酒中还含有丰富的多酚类化合物和抗氧化物质，这些成分具有清除自由基、延缓衰老、预防心血管疾病等保健功能。同时，红高粱酒中的酒精成分还可以刺激胃液分泌，帮助消化，增加食欲。

**【案例 20】**

# 共富路上的一"面"之缘

## ——访丽水市缙云县乡韵土面专业合作社负责人　陈星

**"头雁"简介**

陈星，1986 年出生，毕业于浙江广播电视大学法学专业，大专学历，缙云县乡韵土面专业合作社负责人，专注于土面的生产和销售，浙江农林大学 2024 年度浙江乡村产业振兴带头人培育"头雁"项目学员。浙江省电子商务专业人才师资，省农创客优秀学员，丽水市引领性农创客，十佳农创客，丽水市农三师，丽水市乡村工匠，乡村振兴青年先锋"青牛奖"获得者，高级农业经理人，高级中式面点师，缙云县乡村振兴带头人，缙云爽面非物质文化遗产传承人，缙云县高级爽面师傅。2017 年，陈星放弃阿里巴巴讲师工作，选择回乡创业，带动当地农村经济发展，他的事迹也多次受到媒体的报道，成为乡村振兴的典范和榜样。

**【案例要点】县域富民产业**

（一）概念与价值

党的十九大报告明确作出关于乡村振兴的战略部署，党的二十大报告强调全面推进乡村振兴要"发展乡村特色产业，拓宽农民增收致富渠道"。2021 年，中央农村工作会议明确提出，要"大力发展县域富民产业……让农民更多分享产业增值收益"。这是我国首次在中央政策层面明确"县域富民产业"的概念。2022 年、2023 年中央一号文件相继作出"大力发展县域富民产业""培育壮大县域富民产业"的重要部署。2024 年，中央一号文件再次强调"实施农民增收促进行动，持续壮大乡村富民产业"，在战略布局层面已然将发展县域富民产业作为促进农民增收的关键路径。

结合中央政策的部署和已有学术研究，我们可以将县域富民产业定义为充分依托县域的优势资源，具有高层次产业竞争优势和完善的利益联结机制，能够持续显著促进农民收入增长、缩小城乡收入分配差距的现代化产业集群。[①] 通过延长既有产业链和价值链，在县域内形成的参与度广、带动能力强、城乡融合、一二三产融合的产业体系，或是带动县域产业发展和乡村振兴的产业发展模式。[②]

（二）缙云县县域富民产业

缙云县的县域富民产业以"乡愁富民产业"为核心。近年来，缙云县深入实施乡村振兴战略，以实现乡村振兴为目标，以农业农村资源为依托，以三产融合发展为途径，抓住"乡愁"这个关键词，推动乡愁富民产业高质量发展，致力将乡愁富民产业打造成乡村振兴新亮点，形成乡村振兴的"缙云模式"。2020 年缙云县出台《关于提升乡愁产业加快富民增收

① 庄天慧等：《县域富民产业促进农民共同富裕：作用机理、现实困境与策略选择》，《改革》2024 年第 3 期。

② 付伟：《抢抓机遇发展县域富民产业》，《光明日报》2022 年 3 月 24 日第 2 版。

的意见》，提出要打造百亿级乡愁富民产业体系，推动缙云县农业高质高效、农村宜居宜业、农民富裕富足。以 19 条政策为统领，利用财政资金支持包括烧饼、爽面、黄茶、茭白等产业的升级发展，全方位释放乡愁产业的红利。

乡愁经济造就了缙云"五彩农业"。缙云凭借良好生态和独特资源禀赋，打造"五彩农业"高效集聚园区，形成以其为代表的乡愁产业富民之路（"两黄"：烧饼、黄茶；"两白"：茭白、爽面；"一红"：杨梅；"一灰"：麻鸭；"一黑"：梅干菜）。其中，缙云烧饼年产值达 27 亿元，有地理标志证明商标和欧盟商标，制作技艺是国家级非遗。缙云黄茶是 G20 杭州峰会官方指定用茶，连续 4 年获茶叶区域公用品牌最具溢价力品牌；缙云茭白创建省级全产业链，产值 15 亿元，"浙江缙云茭白 —麻鸭共生系统"是中国重要农业文化遗产。缙云爽面、麻鸭有地理标志证明商标。"五彩农业"富民之道获省委主要领导两次批示，相关经验被《领跑者》报道，两次在省级以上会议进行交流，缙云获评全国县域数字农业农村百强先进县、全国特色产业百佳县、中国小吃文化地标城市。[①]

**【"头雁"风采】缙云县乡韵土面专业合作社**

（一）合作社基本情况

缙云乡韵土面专业合作社成立于 2015 年，专注于制作并推广具有当地特色的缙云爽面，致力于传承和普及这种传统的手工面食。合作社旨在利用当地丰富的农产品资源，生产制作具有地方特色的土面食品，推动当地农产品加工产业的发展。

在成立初期，合作社面临着无机械设备、技术水平不高、市场开拓困难等诸多问题。为了解决这些困难，合作社引进了先进的生产设备，经过多年的发展与努力，逐渐壮大起来，产品品质得到了市场认可，销售渠道不断拓展，销售额逐年增长。合作社在生产过程中坚持环保和可持续发展的理念，选用无污染、无添加剂的原材料，旨在打造更健康的面食产品。

---

① 刘槐坡：《缙云：致力打造乡愁富民产业高质高效全国样板》，2022 年 2 月 24 日，http://www.brand.zju.edu.cn/2022/0224/c57338a2500377/page.htm，2024 年 11 月 1 日。

此外，合作社也尝试使用可循环利用的包装材料，以减少对环境的影响。作为一个注重品质和客户服务的集体，缙云乡韵土面专业合作社始终坚持客户至上，倾听客户的声音，不断改进产品与服务质量。目前，缙云乡韵土面专业合作社已经成为当地有影响力的土特产加工企业，产品远销全国各地，并在国际市场上有一定知名度。合作社的发展壮大是一段辛勤拼搏和坚持不懈的历史，为推动当地农产品加工产业的发展作出了重要贡献。

图 21　缙云五彩爽面图

（二）缙云爽面介绍

缙云爽面是浙江缙云传统特色面食，有 1300 多年历史，相传是轩辕黄帝大臣敬献之物，宋代诗人黄庭坚曾作诗称赞。它选用传统农耕有机栽培的 908 优质小麦品种与高筋面粉 1∶1 配比，经古法原麦制作，5 次发酵和 14 道独特工艺制作而成，富含微量元素，口感爽滑细腻、醇香宜人。在缙云，爽面与当地人生活紧密相连，是主食面和寄托乡愁的面。

2001 年，缙云爽面进入市场，开启强村富民之路。近年来，缙云县多措并举推进爽面品牌建设，通过制定扶持政策、实施"十个一"工程等讲好故事、打响品牌。2021 年，土面产值超 2.4 亿元，从业人员 7000 多人，获国家地理标志证明商标。2022 年产值达 2.6 亿元，带动农民增收，成为"致富面"。

如今，缙云爽面不仅是当地特色美食，还是缙云"金名片"，承载的乡愁味道和文化理念，让离乡者怀念、游客向往。其产业发展带动了缙云小麦的种植，形成良性循环。该县引导种粮大户种 908 小麦，每亩补贴300 元，调动农户的种植积极性，保障原料来源。此外，缙云建设爽面博物馆、打造"土面特色街"，促进"爽面文化"与"农文旅"融合发展。缙云爽面还获"浙江农家特色小吃百强"等称号，制作工艺在"非遗薪传"展评中获"优秀展演奖"，被评为"中餐特色小吃"和"浙江名小吃"，已成为乡愁富民大产业。

（三）运用新技术

1. 机械化制面设备。机械化制面设备是指运用机械原理和技术，将面粉等原料经过一系列自动化或半自动化的加工流程，制作成面条的一系列机器和装置的组合。这些设备通过电力、液压或其他动力驱动，能够完成从原料处理（如搅拌、揉捏、压延）到面条成型（如切丝、切断），再到后续的干燥、包装等工序，替代或辅助人工操作，实现高效率、标准化和大规模的面条生产。缙云县乡韵土面专业合作社引入了一系列自动化生产线，包括和面机、压面机等，和面、搓条、上条等最耗时耗力的制面环节都由机器完成。

2. 电商营销模式。电商营销模式是指借助电子商务平台和互联网技术，通过一系列策略和方法推广、销售产品或服务，并与消费者建立互动和交易关系的方式。缙云县乡韵土面专业合作社借助电商平台，将批发与零售相结合，打破爽面的传统销售模式，打开了爽面销售新渠道。

【"头雁"分享】效益分析

（一）经济效益

1. 标准化生产。缙云县乡韵土面专业合作社引入机械化制面设备、搭建室内晾面场，规范爽面生产工艺、检验、包装运输等环节，实现生产机械化、标准化。制面中最耗时耗力环节由机器替代，室内晾面场除湿机和

风扇同时运作，半天内爽面可干燥收取。如今合作社爽面日产量可达 600
斤，且质量较高，更筋道，食品安全更有保障。

2. 多渠道销售。2017 年，合作社负责人陈星从阿里巴巴辞职回家创
业。他凭借电商经验，发展线上线下、批发零售相结合的新销售模式，将
爽面销往国内外，每月销售量达 40 吨。2021 年缙云爽面获国家地理标志
证明商标，合作社打造了两个小品牌，在品牌营销方面表现出色。

3. 高价格销售。一方面是产品创新，缙云爽面从单一色调发展为七彩
爽面，用多种蔬菜水果汁为食材，保留营养成分，满足消费者口味和健康
需求，体现现代饮食趋势，价格比普通面条每市斤高出四元且供不应求。
另一方面是合作社在保证产品品质的同时，精心设计包装，由专业电商团
队运营，年销售额超 100 万元。

4. 低风险生产。传统爽面生产"靠天"，产业发展受到限制。乡韵合作
社打造室内晾面场，五台除湿机、多台风扇同时运作，半天内收面，降低了
自然环境风险，提高生产效率（从一天一轮到一天三轮），并且干净卫生。
规范的加工流程和良好的生产设施为发展爽面产业提供了充足底气。

（二）社会效益

1. 带动小农户共富。作为全村最年轻的土面师傅，与老一辈的传统手
工制作方式不同，陈星引进了一系列的机械化制面设备，替代耗时耗力的
制面环节，提升爽面生产质量和效率。他动员村民尝试机械化制面并提供
技术指导，让村民体会到便利。此外，鉴于村民销售渠道单一，他利用自
身销售渠道，高价定期上门收购村民爽面，打开销路，带动更多村民和贫
困户增收，助力乡村振兴与共同富裕。

2. 反哺家乡、回报社会。乡贤是一方的人力资源与宝贵财富，可以推
动乡村的经济发展、社会进步和文化传承，增强乡村的凝聚力和向心力，
促进城乡融合发展，为乡村振兴战略的实施注入新的活力和动力。赤子之
心，桑梓之情。从 2017 年开始制作爽面起，乡韵土面专业合作社负责人陈
星每年重阳节都会为村、镇照料中心的老人们送去自家产的长寿面，为了
照顾老人的口味，他特意选择土麦制作的 908 生态高筋盘面，用实际行动

反哺家乡、回报社会。

（三）文化效益

缙云爽面是浙江缙云传统特色面食，具有1300多年历史和黄帝文化底蕴，以独特手工工艺充分彰显出地方文化匠心，是缙云人日常美食和节庆吉祥团圆的象征。2023年，其制作技艺入选第六批省级非遗代表性项目。乡韵土面专业合作社所在村是土面专业特色村，自2017年起每年举办爽面节，挖掘传承非遗文化，唤醒村民文化情感与认同，打造特色文化旅游节庆品牌，推动产业发展、带动农民致富。乡韵土面专业合作社负责人陈星作为爽面节主要供应商，每年供应一两千斤爽面，且因发扬乡村工匠精神和传承传统技艺，2023年被列为缙云县首批乡村工匠。乡韵土面专业合作社保护传承传统技艺、促进地方文化旅游、增强社区凝聚力，将文化价值与经济效益结合，成为推动乡村振兴和文化繁荣的重要力量。

# 第二节　深化储运保鲜，推广运用绿色技术

【案例21】

## "浙西雪乡"产供销一体化建设
### ——访浙江丰之厨农产品有限公司负责人　楼建东

**"头雁"简介**

楼建东，1971年出生，浙江丰之厨农产品有限公司、杭州金佳粮油有限公司、杭州临安雪丰农业开发有限公司、杭州锦兴农业开发有限公司负责人，浙江农林大学2023年度浙江乡村产业振兴带头人培育"头雁"项目学员。农业农村部高级农艺师，担任浙江省现代农业促进会理事长、浙江省粮食协会理事长、浙江临安锦北商会副会长、区商会副会长等；获得浙江省优秀女企业家、"天目好儿女"等荣誉。从事食品行业三十余年，涉及农业种植、农产品加工、销售等领域工作。

**【案例要点】冷链物流**

（一）概念与价值

农产品冷链物流是连接城市和农村的纽带，具有保障农产品质量、提高农产品附加值的作用，其重要性及关注度日益提升。2022年5月，财政部办公厅、商务部办公厅联合发布《关于支持加快农产品供应链体系建设进一步促进冷链物流发展的通知》，指出要以促进农产品冷链物流发展为重点，加快农产品供应链体系建设。冷链物流是农产品供应链中至关重要的一环，直接关系到农产品的新鲜度、品质和安全。2023年12月，为规范城乡冷链和国家物流枢纽建设中央预算内投资专项管理，提高中央预算内投资使用效率，更好发挥投资引导带动作用，国务院发布关于《城乡冷链和国家物流枢纽建设中央预算内投资专项管理办法》。

冷链物流是指温度敏感性产品从在生产、储存、运输、销售、配送，到消费前的各个环节中，始终处于规定的低温环境下，以保证产品品质，减少损耗和资源浪费的一项系统工程，除了具有一般物流特点外，更具有时间及时性、温度条件、耐藏性（3T）等特殊要求。以温度条件为例，冷链产品从生产到流通，持续地维持适当的温度条件对保证产品品质和食用安全，以及延长货架寿命至关重要。任何一个物流环节没有得到有效温度控制，不仅会导致产品腐坏，还会因细菌滋生影响人们健康。冷链物流在降低产品损失和减少资源浪费的同时，能更好地满足消费需求和促进消费升级。

（二）基本要求

冷链物流是高端物流行业，技术要求高，资金投入门槛也高，冷库、冷藏车等基础设施设备投入大，但利润回报极高。具体如下：

1. 物流管理：冷链运输的农产品需严格管理和溯源，因产品对冷藏仓库温度控制要求严格，所以对出入库操作要求高。

2. 技术水平：冷藏、保温技术以及环境监控与监测是冷链物流供应链的技术标准依据。

3. 政策法规:《中华人民共和国食品安全法》对食物运送有专门规定,注重供给过程中安全监管,要求冷藏系统要保证食物在储存和配送中温度可控。

4. 贮藏和运输:冷链物流产品品质由其在冷冻链中的储存与运输时间、温度及产品储藏性决定,产品流通过程中因时间和温度不同导致的质量下降不可逆,对不同种类产品和质量有不同标准要求。

**【"头雁"风采】浙江丰之厨农产品有限公司**

(一) 公司基本情况

浙江丰之厨农产品有限公司专注农产品领域,与本地农户长期稳定合作,支持农业发展,同时积极引进先进农业技术和管理经验以提升农产品产量与质量。公司采用直线职能制组织形式,总经理领导下的部门负责制,设有综合、财务、质检、采购、仓管、配送六大部门,有32名服务人员(含2名食品检验员),劳动用工规范,按规定签劳动合同、缴社保,相关人员持健康证上岗。公司规章制度、岗位职责、保障措施和应急预案等规范上墙,深受客户信任。

公司配送场地超2200平方米,有32名专业配送人员、15辆配送车辆。场地内有独立冷冻库、保鲜库、检测室,干湿分离,按功能分割出恒温且无缝对接的猪肉、禽肉分割间,还有先进的新风系统。经过30余年市场深耕,凭借市场、服务、配送经验和综合资源优势,建成专业从事食堂主副食品(粮油、果蔬、肉类等)配送的服务型企业,目前配送临安区35所学校、40余家企事业单位和47家连锁餐饮。

(二) 浙西雪乡高山蔬菜基地

区属国企新锦集团和龙岗政府实施"浙西雪乡"蔬菜标准地改革项目以做好"非粮化"工作、优化农用地资源。项目位于龙岗镇上溪片6个行政村,规划2000亩,一期投资6700万元,改造400多亩。该项目采用现代化农业设施实现微喷微灌、高效节水,提升农业机械化水平,增产增效,且有科技与专业服务助力,提升生产效率和产品质量,打造地域特色高山蔬菜品牌,推动农业产业升级。

图 22　公司冷链运输服务图

龙岗镇上溪片位于浙西高山之巅，海拔约1200米，气候凉爽、立体气温差异明显、山地资源丰富。项目以全省高山蔬菜现场会的召开为契机，通过推广标准化种植技术和管理模式、引入机械化与智能化系统及投用蔬菜综合服务中心，打造浙西高山蔬菜产业示范样板。浙江丰之厨农产品有限公司作为运营方，将在蔬菜产业发展、流通运输、助农增收等方面发力，在实现优质高效的同时，提供产供销一体化服务。

浙西雪乡高山蔬菜基地以独特的地理位置和气候条件，培育出一系列具有鲜明特色的蔬菜产品。以下是三个特色产品简介：

1. 水果玉米：高山环境中充足的日照、较大的昼夜温差以及优质的土壤，使水果玉米可积累更多的糖分，口感更加鲜甜，如同水果般爽脆可口。

2. 彩色番茄：包括红、黄、橙、紫等多种颜色，不仅赏心悦目，且不同颜色代表不同的营养成分，如红色番茄富含番茄红素，紫色番茄含有花青素等。

3. 霜打青菜：高山地区冬季低温，青菜经历霜冻后，体内的淀粉转化为糖分，口感更加甘甜，风味独特。

（三）新模式打造

1. 订单农业。订单农业是企业和农户通过书面订立有法律效力的合同，内容包括农产品采购数量、质量标准、价格机制、交易时间和双方权责等，农户按合同生产，企业按约定收购的农业经营模式。浙江丰之厨农产品有限公司开展水稻订单——运营项目，为寻优质米，引进优质稻种并签约以把控品质。2023 年年底，该公司与浙江省农业科学院作物与核技术利用研究所、临安区农业农村局技术推广中心签订"优质特色稻米项目"服务合同，完成天目山脚 5300 余亩稻田布局。公司引进浙江省农科院优良种子和技术，由农业农村局对接种粮大户，采用规模化播种、品牌化销售、订单农业模式，与种粮大户签约并付定金，签约面积共 5300 余亩。公司源头严选优质种子→科学种植管理→高标准烘干储存→古法加工→品牌化营销，真正实现产供销一条龙。

2. 预制菜。通常是指以各类农产品、畜禽产品以及水产品为原材料，通过现代化标准化的流水生产车间作业，辅以各种调味品，经调制以及预选等工艺加工而成的半成品或成品。浙江丰之厨农产品有限公司打造中央厨房——二期项目。公司于 2024 年投建二期项目——中央厨房预制菜项目，占地 16.3 亩，总建筑面积 44830 平方米。公司以基地→中央厨房→餐桌的一站式闭环服务，减少中间流转环节，实现一二三产融合发展。拓展食品深加工销售网络，对临安农产品进行深加工，做成预制菜，销往杭州主城区、上海（山姆超市、盒马鲜生等）等长三角周边大城市，满足城市年轻人快节奏生活方式的需求。

**【"头雁"分享】效益分析**

（一）经济效益

1. 产品提质增效。浙西雪乡高山蔬菜基地按有机和绿色食品标准进行种植，为消费者提供优质健康蔬菜。一是通过绿色、有机认证，经权威机构认证无化学合成肥料、农药、激素残留，让消费者放心。二是基于浙西高海拔、温差大、空气清新、水源纯净的高山条件，蔬菜生长周期长、病虫害少、营养丰富、口感好。基地采用现代化农业设施实现微喷微灌、节水高效，提升农业机械化水平，实现增产增效。基地种植面积达 150 余亩（大棚、露天各 75 亩），种植辣椒、茄子、番茄等高山蔬菜，4 月种植，9 月底产量达 160 吨。同时，科技与专业服务助力提高生产效率和产品质量，打造地域特色高山蔬菜品牌，推动农业产业升级。

2. 多渠道销售。基地采取线上线下相结合的销售策略，积极拓展销售渠道。线上通过电商平台、社交媒体、社区团购等渠道进行推广和销售；线下则与商超、连锁生鲜门店（明康汇）、小象超市、农贸市场等建立合作关系，实现多渠道销售。同时，冷链物流使得生鲜农产品和易腐食品可以在较长的距离内运输和销售，打破了地域限制。公司计划将本地销售的特色农产品通过冷链物流销往全国各地，拓宽销售渠道。

3. 减少产品损耗。公司建设蔬菜综合服务中心，提升仓储、分拣、物流和数字化功能，提高生产效率和销售能力。公司现有配送场地 2200 余平方米，场地内建有独立的冷冻库、保鲜库、检测室等。配送场地干湿分离，建有完善的冷链物流体系，不仅能够有效保持食品品质，减少因变质腐败而造成的损耗，同时也保障了食品安全，防止食品受到外界污染。

（二）社会效益

1. 促进农村发展建设。通过土地流转和基础设施建设等措施，推动了当地农村经济的多元化发展和可持续发展。浙西雪乡高山蔬菜基地位于杭州市临安区龙岗镇，涵盖峡谷源、玉山、国石、太平、上溪和东塔 6 个村，共计流转土地 1100 余亩，每年土地流转租金达 100 余万元，由项目公司支付至雪乡集体经济发展有限公司，而后支付至村集体及农户。

2. 促进农民就业增收。通过土地流转、基地建设、种植管理、采收包装、冷链物流、市场营销等多个环节，为不同技能层次的村民提供了大量就业岗位，于 2024 年初招聘 100 余人，解决了当地 100 多户村民的就业问题，有力推动了乡村振兴战略的落地见效，为构建产业兴旺、共同富裕的现代化新农村树立了典范。

（三）生态效益

公司以有机和绿色食品标准进行种植，致力于提供优质、健康的蔬菜产品。采用现代化农业设施，实现微喷、微灌，高效节水，提高水资源的利用效率，减少水资源的浪费。同时，减少化学肥料和农药的使用，改善土壤结构，提高土壤的保水保肥能力，减少农业面源污染。同时，大片的绿色蔬菜种植区域为村庄增添了美丽的自然景观，也改善了村庄空气质量和生态环境，提高了农民生活质量。

## 【案例 22】

## "养殖—屠宰—冷链储运—冷链配送一体化"运营
### ——访建德市三弟兄农业开发有限公司负责人　姚继刚

**"头雁"简介**

姚继刚，1971 年出生，中共党员，毕业于中央党校，本科学历，建德市三弟兄农业开发有限公司负责人，浙江农林大学 2024 年部级乡村产业振兴带头人培育"头雁"项目成员。

**【案例要点】畜禽屠宰**

（一）畜禽屠宰

畜禽屠宰是一个涉及食品安全、公共卫生以及畜牧产业的重要环节。畜禽屠宰是指对猪、牛、羊、鸡等畜禽进行宰杀、放血、褪毛、去内脏等处理的过程。这一过程需要严格遵守卫生标准和操作规范，确保食品安全。

主要流程：宰杀：采用专业设备与方法进行宰杀，确保动物福利与操作效率。放血：通过放血处理，去除畜禽体内的血液。褪毛：采用机械或手工方式去除畜禽的毛发。去内脏：将畜禽内脏与肉体分离，进行进一步处理。目前，畜禽屠宰加工设备、猪屠宰成套设备技术条件需符合 GB/T30958-2023。

卫生标准：在畜禽屠宰过程中，卫生标准至关重要。主要包括以下几点：屠宰车间应保持清洁卫生，定期消毒。屠宰设备应定期检修，确保不污染肉质。工作人员需穿戴专业工作服，并遵守卫生规范。严格按照国家相关法规进行检验，确保食品安全。

屠宰监管：为确保畜禽屠宰行业的健康发展，政府对屠宰行业实施严格监管。具体措施包括：设立专门的屠宰检验机构，对屠宰过程进行监管；实施严格的检验制度，确保食品安全；对违法违规行为进行严厉打击，保障公众健康。

（二）畜禽生产加工

畜禽生产加工是一个涵盖多个环节的综合性过程，涉及众多专业领域的知识和技术。这一过程包括饲养管理、疫病防控、产品加工以及质量控制等多个关键环节。

饲养管理是畜禽生产加工的首要环节，关乎畜禽健康生长与生产效益，涉及饲料配制、环境控制、繁殖技术等，现代化饲养场用科学方法保证饲料营养均衡、环境舒适卫生，提升畜禽生长速度和品质。

疫病防控在畜禽生产加工中至关重要，疫病会损害畜禽健康、影响生产，要建立完善的防控体系，涵盖定期疫苗接种、疫病监测、消毒等环节，并加强饲养场生物安全管理，防止外源病原侵入。

畜禽产品加工是重要环节，包括屠宰、分割、冷藏等步骤，现代化加工企业采用先进设备和技术，保障加工过程卫生安全，且通过科学工艺提升产品品质和口感。质量控制贯穿畜禽生产加工全程，从饲养到加工各环节都需严格把控，包括原料质量、生产过程监控、产品检验等，以此保障产品安全品质，满足消费者需求。

## 【"头雁"风采】建德市三弟兄农业开发有限公司

### (一)公司基本情况

三弟兄农业开发有限公司于 2011 年 11 月成立，前身是建德市桐溪禽类专业合作社，是浙江省骨干农业龙头企业等多类企业，设有专家站和杭州市企业高新技术研发中心（农业类），率先在浙江导入冷鲜禽二维码追溯体系，是 G20 杭州峰会清真禽类食品唯一供应单位，主营畜禽养殖加工、冷链、配送和农产品深加工，2019 年获建德 1000 万元产业发展引导资金。

公司以环境与业务双赢为目标，高标准建设养殖基地，采用规模化、科学化、生态化养殖方式，减少活禽供应对周边环境的污染。同时响应国家号召，与中小散养殖户合作，提供技术和场地，助力当地畜禽退养农民再就业。

在屠宰环节引进国际先进设备，以保障产品质量，在浙江率先实行"净膛杀白上市"，参与制定浙江省地方标准《冷鲜禽加工经营卫生规范》，从八大环节管控冷鲜禽质量安全，开发专有 ERP 管理体系。

图 23　三弟兄公司冷链运输集装车图

2017 年 6 月，葛家工业园区新厂区启用，有符合一级标准的污水处理厂和四座冷库，在扩大经营规模时兼顾食品安全和环保，实现经济、社会、生态效益平衡。同年成为多项活动食材供应商、通过农业部畜禽屠宰标准化建设试点验收，2019 年参与扶贫项目，2018—2019 年获评浙江省农业科技企业和杭州市高新技术研发中心。

（二）标准化的鸡鸭混合屠宰线

2015 年，公司积极响应政府"五水共治"政策，在建德市投资建造现代化畜禽加工基地，拥有年屠宰 3000 万羽的鸡鸭混合自动化生产线和年屠宰 70 万头的生猪自动化生产线，按照 ISO9001 质量管理体系标准实施质量管理，采用先进的化验、检验设备及技术，保障食品安全。

生产车间使用的屠宰线为鸡鸭混合屠宰线，设计产能为每小时加工肉鸡 8000 羽、肉鸭 3500 羽。设备自南向北按照生产工艺有序排列，分为挂禽、宰杀、脱羽、预冷清洗、净膛、称重六大工段。

企业建有产品检验检测实验室一个，配备无菌培养箱、烘箱、电子天平、酸度计、分光光度计、振荡器、水浴锅等实验检测设备，可以完成大肠菌群计数、沙门氏菌检验等生化实验，并能够出具相应的检测数据报告。

配套的环保建筑设施包括废气吸收处理塔三座，采用水喷淋加紫外灯催化处理工艺，处理屠宰区气味问题；肉类加工一级处理标准污水站一座，占地面积 735.2m²，设计污水处理能力 1000t/d，采用水解酸化处理工艺；污水外排口建有在线监测室一座，配备 COD 在线分析仪、pH 值分析仪、流量分析仪，用于监测外排水 COD、pH 值数据指标及统计外排水量。

（三）产品信息二维码可追溯系统

弟兄农业为杭州市农业龙头企业、杭州市家禽定点屠宰企业、建德市生猪屠宰定点企业、国家无公害农产品生产企业，在浙江省率先导入冷鲜禽二维码追溯体系，G20 杭州峰会唯一清真禽类食品供应单位。基于市场对于冰鲜产品生产卫生和安全状况的关注，该公司开发了一套信息化管理系统即工厂智慧管理平台，从养殖到原料进场，再到整个生产过程和配送发货销售，都采取 ERP 管理和视频监控，使每个销售网点都能够通过实时监控观看整个生产加工流程。

（四）冷链运输

三弟兄农业开发有限公司旗下千岛弟兄牌冷鲜禽产品实行"冷链生产、冷链配送、冷链销售、连锁经营"模式，产品行销浙江省内外。该公司拥有独立的冷链运输车队，从公司直接到一线市场实现全程冷链运输，目前产品已进入乐购、大润发、物美、华联、三江、加贝、喜万购等超市系统；在杭州、桐庐、衢州、上海等地有 200 家销售网点，在杭州、建德、金华、义乌、衢州等地设有 5 家配送公司，每天有数百吨产品通过完善的供应链配送到省内各地。

【"头雁"分享】效益分析

（一）经济效益

1. 生产环节提质增效。公司生产基地拥有年屠宰 3000 万羽的鸡鸭混合自动化生产线和年屠宰 70 万头的生猪自动化生产线以及其他自动化设备和技术，不仅能够提高加工速度和产量，还能够显著降低人力成本，并减少因人为操作引起的错误。现代化的饲养场通常采用科学的管理方法，确保饲料营养均衡，环境舒适卫生，以提高畜禽的生长速度和品质。合理的饲养管理能够保证畜禽健康生长，提高生产效益。

2. 产供销一体化提高产值。公司从养殖端着手，打造养殖—屠宰—冷链储运—冷链配送一体化运营体系，致力于实现全产业链的高效协同发展，公司实现了从源头到终端的全程把控，确保了产品的质量和安全，为消费者提供优质、安全、新鲜的产品，同时不断提升企业的市场竞争力和产值。这种一体化运营模式也提高了公司的运营效率，降低了成本，增强了公司的市场竞争力。

3. 电商运营促发展。在做好传统市场的同时，结合当前网络普及度高、电商发展迅猛的形势，公司开始试水移动电商。首先与移动电商"爱到家"合作，推出冰鲜鸡鸭 APP 一站式购物体验，紧接着注册公司公众号，建成网上商城，利用电商平台对公司"千岛弟兄"品牌进行网络推广，拓展线上业务，提高公司产品知名度，逐步实现产品品牌化。

（二）社会效益

1. 带动周边产业发展。公司积极响应国家畜禽养殖规模化、集中化、环保化号召，以高度的责任感和使命感投身于现代养殖业的发展浪潮之中。与中小散养殖农户进行合作，提供先进的养殖技术，安全环保的养殖场地，帮助农户提升养殖效率和产品质量，同时带动周边养殖业、饲料业、加工业等一起实现产值数亿元。

2. 提供就业平台。公司在实现自身发展的同时，始终牢记社会责任，积极为当地经济发展和农民增收贡献力量。随着环保要求的不断提高以及产业结构的调整，许多畜禽养殖农民面临着退养后的就业难题，公司充分发挥自身在畜禽养殖领域的优势，为当地畜禽退养农民的再就业提供了平台，间接为2000多位农民提供了就业机会。

3. 公司持续健康发展。三弟兄农业开发有限公司始终坚持围绕"农"字做文章，围绕畜禽生产加工上项目，不断进行管理创新、技术创新、市场创新，实现了持续健康发展。公司通过持续的管理创新，优化企业内部的组织架构和运营流程，提高了生产效率，为社会创造了更多的财富。同时，科学合理的管理模式也为员工提供了良好的工作环境和发展空间，促进了就业稳定。在技术创新方面，大力投入研发资源，引进先进的养殖技术和加工工艺，不仅提升了畜禽产品的质量和安全性，满足了消费者对高品质农产品的需求，也为农业科技创新树立了榜样，推动了整个行业的技术进步。

（三）生态效益

1. 减少消耗。通过应用智能监控系统和数据分析工具优化生产流程，不仅能实现对禽类屠宰过程的精确监测与控制，还能通过预测性维护等措施延长设备寿命，减少能耗。例如，在自动化的预处理、分割及包装过程中引入机器人，既提高了生产效率，又显著降低了人为操作带来的环境影响。同时，一些环境友好型技术如好氧池喷淋系统，也可以降低环境污染。

2. 废弃物利用。养殖场建有专门的污水处理池和排污管网，处理量达 300 立方米，采用三格式污水处理，处理后的沼渣可作为有机肥料，供给周边村镇、苗木基地，使其得到最大化利用，不仅获得了极大的生态效益，同时也为公司增加了额外的经济收益。通过构建废弃物回收利用体系，包括但不限于禽类粪便的有机肥料化利用、食品废料转化为生物能源或饲料原料等，不仅能够减少环境污染，还能为行业带来新的增长点，例如，将禽类屠宰后的副产品作为有机肥料，形成闭环经济链条。企业对废弃物一律实行综合利用与无害化处理相结合的处理方式。

**【资源链接】**
浙江农林大学粮食绿色储藏关键技术服务团队
应用领域：粮食仓储
技术支撑部门：食品与健康学院、现代农学院
专家顾问：周国鑫
应用场景：

粮食储藏期间极易滋生有害生物，围绕规模化粮食储藏中有害生物绿色生态防控、节损降耗等核心需求，根据储粮粮堆生态学和有害生物 IPM 原理，针对鳞翅目、鞘翅目等储粮害虫开发了高效仿生性信息素引诱剂、食物源引诱剂、特异波长色诱的多维综合引诱技术，基于高效植物源熏蒸剂的绿色熏蒸技术，构建了以植物源熏蒸、高效引诱等为主的粮食保质降耗绿色储藏技术体系，实现了储粮害虫种群监测、预警、防控三位一体式绿色综合治理。

应用效益：

以信息素高效引诱、食物源引诱、光谱诱杀为主的储粮害虫绿色生态储藏关键技术，对害虫前期监测及诱杀等综合防控效果良好，储粮损耗量下降至 0.2%—0.38%，直接经济效益 436—833 元/百吨。

## 第三节　一二三产融合，落实联农带农富农

【案例 23】

### 打造田园生活体验样板

#### ——访丰艺生态农业有限公司负责人　王夏英

**"头雁"简介**

王夏英，1994 年出生，毕业于中央广播电视大学，大专学历，新昌丰艺生态农业有限公司负责人，浙江农林大学 2024 年度乡村 CEO 培训项目学员。大学生农创客，生产经营主体质量内控员，优秀新农人，互联网运营师，浙江青牛奖 50 强。2014 年创立英杰人力，历经十载春秋，引领公司茁壮成长为一家具有 3500 余人、年总产值达 3 亿元的现代化企业。因怀揣对广袤农田的深情，2021 年，踏上了投身绿色农业的征途，创立新昌丰艺生态农业有限公司，以深厚的农业情感与坚定的共同富裕信念，绘制了一幅涵盖乡村文旅、智慧农业、研学教育等多元融合的乡村振兴。

**【案例要点】田园综合体**

（一）概念

田园综合体的概念源于英国"花园城市"之父霍华德（Howard E）的著作《明日的田园城市》。他认为应从健康、生活及产业三者整合的视角，建设一种融城市和乡村优点于一体的田园城市。2013 年，陈剑平最早在国内提出了"现代农业示范区可改农业综合体"的倡议。2017 年 2 月 5 日，"田园综合体"作为乡村新型产业发展的亮点措施被写进中央一号文件，明确了田园综合体的建设方向和要求。同年，财政部下发《关于开展田园综合体建设试点工作的通知》，确定了多个省份开展田园综合体建设试点，中央财政也给予了资金支持，推动了田园综合体在全国范围内的快速发展。

田园综合体是以"三农""融合"和"生态"为主要特征，以乡村地

理环境作为空间基础,以现代特色农业作为核心产业,以农民或农民合作社作为主要载体,通过"三产"深度融合,实现"三生"同步改善的一种新型农村综合体。建设富有特色的田园综合体,必须以农村为载体,农民为主体,农业为主导,美丽乡村建设和文化创意为两翼,最终实现"村庄美、产业兴、农民富、环境优"的新目标。

(二)主要类型

基于学术界对田园综合体的分类,可将其按空间位置、产业融合、参与主体及资源特性进行分类。

1. 按坐落的空间位置分类。田园综合体按空间位置可分为都市近郊型、偏远地区型和景区周边型3种类型。都市近郊型基于城郊特色生态农业,结合农产品开发、乡村旅游与民宿等,为城市消费者提供购物、农耕文化体验和休闲旅游,关键在于地理位置和周边城市经济水平与居民消费能力。偏远地区型位于远离城市、交通相对不发达的地区,关键在于生态资源、自然风光、乡土文化和优质农产品。景区周边型位于景区周边乡村,依托景区资源开发,关键在于景区知名度和吸引力,可延伸和互补旅游产业链。

2. 按产业融合程度分类。按主导产业和第一、第二、第三产业融合程度,田园综合体分4类。农林类深耕特色农产品,通过技术升级和市场推广做强产业。农产类对当地特色农业资源进行深度加工。文旅类利用当地旅游资源发展休闲旅游和民宿。综合类兼具农林、农产、文旅类的多样性。

3. 按参与主体不同分类。按参与主体,田园综合体可划分为4类。个体农民主导经营型以个体农民自发经营为主体。合作社牵头带动型是农民参与或入股合作社,由合作社牵头创建。企业主导经营型是农民参与但由企业主导运营。政府参与经营型按"政府+村集体+企业+农户"合作模式,利益相关者按入股或合同方式共建。

4. 按资源的特性分类。按乡村资源特性及其整合,田园综合体分为4类。自然资源引领型利用区域内特有自然资源开发精品农产品或延长产业链。现代科技驱动型利用当地自然资源结合科技研发,以开发高科技农产品为核心。文化创意带动型挖掘地方特色文化带动三产融合。市场需求拉动型利用区位交通优势和周边市场潜力，开发精品农产品、旅游休闲和农事体验以满足市场需求。

**【"头雁"风采】新昌丰艺生态农业有限公司**

（一）公司基本情况

新昌丰艺生态农业有限公司成立于 2021 年 4 月，由英杰人力投资成立，目前种植面积达 800 余亩。以新昌县东茗乡金山基地为立脚点，建有"茗香小薯"种苗种植培育基地、露营基地、研学基地、水稻种植基地、茶叶种植基地等，并以这些项目为引流点，打造丰艺农业品牌。

公司已荣获绍兴市首批"农创共富"基地、绍兴市中小学生劳动实践基地、绍兴市农业创业联合会理事单位、新昌县新时代文明实践点、新昌县十佳农创客基地、新昌县新的社会阶层人士创业基地、新昌县青年人才创业孵化基地、侨创客基地等称号。同时，公司在浙江省农业科学院、浙江农林大学等高等院校、新昌县农业技术推广部门的技术指导与支持下，不断探索"生态优先保护""农田严格管控""科技引领建设""产业融合发展"四大模式，逐步确立了立足"四个振兴"与探索"农业+旅游+教育"的新业态与发展模式。

丰艺生态农业有限公司以"茗香小薯"和"沃洲生态稻米"为主导，区域化布局，带动农户实现规模化种植、企业化管理、市场化运营，坚持向技术要出路，向品牌要效益，提升农业种植经济收益。同时，合理安排全年种植布局，呈现出春看花、夏品果、秋采薯、冬赏雪的景观效果，打造全新田园生活体验样板。

（二）运用新技术

1. 玻璃大棚设施。玻璃大棚即玻璃温室，以玻璃为覆盖材料。其框架常用热镀锌钢结构，坚固耐用、抗风抗压、耐腐蚀，可依地形和需求定制，有单栋、连栋等形式。玻璃多为浮法玻璃或钢化玻璃，透光性好，能为植物提供充足光照，保温性能佳，可保持棚内温度稳定，且抗冲击性和耐候性强，能抵御自然灾害。通风系统包括自然通风（通过开启侧窗、顶窗利用空气自

图 24 "薯左薯右"品牌图

然流动换气）和强制通风（用风机强制排出热空气、引入新鲜空气）。灌溉系统采用滴灌（将水和肥料直输植物根部，减少浪费、提高效率）、喷灌（均匀喷洒叶片，满足水分需求、清洗叶片、降低温度）等先进方式。

2. 无人机技术。无人机是靠无线电通信、能自主飞行的无人驾驶航空器，由飞行控制系统、动力系统、无线电控制系统、载荷系统等构成。农业生产无人机按作用可分为农情信息遥感监测和农事操作两类，按构型主要可分为固定翼无人机、无人直升机和多旋翼无人机三大类。

固定翼无人机飞行速度快、续航长，适合大面积农田农情探测，但载荷小。无人直升机可原地垂直起降、定点悬停、载重较大，能产生向下气流穿透高秆农作物，植保效果好，主要用于植保喷洒，但操作复杂、价格高。多旋翼无人机应用最广，飞行稳定、可控性强、起降灵活、转场方便、操纵简单且价格低。选择平台时要综合考虑价格、载荷、续航等因素。丰艺农业利用无人机施肥技术，经飞行准备、精准施肥和后期管理，实现施肥智能化和高效化。

3. 其他现代农机装备。主要包括播种机、耕种机以及收割机等现代农机装备。播种机按播种方式可分为撒播机、条播机、穴播机以及精密播种机。耕种机主要用于农田的耕整和播种作业，包括手扶式耕种机、四轮驱动耕种机。收割机包括自走式收割机、牵引式收割机以及悬挂式收割机。丰艺生态农业有限公司实现了从播种到收割的机械一体化服务，由机械化设备代替传统手工劳动力。

4. 新媒体技术。学术界对新媒体尚无统一定义，现阶段一般认为新媒体是基于数字、互联网、移动通信技术发展产生的媒体总和，包括以计算机为终端的互联网新媒体和以手机为终端的手机新媒体（如微信、抖音、快手等手机应用程序）。丰艺生态农业有限公司将新媒体运营用于品牌建设与推广、产品营销与销售、客户关系管理等方面，助力公司发展。

（三）探索新业态

1. "企业+合作社（家庭农场）+农户"的新型农业经营模式。"企业+农民专业合作社+农户"模式能依据当地资源，发展特色乡村旅游、文旅融合、休闲农业等，融合传统农业生产、农产品加工和农村服务业，培育三产融合新业态，创新乡村产业融合发展路径。丰艺生态农业有限公司积极探索"企业+基地+合作社（家庭农场）+农户"产业化经营模式，在金山村打造种植示范基地。

2. "文化+游学+教育"的发展模式。此模式以文化为核心，通过了解各地历史文化、民俗风情、艺术传统等拓宽视野、增强文化素养。游学可以为人们提供亲身体验机会，游客并可借此走进文化场景与当地居民交流，加深文化理解。教育是关键，专业教育团队在设计课程和活动时要引导思考，内容涵盖文化、历史、艺术欣赏等，用多种教学方法激发学习兴趣和主动性，注重培养综合素质。丰艺生态农业有限公司农业积极探索该模式，将农业种植与教学场景相结合，开展研学游，打造个性化研学教育产品，实现研、游与学有机结合。

【"头雁"分享】效益分析

（一）经济效益

1. 数字化设备提质增效。丰艺生态农业有限公司探索新技术，将手

---

机、数据、直播变为"新农具""新农资""新农活"。2021年开展"茗香小薯"标准化育苗和数字化生产，投入800万元建种植示范基地，建有5亩连栋大棚育苗中心、1000平方米常规仓库、农技培训中心和检测室。并从浙江省农科院引进5万株六个品种的番薯种苗进行育苗扦插，试种60亩，收成颇好，基地亩产商品薯第一年达1000斤，收益近50万元。"沃洲生态稻米"也实现规模化、企业化、市场化运营，通过机械化播种和收割可大幅提高效率。目前金山村小番薯种植超150亩，一年两季，亩均收入可观。

2. 多样化经营模式创收。一是启动"丰艺农业金山上"项目，投资800万元，以"企业+基地+合作社+农户"模式，通过多种合作方式与村集体、农户分享增值收益，村民可入股分红。二是探索"文化+游学+教育"模式，开展研学游，还借露营热潮开创露营与团建基地，将农耕文化具象化。目前，研学、露营团建等接待人次众多，旅游旺季游客爆满，抖音播放量高，多种经营模式促进公司发展。

3. 品牌化运营增强影响力。东茗乡迷你小番薯曾因缺乏专业化、标准化生产滞销，丰艺生态农业有限公司打造"茗乡小薯"，其"薯左薯右"品牌入围2022年浙江农博会优质奖推选名单。通过多种品牌建设措施提升影响力和美誉度，并通过多种方式扩充业务，让小番薯产业变为富民产业。

4. 绿色生态发展。丰艺生态农业有限公司在农业生产过程中遵循生态平衡、资源节约和环境友好原则，实现农业可持续发展。基地积极探索番薯育苗和番薯、西瓜等作物的混合种植以及稻渔共养模式，新种植了60亩的油菜花、打造了一个15亩的有机泥鳅养殖中心，重点推广番薯—油菜、小麦—番薯等粮油轮作模式，最大程度发挥产能效益。同时，利用农业生态资源和农村文化资源，发展农业旅游，推动农旅产业融合发展，吸引本地、外地游客前来游玩体验。

（二）社会效益

1. 带动农户共富。丰艺生态农业有限公司秉持对有劳动能力村民"造血"、劳动能力弱的村民"输血"原则，响应政府号召参与建设"零工市场"，在多乡镇（街道）构建就业保障网络，为农村劳动力尤其是低收入群体提供从技能培训到权益保护的全方位就业服务。发起"家门口就业工程"，通过"大篷车下乡"送岗位，5 年促成近 4 万人次就业对接。"大斗西坡"吸纳村民就业 8000 余人次，发放务农工资超 90 万元，基地长期雇村民 15 人、农忙时达 60 余人，安排残疾人就业 6 人、低保 24 人，直接间接带动约 2000 户农户增收，辐射周边上万户农民。当地村民有务工、土地流转租金等收入，并且基建工程也可以为村民带来收益。同时，为乡村带来新思路、新技术、新业态，促使村民变身新型职业农民致富。

2. 社会教育意义。丰艺生态农业有限公司深耕农耕文化教育推广，探索"文化+游学+教育"模式，开展研学游，打造个性化研学产品，将研、游、学有机结合。以参观、讲解、农耕、采摘等为主要内容，在实践体验中完成农业知识科普教育，让学生传承农耕文化、感受现代农业魅力。其"二十四节气"与农耕体验结合的研学思路获省团委领导肯定。

3. 组建青年创业联盟。丰艺生态农业有限公司聚焦引才育才、推动乡村人才振兴，组建"青年创业联盟"，将金山村打造成青年创业孵化基地，吸引青年返乡就业创业。目前，基地已引入各类返乡青年人才投身乡村振兴，包括留学研究生、海归研究生、阿里巴巴持证运营师、文化馆创始人、"00后"优秀毕业生等分别负责品牌策划、新媒体运营、网络运营等工作。

**【案例 24】**

## 从传统农场到绿色生态综合性农场的蜕变
### ——访舟山市定海区马岙心亲侬农场负责人 孙舟恩

**"头雁"简介**

孙舟恩，1983 年出生，中共党员，毕业于国家开放大学，大专学历，舟山市定海区心亲侬果蔬专业合作社理事长，浙江农林大学 2024 年度浙江乡村产业振兴带头人培育"头雁"项目学员。中国乡村旅游致富带头人，浙江省青年创业致富带头人，浙江省农民技师，中级农艺师，浙江省青年创业大赛铜奖，舟山市青年联合会委员，舟山市青年创业大赛金奖，舟山市第四届第五届渔农村优秀实用人才，定海区第十七届人大代表，定海区农业委员会委员，定海区第十八届人大代表，定海区农业农村委员会专职委员，定海区首届定海英才。

**【案例要点】生态农场**

（一）概念

生态农业（农业生态）的概念源自 1924 年由鲁道夫·施泰纳（Rudolf Steiner）首先提出的"生物动力农业理念"。1979 年，我国著名生态学家马世骏[①]提出了"整体、协调、循环、再生"生态工程科学原理，该原理推进了我国生态农业的蓬勃发展。1982 年，吴子锦将生态农场定义为以生态学理论为依据建立起来的新型农业生产模式，即利用生态学原理，因地制宜地开发利用和管理自然资源，并利用不同的生产技术提高太阳能转化率、生物能利用率以及废物再循环率，使农、林、牧、副、渔以及农产品加工业、交通运输业和商业等得到全面发展，以满足城乡人民日益增长的物质需求。随后，国内学者亦先后提出相关概念。2022 年，农业农村部《推进生态农场建设的指导意见》[②]将生态农场定义为依据生态学原理，遵循整体、协调、循环、再生、多样原则，通过整体设计和合理建设，获得最大可持续产量，同时实现资源匹配、环境友好、食品安全的农业生产经营主体。

（二）模式类型

2002 年，农业部向全国征集了 370 种生态农业模式或技术体系，最终遴选出了十大类型的生态农业模式，分别是北方"四位一体"生态模式、

---

① 赵桂慎：《中国生态农业现代化：内涵、任务与路径》，《中国生态农业学报（中英文）》2023 年第 8 期。

② 中华人民共和国农业农村部：《关于推进生态农场建设的指导意见》2022 年 1 月 28 日，https：//www.gov.cn/zhengce/zhengceku/2022-02/10/content_ 5672847.htm，2024 年 11 月 15 日。

南方"猪—沼—果"生态农业模式、平原农林牧复合生态农业模式、草原
生态恢复与持续利用生态农业模式、生态种植农业模式、生态畜牧业生产
农业模式、生态渔业农业模式、丘陵山区小流域综合治理农业模式、设施
生态农业模式、观光生态农业模式。

（三）基本要求

这里引用 2020 年农业农村部《生态农场评价技术规范》① 对生态农场
认定的基本条件，具体情况如表 6。

表 6　　　　　　　　　　生态农场认定的基本条件

| | 序号 | 基本要求 |
|---|---|---|
| 通用要求 | 1 | 生态农场面积不小于 2 公顷 |
| | 2 | 农场距离污染源距离不小于 2 公里 |
| | 3 | 农场耕地土壤中污染物含量应不高于 GB15618 的风险筛选值 |
| | 4 | 有投入品购买和使用的完整记录 |
| | 5 | 农产品质量达到国家食品卫生标准 |
| 种植业适用要求 | 6 | 农场内非生产的农田生态用地面积占农场总生产面积的 5%—15% |
| | 7 | 氮肥用量较当季作物高产推荐化肥用量减少 10% 以上 |
| | 8 | 氮肥用量（折合纯氮）不少于 25% 来自有机肥 |
| | 9 | 土壤有机质含量不低于本农场前一年的含量 |
| | 10 | 没有使用城市污水、污泥及其制成的肥料 |
| | 11 | 化学农药使用量较当地当年平均水平减少 25% 以上 |
| | 12 | 农田灌溉水应符合 GB5084 的要求 |
| | 13 | 灌溉用水量不高于常规灌溉方式的推荐定额 |
| | 14 | 废弃农膜回收率达到 90% 以上；废弃农药包装、废弃肥料包装的回收率达到 100% |
| | 15 | 有机废弃物资源化率应达到 90% 以上 |
| | 16 | 没有违反焚烧秸秆、农膜的规定 |

---

① 中华人民共和国农业农村部：《生态农场评价技术规范》2020 年 7 月 27 日，https：//
www.yuncheng.gov.cn/uploadfiles/202203/24/20220324152046399999690.pdf.，2024 年 11 月 1 日。

| | 序号 | 基本要求 |
|---|---|---|
| 畜牧业适用要求 | 17 | 养殖区与人居敏感区保持有 1 公里以上的安全距离 |
| | 18 | 草地放牧型农场畜禽数量不超过当地推荐的平均载畜量 |
| | 19 | 畜禽养殖密度应满足要求 |
| | 20 | 饲料原料应符合 GB13078 的要求 |
| | 21 | 畜禽饲养中没有使用任何药物饲料添加剂 |
| | 22 | 饲料添加剂应符合农业部《饲料添加剂安全使用规范》的规定 |
| | 23 | 以畜禽疾病治疗为目的的抗生素或化学合成兽药使用在养殖期不足 12 个月的畜禽只可接受两个疗程,养殖期超过 12 个月的,每 12 个月最多可接受四个疗程 |
| | 24 | 使用过这些兽药治疗过的动物要销售时,达到所用药物规定的停药期 2 倍时间 |
| | 25 | 养殖场污染物的排放符合 GB18596 的规定 |
| | 26 | 畜禽粪便的综合利用率大于 90% |
| 水产养殖要求 | 27 | 水产养殖的水域水质应符合 GB11607 的规定 |
| | 28 | 水产养殖不应使用未经处理的动物粪便 |
| | 29 | 不应使用抗生素、化学合成药物和激素对水生生物实行日常的疾病预防处理 |
| | 30 | 12 个月内水生生物只可接受一个疗程常规渔药治疗 |
| | 31 | 非开放性养殖水域的排水符合 SC/T9101 或 SC/T9103 的规定 |
| 种养结合要求 | 32 | 畜禽养殖数量与种植土地面积配比应符合畜禽粪污土地承载力测算技术指南规定 |
| | 33 | 稻渔综合种养应符合 SC/T1135 的规定 |
| | 34 | 种植和养殖要求应符合本表中所有基本要求 |

## 【"头雁"风采】舟山市定海区心亲侬农场

(一)农场基本情况

心亲侬农场建立于 2012 年 7 月,位于有"中国海岛第一村"之称的舟山市定海区马岙街道马岙村,总面积达 200 余亩,依托"千年稻香村"的区位优势,融入马岙"景陶文化",为集种植、生产、初加工、销售、技术推广、休闲采摘、单位团建、中小学生劳动实践等于一体的绿色生态综合性农场。农场拥有玉米种植、西瓜种植、富硒水稻种植、多肉花卉培育、优质水果蔬菜种植、鱼菜共养等多种绿色生态项目,推行绿色标准化生产理念，可实现质量二维码追溯，同时开发"田间课堂"特色项目，开展中小学生课外科普及春秋游研学实践活动。另外，心亲侬农场于2019年5月创建心亲农人大代表联络点、服务群众联络点，服务群众、种植户、养殖户及相关的意见、建议收集，切实解决群众难题。

图25 心亲侬农场平面图

（二）农场技术应用

1. 温室大棚技术。温室大棚是一种用于改变植物生长环境、提高农业生产效率和质量的设施，通常采用透光材料（如玻璃、塑料薄膜等）搭建而成，能够在不同季节和气候条件下，为植物生长创造相对稳定和适宜的环境。其主要作用包括：调节温度、控制光照、保持湿度、防风防雨、防虫防病。心亲侬农场拥有40000平方米连栋温室大棚，用于果蔬生产，在总结示范推广果蔬栽培经验的基础上，从品种选择、育苗、定植、田间管理、病虫害防治、采收等环节都遵循绿色生态理念，规范果蔬生产，其中西瓜产品在 2018 年获得国家级绿色产品认证，对推动公司发展具有重要意义。基地于 2017 年获得浙江省现代农业果蔬采摘基地、浙江省现代农业科技示范基地等称号。

2. 农产品质量追溯技术。农产品质量追溯系统是确保农产品从生产到消费各个环节信息透明化、可追踪的重要技术手段，涉及物联网技术、二维码技术、区块链技术等。心亲侬农场利用二维码追溯技术，为每个农产品分配独一无二的二维码，作为其"身份证"，消费者通过扫描二维码即可获取产品的详细信息，包括产地、生产过程、检测报告等。

3. 现代农业机械技术。现代农业机械是提高农业生产效率、降低人力成本的关键，它涵盖了从耕作、种植、管理到收割和后期处理的各个环节。近年来，随着科技的不断进步，现代农业机械正朝着智能化、精准化和自动化的方向发展，包括但不限于耕作机械、种植机械、田间管理机械、收割机械、农产品加工机械、农田建设机械、排灌机械等。心亲侬农场拥有 400 平方米钢结构仓库，引进了水稻催芽播种机、水稻育秧、流水线、大型耕种拖拉机、大型联合稻麦收割机、自建式植保机、粮食低温处理烘干机、大型碾米机等各种现代农业机械，并建立了水稻育秧中心、烘干中心、加工中心，服务周边农户集中供秧、种植、植保、收割、干燥、加工及大米销售等，服务面积达 1000 余亩，创收 200 余万元。

（三）农场多业态复合模式

2017 年国家发展改革委发布的《国家农村产业融合发展示范园创建工作方案》①将农村产业融合模式划分为内部融合模式、产业链延伸模式、功能拓展模式、新技术渗透模式、多业态复合模式以及产城融合模式六种模式。其中，多业态复合模式是指生态循环农业、农产品加工、农家乐、农事体验、民俗文化展示、农产品电子商务、特色小镇等多业态相互融合，推动乡村产业兴旺。心亲侬农场是一所集种植、生产、初加工、销

---

① 中华人民共和国国家发展和改革委员会：《国家农村产业融合发展示范园创建工作方案》2017 年 8 月 27 日，https：//www.gov.cn/xinwen/2017－08/23/content_ 5219762.htm.，2024 年 11 月 1 日。

售、技术推广、休闲采摘、单位团建、中小学生劳动实践等于一体的多业态复合型农场。

1. 农业内部融合。心亲侬农场拥有一处面积达 6000 平方米的集约化养殖池，引进了罗氏沼虾，龙虾及毛蟹等多种水产品，通过巧妙的生态设计，水产养殖与水耕栽培实现科学的协同共生，从而达到"养鱼不换水而无水质忧患，种菜不施肥而正常成长"的生态共生效应。心亲侬农场采用种养结合的生态循环方式，形成多层次、多结构、多功能的农业融合状态，实现高效生态农业增产增效。这种模式通过优化调整种植业、养殖业之间及相关产业内部结构的关系，实现产业相互融合，促进农业绿色低碳发展、降低农业生产成本。种养循环是生态循环农业的核心，可使物质和能量在动植物之间进行转换。

2. 延伸农业产业链。心亲侬农场着力打造种植、生产、加工、销售以及休闲观光等一体化的完整产业链，将生产出来的优质农产品加工成众多周边产品，诸如米酒、年糕等。同时，提供线上线下销售服务及高效便捷的配送服务。通过发展农产品加工业，健全市场营销体系，推动农业"接二连三"发展，尽可能将农产品价值留在乡村。

3. 农业功能拓展。农业旅游作为农业与旅游业的结合物，利用农业景观和大地景观吸引消费，是一种新型农业经营业态，心亲侬农场主要围绕"产业打底，研学教育旅游增收"的思路，依托习近平总书记提出的乡村旅游战略，大力推动"田园变公园，产品变商品"，促进传统企业提档升级，同时开设"亲农"课堂，以田间采摘、农事体验、农业科普、农耕文化等元素，开展中小学户外劳动实践研学活动，目前累计总接待量为 2 万余人，提高了学生的综合素质，为学生的全面发展创造了良好氛围，社会效益明显。另外，农场发展多肉及绿植产业，引进了 1600 多种多肉品种，并培育了几十万株种苗，为以后种物的发展及开展体验种植奠定了基础，同时引进了先进的排风、排湿等设备，现代化多肉种植休闲观光园已初步成型。

【"头雁"分享】效益分析

（一）经济效益

1. 绿色生态提升农场竞争力。心亲侬农场践行"绿水青山就是金山银山"的生态理念，利用绿色生态种养技术，打造生态农业产品。由于其生产过程不使用农药，并且鱼菜共生系统脱离了土壤栽培，避免了重金属的污染，因此更加环保和健康，通常具有更高的市场价值，也深受消费者喜爱。此外，生态农业的多样化经营模式，比如休闲观光等，也为农场带来了额外的经济效益。

2. 生产过程提质增效增强农场实力。心亲侬农场拥有一处面积达 400 平方米的钢结构仓库，充分利用农业机械，减少人工劳动，从播种到收割，实现生产过程标准化、机械化。另外，心亲侬农场的温室大棚设备为农产品提供了一个可控的生长环境，能够抵御外界不利条件影响，如严寒、干旱、暴雨等，确保作物稳定生长。它通过调节温度、湿度、光照和通风等条件，促进作物快速健康生长，延长生长期，提高产量和品质。此外，温室大棚还能有效减少病虫害的发生，减少农药使用，提高农产品的安全性。同时，农场对于一些农产品实现定期轮作与淘汰，从而实现经济效益的最大化，并通过土地轮作，在保持土壤肥力的同时，满足市场对多样化农产品的需求，为农场带来更高的经济效益。

3. 多元化发展激发农场经济活力。充分利用农业功能性，发展特色乡村产业，通过农产品加工业提升农业价值，通过乡村特色产业拓宽产业门类，通过休闲农业拓展农业功能，通过乡村新型服务业丰富业态类型。心亲侬农场在农产品质量及差异化种植上做足文章后，意识到农业的潜力不仅在于种植，更在于与多产业的融合发展。此后，其依托"千年稻香村"的区位优势，融入马岙"景陶文化"，将农场建设成为集种植、生产、初加工、销售、技术推广、休闲采摘、单位团建、中小学生劳动实践等于一体的绿色生态综合性农场。打开"农业+"新篇章后，将现代农业与农耕文化深度融合，打造了农事旅游综合体，开展稻米相关文创产品、特色农产品展示销售，积极探索"研学+"模式。通过产业融合，不仅促进了心亲侬农场的多元化和可持续发展，增强了农场的经济活力和竞争力，同时也带动了研学线路周边种植户及村民的增收，带动地方经济增长。

（二）生态效益

1. 资源高效利用。心亲侬农场利用垃圾循环技术，将农场里的垃圾经过一道道程序转化成肥沃的堆肥，从而实现资源的高效利用。同时，采用鱼菜共生的种养模式，在这种模式中，鱼类的排泄物可以作为植物生长的有机肥料，而植物的根系又能有效净化水质，为鱼类提供清洁的生活环境。这不仅减少了化肥和农药的使用量，降低了生产成本，还提高了作物和鱼类的品质与安全性，并充分利用自然空间资源，实现了资源的高效利用和循环再生。

2. 减少农业面源污染。农业面源污染治理是生态环境保护的重要内容，事关国家粮食安全和农业绿色高质量发展，事关农村生态文明建设。心亲侬农场采用生物多样性、有机耕作和自然农法等方法，减少化学肥料和农药的使用量。其鱼菜共生种养模式不使用化肥农药，减少了对土地的污染，维护了生物多样性。另外，心亲侬农场利用土地轮作模式，打破病虫害的生命周期，减少土壤传播的疾病和害虫的积累，改善作物的健康状况；改善土壤结构和肥力，平衡土壤养分。此外，轮作还能够降低对农药和化肥的依赖，增加土壤中有机质的含量，提高土壤的保水和保肥能力，有助于提高农业系统的可持续性，通过多样化作物种植，可以减少农业生产对环境的负面影响，同时增加农业产出的多样性和稳定性。

（三）社会效益

1. 提供农业社会化服务。心亲侬农场建立了水稻育秧中心、烘干中心、加工中心，服务周边农户集中供秧、种植、植保、收割、干燥、加工及大米销售等，服务面积达1000余亩。同时，农场提供的免费农机服务不仅减轻了小农户的经济负担，更是让他们享受到了现代农业的便捷与高效。此外，心亲侬农场创建的心亲农人大代表联络点、服务群众联络点，听取群众和农户的建议和意见，为群众答疑解惑，切实解决农户在生产过程中遇到的难题，这不仅是农场大户担当精神的生动体现，更是对社会责任的积极履行。

2. 加强劳动教育。心亲侬农场在不断转型升级的过程中，致力于"亲农课堂"特色项目的建设，开展中小学学生课外科普及研学实践活动，包括亲身体验插秧、种花生、挖土豆、编草绳等农业活动，打造"舟山市青少年自然课堂教育基地"，目前累计总接待量为2万余人，并于2022年1月26日被授予"浙江省中小学劳动实践基地（第三批）暨学农基地"称号。把大自然当教室，拿着瓜果蔬菜讲课，农耕文化中的勤劳精神、自然观察力和实践能力，对青少年教育具有重要价值，不仅有助于培养他们的综合素质和创新能力，更能使中小学生厚植家国情怀和"三农"情感，汇集起推进乡村全面振兴的强大动能，为推动农业农村现代化发展贡献智慧力量。

3. 带动农户增收。心亲侬农场在实现本场水稻种植转型升级后，为马岙街道的水稻种植户提供全面的育秧、供秧服务和技术支持。种植户们从育秧中心引进秧种，水稻长势喜人，抗虫能力变强。与过去相比，病害、虫害以及草害危害导致的产量减少问题得到了有效缓解，水稻产量大幅增加，农户实现增收。此外，农场的不断发展，也为当地村民提供了更多的就业机会，带动村民一起走向致富之路。

【资源链接】
浙江农林大学低碳生态化农场关键技术服务团队
应用领域：农业种植
技术支撑部门：环境与资源学院
专家顾问：姜培坤、朱高荻
应用场景：
围绕种植型农场低碳生态化，实现"双碳"目标，充分发挥土秸秆和施肥管理技术的优势，提出投入减量化、产品优质壤化、产地生态化的稻田减污降碳关键技术。针对高能耗、低效率、间接碳排放高、秸秆处置困难的稻田土壤，通过施肥管理、灌溉管理和秸秆还田管理等措施协调水稻生产碳源和碳汇功能，构建高效率、低能耗、低碳排、高碳汇和绿色生态的工作体系。采用有机肥替代化肥、秸秆炭基肥和沼液化肥配施技术，减少水稻生产能耗，提升化肥、秸秆等资源利用效率，从而降低碳成本，提升碳效率。

应用效益：

实现化肥施用减量 30% 以上，甲烷减排 20%，比传统双季稻模式亩节本增收 400 元以上。

# 参考文献

中共中央组织部：《中国共产党党内统计公报》，《人民日报》2024 年 7 月 1 日第 4 版。

中华人民共和国农业农村部：《关于推进生态农场建设的指导意见》，2022 年 1 月 28 日。

中华人民共和国国家发展和改革委员会：《国家农村产业融合发展示范园创建工作方案》2017 年 8 月 27 日。

中华人民共和国农业农村部：《生态农场评价技术规范》2020 年 7 月 27 日。

中华人民共和国中央人民政府：《新型农业经营主体保持良好发展势头》2023 年 12 月 19 日。

中华人民共和国中央人民政府：《中共中央关于进一步全面深化改革、推进中国式现代化的决定》2024 年 7 月 21 日。

习近平：《高举中国特色社会主义伟大旗帜 为全面建设社会主义现代化国家而团结奋斗——在中国共产党第二十次全国代表大会上的报告（2022 年 10 月 16 日）》，《人民日报》2022 年 10 月 26 日第 1 版。

习近平：《加快建设农业强国推进农业农村现代化》，《求是》2023 年第 6 期。

白凯等：《我国农业数字化转型的机遇与挑战》，《辽宁农业科学》2024 年第 4 期。

常钦：《栽下梧桐树 引回"金凤凰"（乡村振兴，人才是关键②）》，《人民日报》2023 年 2 月 17 日第 18 版。

常艳花等：《中国农业现代化发展水平的动态演进及趋势预测》，《经济问题》2022 年第 5 期。

戴翔等：《制度型开放赋能新质生产力发展：理论与实证》，《财贸研究》2024 年第 5 期。

杜仕菊、叶晓宣：《新质生产力赋能绿色发展的逻辑理路、价值意蕴与实践路径》，《北京理工大学学报》（社会科学版）2024 年第 6 期。

付伟：《抢抓机遇发展县域富民产业》，《光明日报》2022 年 3 月 24 日第 2 版。

顾严等：《高质量发展的体系化阐释》，《北京行政学院学报》2024 年第 1 期。

国家统计局：《农业发展阔步前行 现代农业谱写新篇——新中国 75 年经济社会发展成就系列报告之二》2024 年 9 月 10 日。

国家统计局丽水调查队：《栽活一片绿叶子 铺就共富好路子——基于修正"钻石模型"的松阳茶产业发展情况分析》2023 年 4 月 13 日。

郝英良：《乡村文化艺术资源助力朝阳市文化旅游产业发展研究》，《辽宁师专学报》（社会科学版）2022 年第 3 期。

侯文婷等：《基因编辑技术在棉花种质创新和遗传改良中的应用》，《生物技术通报》2024 年第 7 期。

黄朝椿：《数字技术赋能乡村振兴：内在逻辑、现实困境与突破路径》，《改革》2024 年第 7 期。

黄季焜等：《面向 2050 年我国农业发展愿景与对策研究》，《中国工程科学》2022 年第 1 期。

纪玉山等：《发展新质生产力推动我国经济高质量发展》，《工业技术经济》2024 年第 2 期。

姜奇平：《新质生产力：核心要素与逻辑结构》，《探索与争鸣》2024 年第 1 期。

蒋长流、吴怡：《共同富裕目标驱动的村庄经营方向和对策研究》，《山东农业工程学院学报》2024 年第 1 期。

教育部办公厅：《教育部办公厅关于印发〈新农科人才培养引导性专业指南〉的通知》，《中华人民共和国教育部公报》2022 年第 11 期。

孔祥智：《把农业建成现代化大产业》，《光明日报》2024 年 3 月 5 日第 14 版。

李东民、郭文：《新质生产力的丰富内涵、生成逻辑与当代意蕴》，《技术经济与管理研究》2024 年第 4 期。

李嘉凌：《乡村振兴背景下新质生产力赋能农业高质量发展研究》，《甘肃农业》2024 年第 6 期。

李康化、秦鹿蛟：《艺术创生：乡村振兴的文化实践》，《福建论坛》2021 年第 4 期。

李楠、李昀励：《数字赋能农业现代化：内在机理、成效检视与实践路向》，《华中农业大学学报》（社会科学版）2024 年第 5 期。

李耀锋、高红旗：《从脱贫攻坚走向乡村振兴：扎根乡土产业致富带头人的衔接作用与培育路径》，《中国农业大学学报》（社会科学版）2022 年第 6 期。

林炳坤、吕庆华：《创意农业业态演化机理及其趋势研究》，《技术经济与管理研究》2020 年第 4 期。

刘槐坡：《缙云：致力打造乡愁富民产业高质高效全国样板》2022 年 2 月 24 日。

刘旭等：《面向 2050 年我国现代智慧生态农业发展战略研究》，《中国工程科学》2022 年第 1 期。

刘震、周云帆：《新质生产力与高质量发展：内在逻辑和重要着力点》，《上海经济研究》2024 年第 9 期。

刘志学、徐营：《自动化技术在农村农业中的应用前景分析》，《中国农业资源与区划》2024 年第 3 期。

柳诗颖：《政策支持！AI+农业：助推中国农业迈入深水区》，《农业行业观察》2024 年 9 月 27 日。

陆继霞：《当前乡村人口的变化趋势及应对》，《人民论坛》2024 年第 10 期。

陆乐：《浙江"新春第一会"，为何聚焦人才》，《浙江日报》2024 年 2 月 19 日第 7 版。

罗必良、耿鹏鹏：《农业新质生产力：理论脉络、基本内核与提升路径》，《农业经济问题》2024 年第 11 期。

马玲娜：《乡村振兴背景下农村电子商务发展的路径》，《全国流通经济》2024 年第 15 期。

马玉娜：《强化乡村振兴人才支撑》，《经济日报》2024 年 2 月 2 日第 5 版。

毛世平、张琛：《以发展农业新质生产力推进农业强国建设》，《农业经济问题》2024 年第 4 期。

孟春羊：《新时代背景下文化艺术产业赋能乡村振兴——以川音艺谷为例》，《新楚文化》2023 年第 32 期。

农业农村部：《农业农村部关于加强新时代农业农村高技能人才工作更好支撑加快建设农业强国的意见》，《中华人民共和国农业农村部公报》2024 年第 3 期。

齐骥、陈思：《数字经济时代虚拟文化旅游的时空特征与未来趋向》，《深圳大学学报》（人文社会科学版）2022 年第 4 期。

山东财经大学乡村振兴研究院课题组：《乡村人才汇聚 发展动力澎湃——基于六省二十县的乡村人才振兴调研报告》，《光明日报》2022 年 4 月 28 日第 7 版。

商务部等：《关于推动农村电商高质量发展的实施意见》2024 年 3 月 5 日。

宋德勇、陈梁：《发展新质生产力的理论逻辑、关键问题与实践路径》，《经济与管理评论》2024 年第 5 期。

孙俊娜等：《数字技术赋能农民增收：作用机理、理论阐释与推进方略》，《改革》2023 年第 6 期。

唐任伍、许传通：《乡村振兴推动共同富裕实现的理论逻辑、内在机理和实施路径》，《中国流通经济》2022 年第 6 期。

汪宏胜、忽艳：《江苏昆山周庄：新质生产力引领文旅产业融合发展》，《消费日报》2024 年 8 月 30 日第 1 版。

吴合庆、陈桂生：《数字乡村共同体建设困境及其进路》，《行政管理改革》2023 年第 11 期。

吴茂英等：《共生视角下乡村新内生式发展的路径与机制——以杭州临安区乡村运营为例》，《自然资源学报》2023 年第 8 期。

吴梅芳：《全面推进乡村振兴人才队伍是关键》，《学习时报》2022 年 5 月 4 日第 A7 版。

邢晗：《黑龙江乡村艺术资源开发助推乡村振兴研究》，《时代报告》2023 年第 6 期。

邢生炎等：《生物育种技术及其在畜禽育种中的应用研究进展》，《中国畜牧杂志》2024 年第 3 期。

徐刚等：《培育现代"新农人"打造以人才振兴引领乡村全面振兴的样板——访浙江省委农办主任，省农业农村厅党组书记、厅长，省乡村振兴局局长王通林》，《农村工作通讯》2024 年第 9 期。

徐姗姗、吴未：《乡村振兴背景下加快破解农村人才发展瓶颈问题的研究》，《农业经济》2024 年第 3 期。

杨海华等：《农业新质生产力之于新农人培育的应然要求与实践路径》，《职教论坛》2024 年第 10 期。

姚永琴、祁元生：《产业兴旺赋能农业强国建设：逻辑机理、现实之困与战略之举》，《农业经济》2024 年第 9 期。

尤亮、田祥宇：《农业新质生产力：现实逻辑、内涵解析与生成机理》，《经济问题》2024 年第 6 期。

于俊丽：《信息化技术在数字农业中的应用》，《中国农业资源与区划》2024 年第 7 期。

余欣荣等：《农业绿色生产力与种业创新使命》，《中国农业资源与区划》2024 年第 9 期。

张伯宸、刘威：《经营村庄：权责视野下的基层政府经营行为研究——以陈村"土地增减挂钩"项目为例》,《浙江社会科学》2020年第8期。

张慧敏:《乡村振兴背景下大运河文化带宿迁段特色文化小镇建设研究》,《水文化》2023年第8期。

张孟超:《农业新业态发展探析》,《农业经济》2024年第7期。

张世贵、吴合庆:《数字乡村建设何以推进共同富裕——基于"赋能—调适"的分析框架》,《中国行政管理》2024年第2期。

张占斌、付霞:《深刻把握发展新质生产力的逻辑内涵》,《广东社会科学》2024年第4期。

张震宇:《新质生产力赋能数字乡村建设:转型逻辑与实施路径》,《学术交流》2024年第1期。

赵桂慎:《中国生态农业现代化:内涵、任务与路径》,《中国生态农业学报(中英文)》2023年第8期。

赵慧等:《乡村产业振兴带头人培育:群体分析、现实困境与提升策略——基于6省区"头雁"群体的调查》,《世界农业》2024年第6期。

浙江省委农村工作领导小组办公室:《浙江省安吉县:让乡村成为青年创业首选地》,《农村工作通讯》2024年第15期。

郑建:《以新质生产力推动农业现代化:理论逻辑与发展路径》,《价格理论与实践》2023年第11期。

郑健壮:《田园综合体:基本内涵、主要类型及建设内容》,《中国农业资源与区划》2020年第8期。

郑兆峰、高鸣:《农村人力资本助推新质生产力:关键问题与政策优化》,《华中农业大学学报》(社会科学版)2024年第5期。

周文、许凌云:《论新质生产力:内涵特征与重要着力点》,《改革》2023年第10期。

庄天慧、王克冬:《发展新质生产力建设农业强省》,《四川日报》2024年3月25日第12版。

庄天慧等:《县域富民产业促进农民共同富裕:作用机理、现实困境与策略选择》,《改革》2024年第3期。